# '답'만 외우는 동력수상 레저기구

**일반조종면허 1·2급 필기 + 실기**
문제은행 **700제**

시대에듀

## PREFACE 머리말

본 도서는 해양경찰청의 공개문제를 기반으로 수험생들의 학습 효율을 높여 단시간에 이론을 습득하고 쉽게 시험을 준비할 수 있도록 만들어졌다. 해양경찰청 홈페이지에 공개된 동력수상레저기구 필기시험 공개문제 700제를 기반으로 최신 법령을 반영하였고, 문제에 정답을 표시하여 문제만 보고도 정답이 떠오르도록 하였다. 또한 공개문제에 적혀있는 기본 해설보다 상세한 해설을 수록하여 독자들이 문제를 풀며 관련내용에 대해 쉽게 외우고 이해할 수 있도록 구성하였다.

특히 4과목의 경우 빠르게 바뀌는 선박 관련 법령과 벌금 등을 최신화하여 수록하였다.

본 도서에 수록된 법령의 시행일은 다음과 같다.

- 수상레저안전법 24.01.26, 시행령 24.01.26, 시행규칙 24.02.05.
- 수상레저기구의 등록 및 검사에 관한 법률 23.06.11, 시행령 23.06.11, 시행규칙 23.07.06.
- 선박의 입항 및 출항 등에 관한 법률 24.10.22, 시행령 23.12.12, 시행규칙 24.11.13.
- 해사안전기본법 24.01.26, 시행령 24.02.15, 시행규칙 24.01.26.
- 해상교통안전법 24.07.26, 시행령 24.05.28.
- 해양환경관리법 24.04.25, 시행령 24.10.22, 시행규칙 24.06.28.

그 외 도서 발행일 기준 시행되고 있는 법령을 참고하였다.

그럼에도 불구하고 법령의 경우 도서가 출간된 이후에도 계속 개정될 수 있으므로 법제처의 해당 법령 신구대조표를 참고하는 것을 추천한다. 추가로 수험생들이 법령을 일일이 찾아봐야 하는 수고를 줄이기 위하여 법령의 명칭과 세부 조항을 최대한 표기하였다.

실기시험 필수 가이드에는 실제 실기시험의 절차와 코스에 따른 세부과정을 자세한 그림이나 사진, 채점 기준표와 함께 수록하여 본 도서를 통해 필기시험뿐만 아니라 실기시험까지 준비할 수 있도록 하였다.

정보통신의 발달과 사회의 진보로 생활이 풍요로워짐에 따라 개인들은 이전의 세대보다 삶의 질을 추구하게 되었다. 이러한 사회의 흐름에 맞춰 수상레저산업은 가장 각광받는 분야 중 하나가 되었고 앞으로도 계속 성장할 것이라고 예측된다.

시대에듀의 본 도서를 선택하신 독자들이 동력수상레저기구를 멋지게 조종하는 모습을 상상하며 필기시험과 실기시험 모두 단번에 합격하시기를 기원한다.

편저자 일동

# 시험안내

## ⛵ 동력수상레저기구 일반조종면허시험이란?
수상에서 최대 출력이 5마력 이상의 동력수상레저기구를 조종하고자 할 때 필요한 국가자격면허증을 취득하기 위한 시험

## ⛵ 일반조종면허 종류
1. **제1급 조종면허** : 수상레저사업의 종사자 및 조종면허 시험대행기관의 시험관이 취득하여야 하는 면허
2. **제2급 조종면허** : 동력수상레저기구 중 추진기관의 최대 출력이 5마력 이상인 것을 조종하려는 사람이 취득하여야 하는 면허

## ⛵ 동력수상레저기구 종류

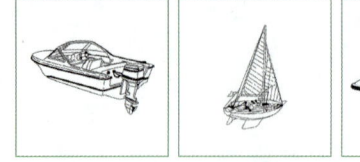

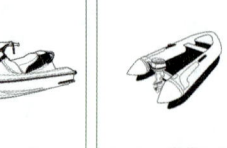

모터보트 / 세일링요트 / 수상오토바이 / 고무보트 / 스쿠터 / 공기부양정

## ⛵ 수상레저기구 종류

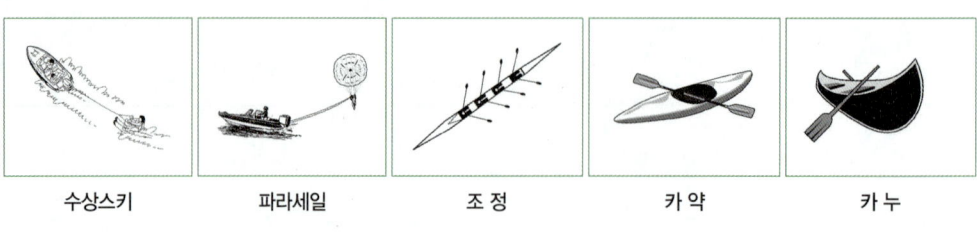

수상스키 / 파라세일 / 조정 / 카약 / 카누

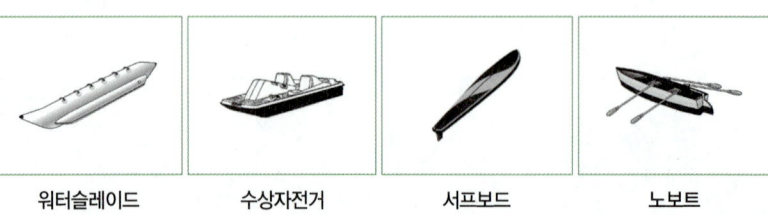

워터슬레이드 / 수상자전거 / 서프보드 / 노보트

## 응시자격

| 구 분 | 내 용 |
|---|---|
| 필기시험 | 자격 제한 없음 |
| 실기시험 | 14세 이상인 사람(일반조종 1급의 경우에는 18세 이상인 사람) |
| 결격사유 | 수상레저안전법 제7조, 수상레저안전법 시행령 제5조<br>• 연령 : 14세 미만인 사람(일반조종 1급의 경우에는 18세 미만)<br>• 정신질환 등 : 정신질환(치매, 정신분열병, 분열형 정동장애, 양극성 정동장애, 재발성 우울장애, 알코올 중독 등), 마약, 향정신성의약품 또는 대마 중독자로서 해당 분야의 전문의가 정상적으로 수상레저 활동을 할 수 없다고 인정하는 사람 |

## 시험방법 및 시간

| 구 분 | 과목명 | 문항수 | 배 점 | 시험방법/시간 |
|---|---|---|---|---|
| 필기시험 | 수상레저안전 | 10 | 20% | 객관식 4지선다/<br>50분 |
| | 수상레저기구 운항 및 운용 | 10 | 20% | |
| | 기 관 | 5 | 10% | |
| | 법 규 | 25 | 50% | |
| 실기시험 | 코스시험(조종능력 평가) | | | |

## 필기시험 과목

| 과 목 | 출제 범위 |
|---|---|
| 수상레저안전 | • 수상환경(조석 및 해류)<br>• 각종 사고 시 대처방법<br>• 안전장비 및 인명구조<br>• 기상학 기초(주의보 · 경보 등의 기상통보 및 일기도 읽기)<br>• 구급법(생존술 · 응급처치 및 심폐소생술) |
| 수상레저기구<br>운항 및 운용 | • 운항 계기<br>• 신호음향 및 조난<br>• 수상레저기구 조종술<br>• 모터보트 · 견인기구 · 수상오토바이의 원리 및 운용 |
| 기 관 | • 내연기관 및 추진장치의 구조<br>• 기구의 정비 및 취급방법<br>• 기구의 연료유 · 윤활유 · 냉각수 계통 관리 |
| 법 규 | • 수상레저안전법<br>• 해사안전기본법 및 해상교통안전법<br>• 해양환경관리법<br>• 수상레저기구의 등록 및 검사에 관한 법률<br>• 선박의 입항 및 출항 등에 관한 법률<br>• 전파법 |

※ 수상레저안전법 시행령(시행 2024.1.26.) 별표2 참고

# 시험안내

## ⛵ 동력수상레저기구 종류
❶ 매년 2월 중순경에 발표되며 결빙기(1, 2월)를 제외하고 매달 지역별로 상이하게 시행됩니다.
❷ 자세한 시험일정은 해양경찰청 수상레저종합정보 홈페이지에서 확인하실 수 있습니다.

## ⛵ 필기시험 접수방법

| 구 분 | 내 용 |
| --- | --- |
| 구비서류 | • 사진 1매(3.5cm × 4.5cm)<br>• 주민등록증 또는 국가발행 신분증(사진 첨부된 것, 미발급자는 학생증) |
| 수수료 | • 4,800원 |
| 대리접수 | • 위임장, 응시자 및 대리인 신분증 지참 시 접수가능 |

※ 2022년 3월 2일부터 PC시험 인터넷 예약제 시행

## ⛵ 실기시험 접수방법
❶ 필기시험에 합격한 자 또는 필기시험을 면제받은 자가 실기시험에 응시하거나, 실기시험에 불합격하여 실기시험에 재응시하기 위해 접수하는 경우입니다.
❷ 필기시험에 합격한 날로부터 1년간 재접수가 가능합니다.
❸ 필기시험 합격 후 시험장에서 바로 접수할 수 있으며, 그렇지 않은 경우 인터넷으로 접수가 가능합니다.
❹ 응시일정 중 희망일자 및 장소를 선택할 수 있으나 선착순으로 접수됩니다.

| 구 분 | 내 용 |
| --- | --- |
| 구비서류 | • 응시표<br>• 주민등록증 또는 국가발행 신분증 중 사진 첨부된 것(미 발급자 학생증) |
| 수수료 | • 64,800원 |
| 대리접수 | • 위임장, 응시자 및 대리인 신분증 지참 시 접수가능 |

※ 수수료는 시험일 기준 2일 전까지만 반환됩니다.
※ 세부 내용은 변경될 수 있으므로 해양경찰청 수상레저종합정보 홈페이지를 확인하시기 바랍니다.

## ⛵ 합격기준

| 구 분 | 합격기준 |
| --- | --- |
| 필기시험 | 제1급 조종면허 70점 이상, 제2급 조종면허 60점 이상 |
| 실기시험 | 제1급 조종면허 80점 이상, 제2급 조종면허 60점 이상 |

## ⛵ 일반조종면허 실기시험장

| 지 역 | 시험장 | 주 소 |
| --- | --- | --- |
| 서 울 | 마포 조종면허시험장 | 서울특별시 마포구 마포나루길 256 |
| | 양화 조종면허시험장 | 서울특별시 영등포구 당산동 100-2 |
| | 반포 조종면허시험장 | 서울특별시 서초구 올림픽대로 2085-18 |
| 경 기 | 가평 조종면허시험장 | 경기도 가평군 호반로 162 |
| | 시흥 조종면허시험장 | 경기 시흥시 거북섬5길 16 |
| | 여주 조종면허시험장 | 경기 여주시 강변북로 163 |
| 강 원 | 춘천 조종면허시험장 | 강원도 춘천시 고산배터길 27-6 |
| 충 북 | 충주 조종면허시험장 | 충북 충주시 동량면 미라실로 763 |
| 충 남 | 아산 조종면허시험장 | 충남 아산시 신정호길 15-14 |
| | 태안 조종면허시험장 | 충남 태안군 남면 곰섬로 314 |
| 경 북 | 영덕 조종면허시험장 | 경북 영덕군 강구면 강영로 33 |
| | 안동 조종면허시험장 | 경북 안동시 석주로 514 |
| | 포항 조종면허시험장 | 경북 포항시 남구 희망대로 810 |
| 경 남 | 창원 조종면허시험장 | 경남 창원시 마산합포구 진동면 광암회단지길 42 |
| | 합천 조종면허시험장 | 경남 합천군 봉산면 서부로 4270-8 |
| | 사천 조종면허시험장 | 경남 사천시 해안관광로 339 |
| | 통영 조종면허시험장 | 경남 통영시 평인일주로 478 |
| 울 산 | 울산 남구 조종면허시험장 | 울산광역시 남구 여천동 50-1번지 |
| 부 산 | 부산 수영 조종면허시험장 | 부산시 수영구 민락수변로 239번길 18 |
| 전 북 | 김제 조종면허시험장 | 전북 김제시 만경읍 만경리 100 |
| 전 남 | 여수 조종면허시험장 | 전남 여수시 화양면 화양로 1436-29 |
| | 영암 조종면허시험장 | 전남 영암군 삼호읍 나불외도로 126-45 |
| | 나주 조종면허시험장 | 전남 나주시 다도면 나주호로 558-314 |
| 제 주 | 제주 이호 조종면허시험장 | 제주특별자치도 서해안로 45-18 |

※ 시험장 명칭 및 위치는 변경될 수 있습니다.

## PROCEDURE

# 자격취득절차

**시행공고**

**해양경찰청 수상레저종합정보 홈페이지**
- 매년 2월 중순경 해양경찰청 수상레저종합정보(boat.kcg.go.kr)에 연간 자격시험 시행 공고가 발표됩니다.
- 시행 공고 확인 후 시험일정에 맞춰 학습계획을 세워봅니다.

**필기시험 접수**

**인터넷 접수 가능, 대리접수 가능**
- 응시일정 중 희망일자 및 장소를 선택할 수 있으나 선착순으로 접수됩니다.
- 글 읽기가 곤란한 사람이나 영어 희망자의 경우 특별 필기시험(구술·영어)을 접수할 수 있습니다.

**필기시험**

**전국 조종면허시험장**
- 필기시험은 매달 지역별로 실시됩니다.
- 시험장에는 준비물을 가지고 응시표에 기재된 시간 30분 전까지 입실하여야 합니다.
- 필기시험을 치른 후 채점이 진행되며 당일 합격 여부가 발표됩니다.

**실기시험 접수**

**인터넷 접수 가능, 대리접수 가능**
- 필기시험 합격 후 시험장에서 바로 접수할 수 있으며, 그렇지 않은 경우 인터넷으로 접수 가능합니다.
- 응시일정 중 희망일자 및 장소를 선택할 수 있으나 선착순으로 접수됩니다.

**실기시험**

**전국 조종면허 시험장**
- 실기시험 접수 시 지정된 응시일자 및 장소에서 실기시험을 실시합니다.
- 코스시험으로 1급 80점 이상, 2급 60점 이상 득점 시 합격할 수 있습니다.

**수상안전 교육**

**전국 위탁기관**
- 조종면허를 받으려는 자는 해양경찰청장이 실시하는 수상안전교육을 3시간 받아야 합니다.
- 수상안전교육일정은 해양경찰청 수상레저종합정보(boat.kcg.go.kr)에서 확인하실 수 있습니다.

**면허증 교부**

**해양경찰서**
- 조종면허시험에 합격한 후 수상안전교육을 받은 사람은 면허증 발급에 필요한 서류를 첨부하여 교부신청서를 제출합니다.
- 조종면허시험 합격자는 조종면허증을 14일 이내 발급받을 수 있습니다.

# 동력수상레저기구 Q&A

**Q** 동력수상레저기구 일반조종면허시험 일정을 알고 싶어요.
**A** 해양경찰청 수상레저종합정보(boat.kcg.go.kr) 접속 ➡ '면허 취득, 면허 갱신' ➡ 면허시험 ➡ 시험일정조회

**Q** 동력수상레저기구 일반조종면허증에 가산점이 있나요?
**A** 1·2급 면허 모두 해양경찰청 소속 경찰공무원 면접시험 레저분야에서 1점의 가산점을 부여하고 있습니다. 공무원 채용에 관한 규정은 변경될 수 있습니다.

**Q** 동력수상레저기구 일반조종면허증도 갱신해야 하나요?
**A** 동력수상레저기구 조종면허증은 「수상레저안전법」 제9조 규정에 따라 갱신을 해야 합니다. 조종면허 발급일부터 기산하여 7년이 되는 날부터 6개월 이내에 전국 해양경찰서에 조종면허의 갱신 신청을 해야 합니다.

**Q** 수상안전교육은 무엇인가요?
**A** 조종면허를 받으려는 사람은 수상안전기본법 제8조에 따라 면허시험 응시원서를 접수한 후부터, 면허증을 갱신하려는 사람은 제12조에 따른 면허증 갱신 기간 이내에 각각 해양경찰청장이 실시하는 다음의 수상안전교육을 받아야 합니다.

| 수상안전에 관한 법령 | 수상레저기구의 사용과 관리에 관한 사항 | 그 밖에 수상안전을 위하여 필요한 사항 |
|---|---|---|

다만, 최초 면허시험 합격 전의 수상안전교육의 유효기간은 6개월로 하며, 대통령령으로 정하는 사람에 대해서는 안전교육을 면제할 수 있습니다.

**Q** 알아두면 도움이 되는 시험응시 유의사항을 알려주세요.
**A**
- 시험일정 및 장소는 사정에 따라 변경될 수 있으니, 최종적으로 확인하여 착오가 없도록 유의하시기 바랍니다.
- 시험장별 매회 응시인원이 제한되어 있어 희망일시에 접수가 불가능할 수 있습니다.
- 인터넷 접수 및 자세한 시험에 관련된 정보는 해양경찰청 수상레저종합정보(boat.kcg.go.kr)를 참고하시기 바랍니다.

# 이 책의 구성과 특징

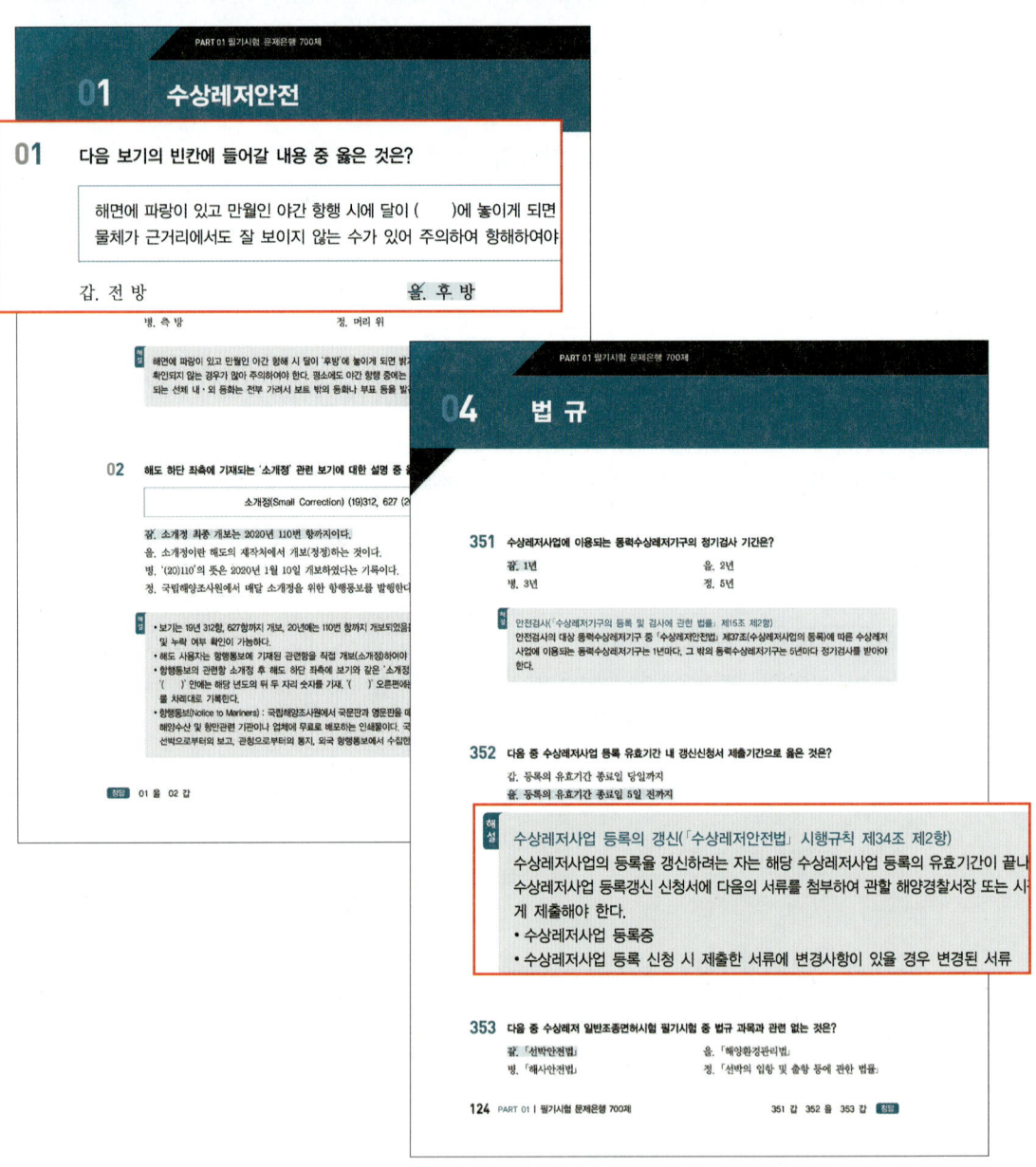

❶ 문제은행의 효율을 극대화하고자 정답과 문제를 한눈에 볼 수 있도록 구성하였습니다. 실제 시험에서 문제만 보고도 정답을 유추할 수 있습니다.
❷ 자세하고 정확한 해설을 통해 완벽한 이해가 가능합니다.
❸ 법령주소를 기재하여 직접 찾아보는 수고를 줄였습니다.

# PART 02 실기편

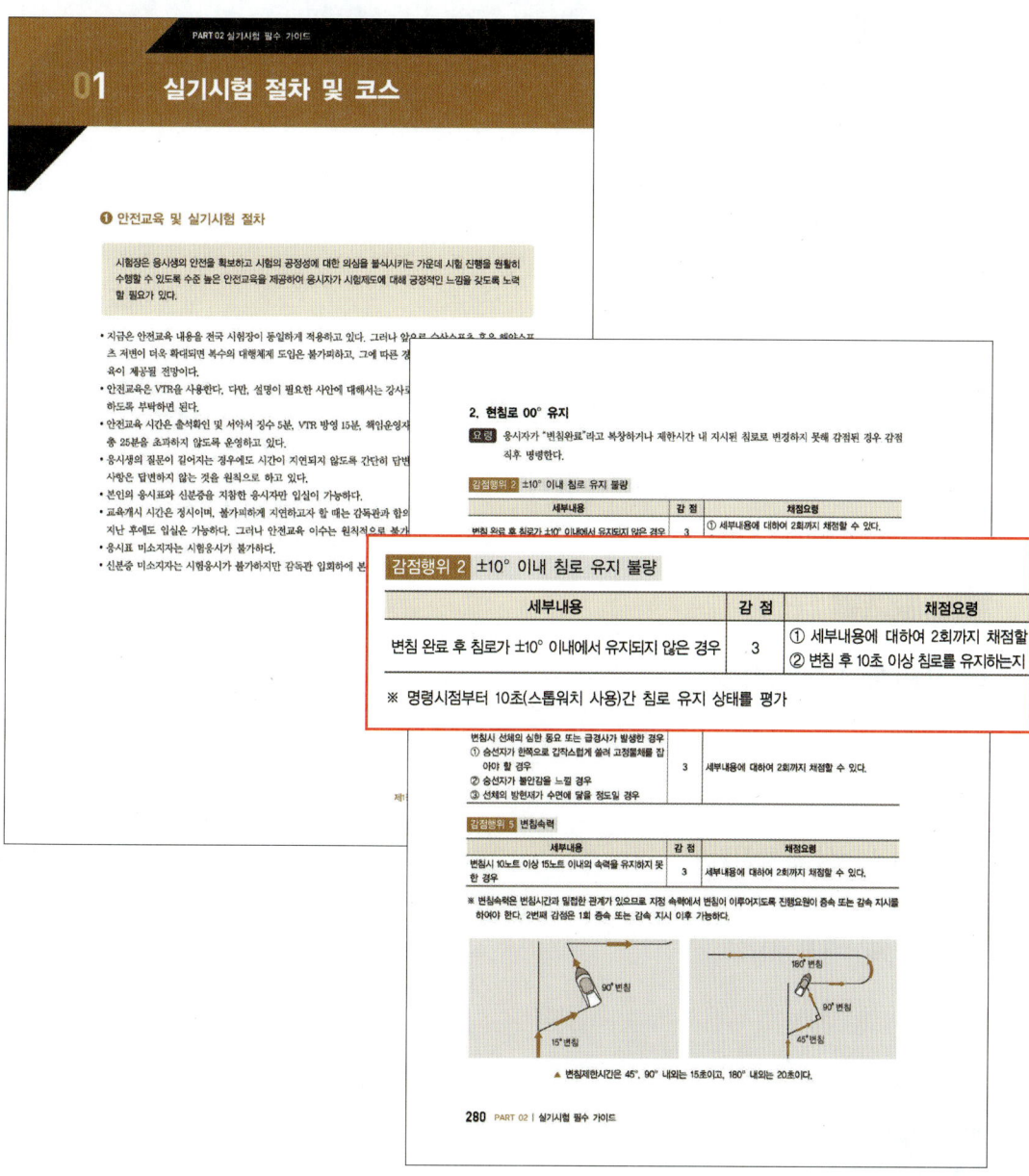

❶ 실기시험에서 반드시 알아야 하는 정보를 정리해 두었습니다.
❷ 채점기준을 참고하여 시험 시 집중하여야 하는 부분이 어디인지 알 수 있습니다.

CONTENTS

# 이 책의 목차

**PART 01**

## 필기 문제은행 700제

**제1과목** 수상레저안전 · · · · · · · · · · · · · · · · · · · · · · · · · · · · · · · · · · · · · · · · · · · · · · · · · 3

**제2과목** 수상레저기구 운항 및 운용 · · · · · · · · · · · · · · · · · · · · · · · · · · · · · · · · 54

**제3과목** 기 관 · · · · · · · · · · · · · · · · · · · · · · · · · · · · · · · · · · · · · · · · · · · · · · · · · · · · · · · 102

**제4과목** 법 규 · · · · · · · · · · · · · · · · · · · · · · · · · · · · · · · · · · · · · · · · · · · · · · · · · · · · · · · 124


**PART 02**

## 실기시험 필수 가이드

**제1장** 실기시험 절차 및 코스 · · · · · · · · · · · · · · · · · · · · · · · · · · · · · · · · · · · · · · 267

**제2장** 세부 과정 및 채점기준 · · · · · · · · · · · · · · · · · · · · · · · · · · · · · · · · · · · · · · 273

**제3장** 수험자의 유의사항 · · · · · · · · · · · · · · · · · · · · · · · · · · · · · · · · · · · · · · · · · · 291


**부 록**

국제신호기 · · · · · · · · · · · · · · · · · · · · · · · · · · · · · · · · · · · · · · · · · · · · · · · · · · · · · · · · · · · · · 297

일기도, 해도 약어, 등질 · · · · · · · · · · · · · · · · · · · · · · · · · · · · · · · · · · · · · · · · · · · · · · · 300

동력수상레저기구 일반조종면허 1·2급

PART

# 1

## 필기시험 문제은행 700제

제1과목  수상레저안전
제2과목  수상레저기구 운항 및 운용
제3과목  기 관
제4과목  법 규

**끝까지 책임진다! 시대에듀!**

QR코드를 통해 도서 출간 이후 발견된 오류나 개정법령, 변경된 시험 정보, 최신기출문제, 도서 업데이트 자료 등이 있는지 확인해 보세요! **시대에듀 합격 스마트 앱**을 통해서도 알려 드리고 있으니 구글 플레이나 앱 스토어에서 다운받아 사용하세요. 또한, 파본 도서인 경우에는 구입하신 곳에서 교환해 드립니다.

# 01 수상레저안전

**01** 다음 보기의 빈칸에 들어갈 내용 중 옳은 것은?

> 해면에 파랑이 있고 만월인 야간 항행 시에 달이 (    )에 놓이게 되면 광력이 약한 등화를 가진 물체가 근거리에서도 잘 보이지 않는 수가 있어 주의하여 항해하여야 한다.

갑. 전 방                   을. 후 방
병. 측 방                  정. 머리 위

**해설** 해면에 파랑이 있고 만월인 야간 항해 시 달이 '후방'에 놓이게 되면 밝기가 약한 물체가 근거리에서도 확인되지 않는 경우가 많아 주의하여야 한다. 평소에도 야간 항행 중에는 항해등을 제외한 경계에 방해가 되는 선체 내·외 등화는 전부 가려서 보트 밖의 등화나 부표 등을 발견하기 쉽도록 해야 한다.

**02** 해도 하단 좌측에 기재되는 '소개정' 관련 보기에 대한 설명 중 옳은 것은?

> 소개정(Small Correction) (19)312, 627 (20)110

 갑. 소개정 최종 개보는 2020년 110번 항까지이다.
을. 소개정이란 해도의 제작처에서 개보(정정)하는 것이다.
병. '(20)110'의 뜻은 2020년 1월 10일 개보하였다는 기록이다.
정. 국립해양조사원에서 매달 소개정을 위한 항행통보를 발행한다.

**해설**
- 보기는 19년 312항, 627항까지 개보, 20년에는 110번 항까지 개보되었음을 나타내며 해도의 소개정 내역 및 누락 여부 확인이 가능하다.
- 해도 사용자는 항행통보에 기재된 관련항을 직접 개보(소개정)하여야 한다.
- 항행통보의 관련항 소개정 후 해도 하단 좌측에 보기와 같은 '소개정 기록'을 기재하여 관리하는데, '(    )' 안에는 해당 년도의 뒤 두 자리 숫자를 기재, '(    )' 오른편에는 항행통보의 개정 관련항 번호를 차례대로 기록한다.
- 항행통보(Notice to Mariners) : 국립해양조사원에서 국문판과 영문판을 매주 금요일 정기적으로 간행하여 해양수산 및 항만관련 기관이나 업체에 무료로 배포하는 인쇄물이다. 국립해양조사원에서 측량한 결과, 선박으로부터의 보고, 관청으로부터의 통지, 외국 항행통보에서 수집한 자료 등을 종합하여 작성한다.

**정답** 01 을  02 갑

**03** 고립장애표지에 대한 설명 중 옳지 않은 것은?

갑. 이 표지의 주변이 가항수역이다.
을. 두표는 흑구 두 개가 수직으로 연결되어 있다.
병. 암초, 침선 등 고립된 장애물 위에 설치 또는 계류하는 표지이다.
정. 이 표지가 있는 수역 일대는 가항수역으로 수로 중간이나 연안으로 가는 접근로를 표시한다.

> **해설**
> 정. 안전수역표지에 대한 설명이다.
> **고립장애표지의 기능**(「항로표지의 기능 및 규격에 관한 기준」 제12조)
> - 선박이 통항할 수 있는 해역 내에서 항행장애가 될 고립된 장애물을 표시한다.
> - 고립장애표지에서 2개의 구형 두표는 주간에 이용하는 고립장애의 특성을 나타내므로 구형 두표의 간격을 분명하게 분별하여 알아볼 수 있도록 충분한 크기의 두표를 사용해야 한다.
> - 고립장애표지는 다음과 같이 기능에 적합한 특성을 갖추어야 한다.
>   - 두표 : 흑색구형 2개를 세로로 설치
>   - 도색 : 흑색바탕에 하나의 넓은 홍색 가로 줄무늬
>   - 형상 : 임의. 다만, 측방표지와 혼동되지 않도록 망대형 또는 원주형이 바람직하다.
>   - 등색(설치 시) : 백색
>   - 등질 : 군2섬광

**04** 온난전선에 대한 설명 중 옳지 않은 것은?

갑. 전선이 통과하게 되면 습도와 기온이 상승한다.
을. 찬 기단의 경계면을 따라 따뜻한 공기가 상승하며, 찬 기단이 있는 쪽으로 이동한다.
병. 격렬한 대류운동을 동반하는 적란운을 발생시키기 때문에 강한 바람과 소나기성의 비가 내린다.
정. 따뜻한 공기가 전선면을 따라 상승하기 때문에 구름과 비가 발생한다.

> **해설**
> **온난전선**
> 따뜻한 기단이 찬 기단 쪽으로 이동하면서 형성되는 전선이다. 따뜻한 공기가 찬 공기 위로 올라갈 때 형성되며, 전선면을 따라 따뜻한 공기가 상승하므로 넓은 지역에 걸쳐 구름과 비가 발생한다. 온난전선이 통과하게 되면 기온과 습도가 올라간다.

**05** 여름철 우리나라의 전형적인 기압배치는?

갑. 동고서저형
을. 서고동저형
병. 북고남저형
정. 남고북저형

 우리나라 주변의 기압 분포 유형
- 동고서저형 : 봄철에 잘 나타남
- 서고동저형 : 겨울철의 대표적인 기압배치
- 남고북저형 : 여름철의 대표적인 기압배치
- 북고남저형 : 장마철에 잘 나타남
- 이동형 고기압형 : 봄과 가을에 잘 나타남

**06** 백중사리에 대한 다음 설명 중 옳지 않은 것은?

갑. 백중사리는 사리 중에서도 조차가 큰 시기이다.
을. 음력 7월 15일을 백중이라 하고 이 시기를 뜻한다.
병. 해수면이 가장 낮아져 육지와 도서가 연결되기도 한다.
정. 고조 시 해수면은 상대적으로 낮아 제방 등의 피해는 없다.

 사리(대조) 중에서도 조차가 가장 큰 시기를 '백중사리'라고 한다. 도서와 육지가 연결되는 현상(일명 '모세의 기적')이 진도 등 우리나라 10여 곳 이상에서 일어나는데, 그 시기는 음력 7월 15일 전후로 3~4일간이다. 백중사리 때는 바닷물의 높이가 높아져서 저지대가 침수되거나 제방이 유실될 수 있다.

**07** 파도를 뜻하는 다음 용어 설명 중 옳지 않은 것은?

갑. 바람이 해면이나 수면 위에서 불 때 생기는 파도가 '풍랑'이다.
을. 파랑은 현재의 해역에 바람이 불지 않더라도 생길 수 있다.
병. 너울은 풍랑에서 전파되어 온 파도로 바람의 직접적인 영향을 받지 않는다.
정. 어느 해역에서 발생한 풍랑이 바람이 없는 다른 해역까지 진행 후 감쇠하여 생긴 것이 '너울'이다.

 '파랑'(풍랑)은 바람이 해수면에 일으키는 파동현상을 뜻한다. '너울'은 풍랑이 전파되어 나타나는 파도로, 바람의 직접적 영향이 없어도 발생한다.

**08** 조석과 조류에 관한 설명 중 옳지 않은 것은?

갑. 조석으로 인하여 해면이 높아진 상태를 고조라고 한다.
을. 조류가 창조류에서 낙조류로, 또는 낙조류에서 창조류로 변할 때 흐름이 잠시 정지하는 현상을 게류라고 한다.
**병.** 저조에서 고조까지 해면이 점차 상승하는 사이를 낙조라 하고, 조차가 가장 크게 되는 조석을 대조라 한다.
정. 연이어 일어나는 고조와 저조 때의 해면 높이의 차를 조차라 한다.

> **해설** 저조에서 고조까지 해면이 점차 상승하는 사이를 창조라 하며, 밀물이라고도 한다. 창조류란 해면이 점차 높아지는 창조 때 유속이 최대로 되는 방향으로 흐르는 조류를 말한다.

**09** 조석표에 대한 설명 중 옳지 않은 것은?

갑. 조석표에 월령의 의미는 달의 위상을 뜻한다.
을. 조석표의 월령 표기는 ◐, ○, ◑, ● 기호를 사용한다.
병. 조위 단위로 표준항은 cm, 그 외 녹동, 순위도는 m를 사용한다.
**정.** 조석표의 사용시각은 12시간 방식으로 오전(AM)과 오후(PM)로 구분하여 표기한다.

> **해설** **조석표 확인법(국립해양조사원 발행 조석표)**
> • 사용시각(KST 한국표준시, 24시간 방식)
> • 불규칙한 해면 승강 지역
> • 조위의 단위(표준항 cm, 그 외 2곳 m)
> • 달의 위상 표기방식(◐ 상현, ○ 망, ◑ 하현, ● 삭)
> • 조고의 기준면(약최저저조면)
> • 좌표방식(WGS-84, 도-분-초)

08 병   09 정

**10** 다음 보기의 상황에서 두 개의 빈칸 안에 들어갈 말로 옳은 것은?

> 최고속 대지속력 20노트로 설계된 모터보트를 전속 RPM으로 운행 중 GPS 플로터를 확인하였더니 현재 속력이 22노트였다. 추측할 수 있는 현재의 조류는 ( ① )이며, 유속은 약 ( ② ) 내외라 추정할 수 있다.

|  | ① | ② |
|---|---|---|
| 갑. | 순조 | 2노트 |
| 을. | 역조 | 2노트 |
| 병. | 순조 | 4노트 |
| 정. | 역조 | 4노트 |

**해설**
- GPS 플로터에 나타나는 속력은 대지속력(땅에 대한 속력)인데, 보트 뒤에서 조류를 받는 순조 2노트의 유속이 합산된 속력으로, 유속이 없다면 설계 최고속도인 20노트로 운행하게 될 것이나 순조 2노트의 유속이 가산되어 대지속력 22노트가 가능해진 것이다.
- 대지속력과 상반되는 속력인 대수속력(물에 대한 속력)은 위 보기의 경우 20노트가 된다.
- 순조는 선박 진행방향과 동일한 방향의 조류, 역조는 반대인 조류를 말한다.

**11** 기상의 요소로 옳지 않은 것은?

갑. 수온
을. 기온
병. 습도
정. 기압

**해설**
**기상요소**
기온, 습도, 기압, 바람, 강우, 시정

**12** 항해 중 어느 한쪽 현에서 바람을 받아 풍하측으로 떠밀려 실제 지나온 항적과 선수미선이 일치하지 않을 때, 그 각을 무엇이라 하는가?

갑. 편차  
을. 시침로  
병. 침로각  
정. 풍압차

 풍압차(Lee Way ; LW)에 대한 설명이다. 풍압차와 비슷한 개념으로 유압차(해류나 조류에 떠밀리는 경우 항적과 선수미선 사이에 생기는 교각)가 있는데, 일반적으로 선박에서는 풍압차와 유압차를 구별하지 않고 이들을 합쳐서 풍압차라고 하는 경우가 많다.

**13** 다음 보기의 빈칸 안에 들어갈 말이 순서대로 짝지어진 것은?

> 맑은 날 일출 후 1~2시간은 거의 무풍상태였다가 태양고도가 높아짐에 따라 ( ① )쪽에서 바람이 불기 시작, 오후 1~3시에 가장 강한 ( ② )이 불며 일몰 후 일시적으로 무풍상태가 되었다가 육상에서 해상으로 ( ③ )이 분다.

| | ① | ② | ③ |
|---|---|---|---|
| 갑. | 해상 | 해풍 | 육풍 |
| 을. | 육지 | 육풍 | 해풍 |
| 병. | 해상 | 육풍 | 해풍 |
| 정. | 육지 | 해풍 | 육풍 |

 낮 동안 육상의 기온이 상승하면 육상의 공기가 팽창하여 상층의 등압면이 육상에서 해상으로 기울어지고 상층공기는 육상에서 해상으로 흐른다. 이에 따라 해면상은 고기압, 육상은 저기압이 형성되어 기압차에 의한 해풍(해상에서 육지로 부는 바람)이 발생한다. 밤에는 반대로 육상의 공기가 수축하여 육상이 고기압이 되고 해면상이 저기압이 됨으로써 육풍(육상에서 해상으로 부는 바람)이 발생하는데, 이러한 해풍과 육풍을 합쳐 해륙풍이라 한다.

**14** 대형의 선박(흘수가 큰)이 수심이 얕은 지역을 통과할 때 제일 먼저 고려해야 할 수로서지는?

갑. 조석표
을. 항해표
병. 등대표
정. 천측력

해설 선박의 안전을 위해 수심을 알 수 있는 조석표를 확인하여야 한다.

**15** 다음 안개에 대한 설명 중 옳지 않은 것은?

갑. 이류무 - 해상안개의 80%를 차지하며 범위는 넓으나 지속시간은 짧다.
을. 복사무 - 육상 안개의 대부분을 차지하며 국지적인 좁은 범위의 안개이다.
병. 전선무 - 전선을 동반한 따뜻한 비가 한기 속에 떨어질 때 증발하며 발생한다.
정. 활승무 - 습윤한 공기가 완만한 산의 경사면을 따라 강제 상승되어 수증기 응결로 발생된다.

해설
- 해무(이류무) : 해무는 차가운 해수면 위로 따뜻한 공기가 이동하면서 냉각되어 발생하는 안개로, 육상에서 발생하는 안개에 비해 두껍고 발생하는 범위가 넓다. 해상안개의 80%를 차지하며 범위가 넓고, 6시간 정도에서 며칠씩 지속될 때도 있다.
- 복사무 : 육상안개의 대부분으로, 밤부터 이른 아침에 걸쳐 지표면으로부터의 복사 냉각에 의해 지표면에 접한 공기가 냉각되어 형성된 안개를 말한다.
- 전선무 : 성질이 다른 두 기단 사이의 경계 부분에서 발생하는 안개로 비교적 지속기간이 짧다.
- 활승무 : 산무라고도 하며, 습윤한 공기가 산비탈을 따라 빠르게 상승해 가면서 냉각되어 응결이 일어나 발생하는 안개이다.

**16** 풍향 및 풍속에 대한 설명 중 옳지 않은 것은?

갑. 풍향이란 바람이 불어나가는 방향으로, 해상에서는 보통 북에서 시작하여 시계방향으로 32방위로 나타낸다.
을. 풍향이 반시계 방향으로 변하는 것을 풍향 반전이라 하고, 시계 방향으로 변하는 것을 풍향 순전이라고 한다.
병. 풍속은 정시 관측 시간 전 10분간의 풍속을 평균하여 구한다.
정. 항해 중의 선상에서 관측하는 바람은 실제 바람과 배의 운동에 의해 생긴 바람이 합성된 것으로, 시풍이라고 한다.

> 해설 풍향이란 바람이 불어오는 방향으로, 보통 북에서 시작하여 시계 방향으로 16방위로 나타내며, 해상에서는 32방위로 나타내기도 한다.

**17** 바람이 불어오는 방향을 16방위로 표기하는 방법 중 옳은 것은?

갑. 약 290도 방향에서 불어오는 풍향은 북서서(NWW)풍
을. 약 155도 방향에서 불어오는 풍향은 남남동(SSE)풍
병. 약 110도 방향에서 불어오는 풍향은 동동남(EES)풍
정. 약 020도 방향에서 불어오는 풍향은 북동북(NEN)풍

> 해설 풍향은 4방위 표기법, 8방위 표기법, 16방위 표기법을 이용하여 나타낸다.

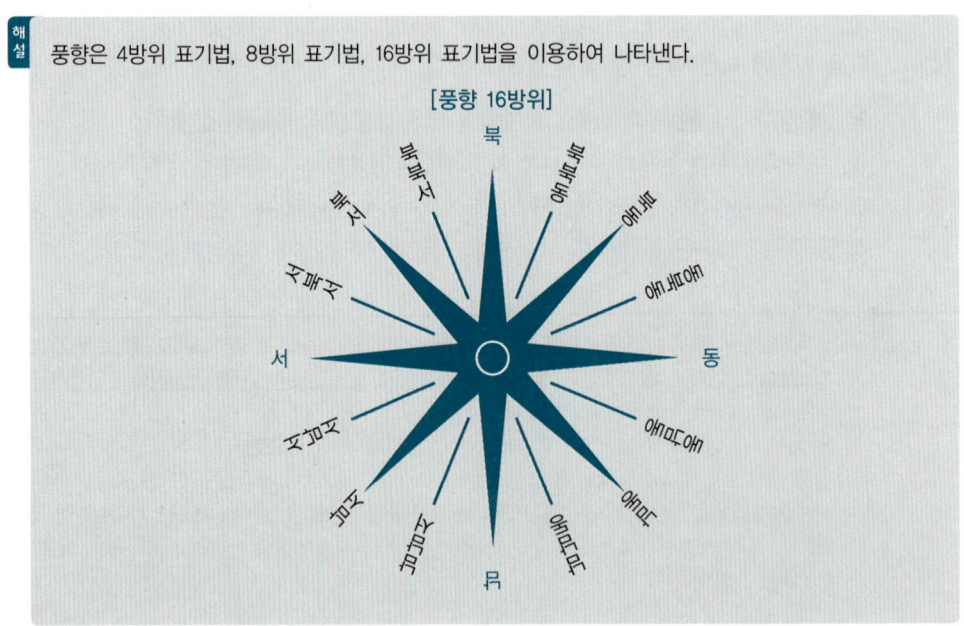

[풍향 16방위]

정답 16 갑 17 을

**18** 북방위표지가 뜻하는 것은?

**갑. 북쪽이 안전수역이므로 북쪽으로 항해할 수 있다.**
을. 북쪽을 제외한 다른 지역이 안전수역이다.
병. 남쪽이 안전수역이므로 남쪽으로 항해할 수 있다.
정. 남쪽과 북쪽이 안전수역이므로 남쪽 또는 북쪽으로 항해할 수 있다.

> **해설** 방위표지는 장애물을 중심으로 주위를 4개 상한으로 나누어 설치하며, 북방위표지는 북쪽, 동방위표지는 동쪽, 남방위표지는 남쪽, 서방위표지는 서쪽으로 항해하면 안전하다는 뜻이다.

**19** 태풍의 가항반원과 위험반원에 대한 설명 중 옳은 것은?

**갑. 위험반원의 후반부에 삼각파의 범위가 넓고 대파가 있다.**
을. 위험반원은 기압경도가 작고 풍파가 심하나 지속시간은 짧다.
병. 태풍의 이동축선에 대하여 좌측반원을 위험반원, 우측반원을 가항반원이라 한다.
정. 위험반원 중에서도 후반부가 최강풍대가 있고 중심의 진로상으로 휩쓸려 들어갈 가능성이 크다.

> **해설**
> 을. 위험반원은 가항반원에 비해 기압경도가 커서 바람이 강하고 풍파가 심하며 폭풍우의 지속시간도 길다.
> 병. 태풍의 이동축선에서 좌측반원이 가항반원이고 우측반원이 위험반원이다.
> 정. 위험반원의 전반부에 최강풍대가 있고 태풍 중심의 진로상으로 휩쓸려 들어갈 가능성이 커서 가장 위험한 반원에 해당한다.

**20** 항해 중 안개가 끼었을 때 본선의 행동사항 중 가장 옳은 것은?

갑. 최고의 속력으로 빨리 인근 항구에 입항한다.
을. 레이더에만 의존하여 최고 속력으로 항해한다.
**병. 안전한 속력으로 항해하며 가용할 수 있는 방법을 다하여 소리를 발생하고 근처에 항해하는 선박에 알린다.**
정. 컴퍼스를 이용하여 선위를 구한다.

> **해설** 안개가 끼었을 시에는 레이더를 활용하고 안전한 속력으로 감속하여 항해해야 한다. 일정 간격으로 무중신호를 울리며 최대한 선박을 안전하게 항해한다.

**21** 구명뗏목 탑승법에 대한 설명 중 옳지 않은 것은?

**갑. 최대한 빠르게 물속으로 입수한 후 뗏목으로 올라탄다.**
을. 탑승할 때 높이가 4.5미터 이내인 경우 천막 위로 바로 뛰어내려도 된다.
병. 탑승을 위해 보트 사다리 등 주변에 이용 가능한 모든 것을 준비 및 사용한다.
정. 뒤집어져 팽창했을 때는 뗏목 바닥의 복정장치를 이용, 체중을 실어 당기거나 풍향을 이용하여 복원시킨다.

> **해설** 구명뗏목 탑승 시 체온 및 체력 감소를 막기 위해 가능한 한 물속으로 들어가지 않고 탑승하는 것이 좋다.

**22** 선박에 충분한 건현이 필요한 이유는?

갑. 수심을 알기 위하여 필요하다.
**을. 예비부력을 가져 안전항해를 하기 위하여 필요하다.**
병. 선박의 저항, 추진력 계산에 필요하다.
정. 배의 속력을 계산하는 데 필요하다.

> **해설** 건현은 갑판선의 상단에서 선체 중앙부 수면까지의 수직거리로, 예비부력을 가져 안전하게 항해하기 위해 필요하다.

**23** 구명뗏목에 승선 완료 후 즉시 취할 행동에 관한 지침으로 보기 쉬운 곳에 게시되어 있는 것은?

갑. 생존지침서  
을. 의료설명서  
**병. 행동지침서**  
정. 구명신호 설명서

 **구명뗏목에 비치하는 의장품**
- 행동지침서 : 구명뗏목에 승선 후 즉시 행동할 요령을 적은 것
- 생존지침서 : 구명뗏목 안에서 생존하는 방법을 적은 것
- 구명신호 설명서 : 구명시설과 조난선과의 통신에 필요한 신호의 방법과 그 의미를 설명한 것

**24** 구명뗏목이 바람에 떠내려가지 않도록 바닷속의 저항체 역할과 전복방지에 유용한 것은?

**갑. 해묘**  
을. 안전변  
병. 구명줄  
정. 바닥기실

- 해묘(Sea Anchor) : 2개 중 1개는 본체에 달려있고 1개는 의장품대에 있으며 10미터의 나일론 줄이 연결되어 있음
- 안전변 : 뗏목이 팽창했을 때 기실 압력을 유지하기 위해 가스를 배출시키는 장치
- 구명줄 : 외주(수중 표류자)와 내주(뗏목 탑승자) 구명줄로 조난자가 붙잡기 위한 끈
- 바닥기실 : 주기실의 하부면에 있고 의장품대에 비치된 충기펌프로 팽창시킬 수 있음

**25** 구명뗏목의 의장품인 행동지침서의 기재사항으로 옳지 않은 것은?

갑. 다른 조난자가 없는지 확인할 것  
**을. 침몰하는 배 주변 가까이에 머무를 것**  
병. 다른 구명정 및 구명뗏목과 같이 행동할 것  
정. 의장품 격납고를 열고 생존지침서를 읽을 것

 행동지침서에는 침몰하는 배에서 신속하게 떨어지라고 기재되어 있다. 침몰하는 배 근처에 있을 경우 함께 빨려 들어갈 수 있기 때문이다. 그 외 행동지침서 기재사항으로는 '구명정의 기능을 확인할 것' 등이 있다.

**26** 조난신호 장비에 대한 다음 설명 중 옳지 않은 것은?

갑. 신호 홍염 – 손잡이를 잡고 불을 붙이면 1분 이상 붉은색의 불꽃을 낸다.
**을. 발연부 신호 – 불을 붙여 손으로 잡거나 배 위에 올려놓으면 3분 이상 연기를 분출한다.**
병. 자기 점화등 – 구명부환(Life Ring)에 연결되어 있어 야간에 수면에 투하되면 자동으로 점등된다.
정. 로켓 낙하산 화염 신호 – 공중에 발사되면 낙하산이 펴져 초당 5미터 이하로 떨어지면서 불꽃을 낸다.

> **해설**
> 을. 발연부 신호 : 주간신호로서 당김줄을 당기고 해상에 투하하면 3분 이상 오렌지색의 연기를 낸다. 발화하는 동안 상당한 고온이므로 손으로 잡아선 안 되며, 갑판 위에 두었을 때 화재 위험이 크므로 점화 후 물에 던져 해면 위에서 연기를 내도록 한다.
> 갑. 신호 홍염 : 클립을 젖혀 펴 잡은 다음 상부 캡을 돌려 뺀 후 고리를 당겨 점화하는데, 1분 이상 붉은색 화염을 연속하여 낸다.
> 병. 자기 점화등 : 야간에 구명신호를 알려주는 장비이다.
> 정. 로켓 낙하산 화염 신호 : 발사통의 상부를 상공으로 향하게 하고 하부의 발사고리를 잡아당겨 고리를 상부로 젖혀 발사하는데, 300m 이상 올라가서 초당 5m 이하의 속도로 낙하하며 위치를 알린다.

**27** 로프의 시험 하중의 범위 내에서 안전하게 사용할 수 있는 최대의 하중을 무엇이라고 하는가?

갑. 시험 하중
을. 파단 하중
병. 충격 하중
**정. 안전사용 하중**

> **해설**
> **안전사용 하중**
> 로프의 시험 하중의 범위 내에서 안전하게 사용할 수 있는 최대의 하중을 말하며, 파단력의 1/6로 본다.

**28** 수동 팽창식 구명조끼에 대한 다음 설명 중 옳지 않은 것은?

갑. 부피가 작아서 관리, 취급, 운반이 간편하다.
을. $CO_2$ 팽창기를 이용하여 부력을 얻는 구명조끼이다.
병. 협소한 장소나 더운 곳에서 착용 및 활동이 편리하다.
정. $CO_2$ 팽창 후 부력 유지를 위한 공기 보충은 필요 없다.

> **해설** 수동 팽창식 구명조끼는 물에 의한 자동 팽창이 아닌 $CO_2$ 팽창기 줄을 손으로 직접 잡아당겨 팽창하는 방식으로, 가볍고 착용감이 뛰어나 수영하기 좋고 활동이 편리하다. 하지만 수중에서 장시간 부력을 유지하기 위해서는 입으로 공기를 불어넣는 장치를 이용하여 수시로 빠진 공기를 보충해 주어야 하는 단점도 있다.

**29** 자동 및 수동 겸용 팽창식 구명조끼 작동법에 대한 설명 중 옳지 않은 것은?

갑. 물감지 센서(Bobbin)에 의해 익수 시 10초 이내에 자동으로 팽창한다.
을. 자동으로 팽창하지 않았을 경우, 작동 손잡이를 당겨 수동으로 팽창시킨다.
병. $CO_2$ 가스 누설 또는 완전히 팽창되지 않았을 경우 입으로 직접 공기를 불어넣는다.
정. 직접 공기를 불어넣은 후에는 가스 누설을 막기 위해 마우스피스의 마개를 거꾸로 닫는다.

> **해설** 자동 및 수동 겸용 신형 팽창식 구명조끼는 물 감지 센서(Bobbin)에 의해 익수 시 자동으로 팽창되며, 자동으로 팽창되지 않을 경우 작동 손잡이를 당겨 수동으로 팽창이 가능하다. 공기를 보충해야 할 경우에 사용하는 마우스피스의 마개를 거꾸로 닫게 되면 에어백 내부의 공기가 빠지게 된다.

**30** 자동 및 수동 겸용 팽창식 구명조끼의 관리방법으로 옳지 않은 것은?

갑. 습도가 높고 밀폐된 공간에서 장시간 보관을 피한다.
을. 사용 후 환기가 잘되고 햇볕이 잘 드는 곳에 보관해야 한다.
병. 비가 오거나 습기가 많은 날은 보빈(Bobbin) 오작동에 주의를 요한다.
정. 팽창 후 재사용을 위해서는 에어백 내부의 공기를 완전히 빼줘야 한다.

> **해설** 물에 의해 작동하는 보빈의 오작동 방지를 위해 습도가 높고 밀폐된 환경에서의 보관을 피하고, 우천 및 습기가 높은 날은 사용 시 주의해야 한다. 사용 전 보빈과 실린더 상태를 반드시 확인하며, 팽창 후 재사용을 위해서는 반드시 에어백 내부의 공기를 완전히 빼주어야 한다. 실린더와 보빈은 일회성 부품으로 팽창 후 교체하여 사용해야 한다. 세탁 시 실린더, 보빈, 해수전지 등은 몸체로부터 반드시 분리해야 하며, 사용 후에는 환기가 잘되고 그늘진 곳에 보관해야 한다.

정답  28 정  29 정  30 을

**31** 화재 발생 시 조치사항으로 옳지 않은 것은?

갑. 화재구역의 통풍을 차단하고 선내 조명 등 전원은 유지
을. 발화원과 인화성 물질이 무엇인가 알아내어 소화방법 강구
병. 초기 진화 실패 시 퇴선을 대비하여 필요 장비 확보
정. 소화 작업과 동시에 화재 진화 실패 시의 대책을 강구

> **해설** 화재 발생 시 조치사항
> - 정박 중에 화재가 발생하면 큰 소리로 "불이야" 하고 외쳐 승선원 및 주변에 있는 보트나 선박에 상황을 알림과 동시에 소화기 모포 등으로 초기진화에 힘쓴다.
> - 화재구역의 추가화재가 발생하지 않도록 통풍 및 전원을 차단한다.

**32** 생존수영의 방법으로 옳지 않은 것은?

갑. 구조를 요청할 때는 누워서 고함을 치거나 두 손으로 구조를 요청한다.
을. 익수자가 여러 명일 경우 이탈되지 않도록 서로 껴안고 하체를 압박하며 잡아준다.
병. 부력을 이용할 장비가 있으면 가슴에 밀착시켜 체온을 유지한다.
정. 온몸에 힘을 뺀 상태에서 몸을 뒤로 젖혀 하늘을 보는 자세를 취한다.

> **해설** 두 손으로 구조를 요청하면 에너지 소모가 많고 부력장비를 놓치기 쉽다. 또한 몸이 가라앉을 가능성이 있기 때문에 구조를 요청할 때에는 한 손으로 흔든다.

**33** 다음 중 무동력보트를 이용한 구조술에 대한 설명으로 옳지 않은 것은?

갑. 익수자에게 접근해 노를 건네 구조할 수 있다.
을. 익수자를 끌어올릴 때 전복되지 않도록 주의한다.
병. 보트 위로 끌어올리지 못할 경우 뒷면에 매달리게 한 후 신속히 이동한다.
정. 보트는 선미보다 선수 방향으로 익수자가 탈 수 있도록 유도하는 것이 효과적이다.

> **해설** 무동력보트는 선미가 선수보다 낮고 스크루가 없기 때문에 익수자를 끌어올리기 수월하다.

**34** 복원력을 좋게 하기 위한 방법으로 가장 옳은 것은?

갑. 무거운 화물을 선박의 낮은 부분으로 옮겨 무게중심을 낮춘다.
을. 무거운 화물을 선박의 높은 부분으로 옮겨 무게중심을 높인다.
병. 무거운 화물을 갑판으로 적재한다.
정. 무거운 화물을 바다에 버린다.

> 해설: 무거운 화물을 아래에, 가벼운 화물을 위에 배치하여 무게중심을 낮추면 복원력이 증가된다.

**35** 선박 충돌 시 조치사항으로 가장 옳지 않은 것은?

갑. 인명구조에 최선을 다한다.
을. 침수량이 배수량보다 많으면 배수를 중단한다.
병. 침몰할 염려가 있을 때에는 임의좌초시킨다.
정. 퇴선할 때에는 구명조끼를 반드시 착용한다.

> 해설: 부력이 상실되기 전까지는 시간 확보를 위해 배수를 중단해서는 안 된다.

**36** 항해 중 가족이 바다에 빠진 경우 취해야 할 방법으로 올바르지 않은 것은?

갑. 구명부환을 던진다.
을. 즉시 입수하여 가족을 구조한다.
병. 타력을 이용하여 미속으로 접근한다.
정. 119에 신고한다.

> 해설: 인명구조는 본인 안전의 확보가 최우선이므로 안전장비를 갖춘 상태에서 구조를 돕는다.

정답  34 갑  35 을  36 을

**37** 구명뗏목 작동 및 취급 시에 대한 설명으로 옳은 것은?

**갑. 자동이탈장치에는 절대로 페인트 등 도장을 하면 안 된다.**
을. 구명뗏목 팽창법 2가지 중 수동보다는 자동 이탈하여 탑승하는 것이 안전하다.
병. 구명뗏목 정비 및 운반을 위한 취급 시 작동줄을 당겨서 운반하는 것이 안전하다.
정. 기상이 악화된 해상에 대비하여 항해 중 별도의 고박장치를 단단히 해두는 것이 좋다.

> **해설**
> 갑. 자동이탈장치에 페인트 등 도장을 할 경우, 침몰 시 수압에 의한 자동이탈 및 팽창이 불가해지므로 도장처리를 하면 안 된다.
> 을. 수동 이탈은 보트가 침몰 전이라도 탈출을 위해 시행할 수 있으며, 자동 이탈은 침몰 후 수압에 의해 자동 팽창되는 것으로 안전과는 무관하다.
> 병. 작동줄은 수동으로 팽창시키는 줄이므로, 조난이 아닌 상황에서 당겨서는 안 된다.
> 정. 별도의 고박장치를 단단히 해두면 침몰 시 자동 이탈 및 팽창이 불가해진다.

**38** 보트를 조종하여 익수자를 구조하는 방법으로 옳지 않은 것은?

갑. 타력을 이용하여 미속으로 접근한다.
**을. 익수자까지 최대 속력으로 접근한다.**
병. 익수자에게 접근 후 레버를 중립에 둔다.
정. 여분의 노, 구명환 등을 이용하여 구조한다.

> **해설**
> 타력을 이용하여 미속으로 접근하고 익수자에게 접근 후 레버를 중립에 두며 여분의 노·구명환 등을 이용하여 구조한다.

**39** 항행 중 비나 안개 등에 의해 시정이 나빠졌을 때 조치사항으로 옳지 않은 것은?

갑. 낮에도 항해등을 점등하고 속력을 줄인다.
을. 다른 선박의 무중신호 청취에 집중한다.
**병. 주변의 무중신호 청취를 위해 기적이나 사이렌은 작동하지 않는다.**
정. 시계가 좋아질 때를 기다린다.

> **해설**
> 소형보트인 경우 시계 악화가 예상되거나 징후가 나타나면 출항을 하지 말거나 일찍 귀항하도록 한다. 또한, 위치가 불분명해지면 무리하게 항행하지 말고 투묘 또는 표류하면서 시계가 좋아질 때를 기다린다.

37 갑  38 을  39 병  **정답**

**40** 다음 보기의 인명구조 장비에 대한 설명 중 빈칸 안에 들어갈 말로 가장 적절한 것은?

> • ( ① )은 비교적 가까이 있는 익수자를 구출하는 데 이상적이다.
> • ( ② )은 비교적 멀리 있는 익수자를 구출하는 데 이상적이다.

갑. ① 구명부환(Life Ring), ② 레스큐 캔
**을. ① 구명부환(Life Ring), ② 드로우 백(구조용 로프백)**
병. ① 드로우 백(구조용 로프백), ② 구명부환(Life Ring)
정. ① 구명부환(Life Ring), ② 구명공(구명볼, Kapok Ball)

> **해설** 구명부환은 중량이 다른 구조장비에 비해 무거운 편으로 근거리에 적합하다. 드로우 백·구명공은 먼 거리 익수자 구조에 적합한 20~30m 로프로 구성되어 있다.

**41** 선박에서 흘수를 조사하는 이유로 가장 옳은 것은?

**갑. 선박의 항행이 가능한 수심을 알 수 있다.**
을. 예비부력을 알 수 있다.
병. 선박의 저항력을 계산할 수 있다.
정. 해수의 침입을 방지할 수 있다.

> **해설** 흘수는 물속에 잠긴 선체의 깊이를 말하며, 선박의 항행이 가능한 수심을 알 수 있으므로 흘수를 조사한다.

**42** 폭풍우 시 대처방법으로 올바르지 않은 것은?

갑. 파도의 충격과 동요를 최대로 줄이기 위해 속력을 줄이고 풍파를 선수 20~30° 방향에서 받도록 조종한다.
**을. 파도의 충격과 동요를 최대로 줄이기 위해 속력을 줄이고 풍파를 우현 90° 방향에서 받도록 조종한다.**
병. 파도를 보트의 횡방향에서 받는 것은 대단히 위험하다.
정. 보트의 위치를 항상 파악하도록 노력한다.

> **해설** 풍파를 우현 90° 방향에서 받으면 전복의 위험이 있다. 폭풍우 시 대처방법으로 위에 제시된 보기 외에도 선내로 파도가 밀려들어 오는 것에 주의해서 조종하고, 들어오는 물은 즉시 배수해야 한다. 그렇지 않으면 선저에 고인 물의 이동으로 복원력이 저하되고 동시에 전기계통의 고장이 발생할 수 있다.

**43** 해도 도식에서 의심되는 수심을 나타내는 것은?

갑. PD  
을. PA  
병. SD  
정. WK

- PD : 의심되는 위치
- PA : 개략적인 위치
- SD : 의심되는 수심
- WK : 침선

**44** 다음 보기의 (가), (나)에 해당하는 장비로 옳은 것은?

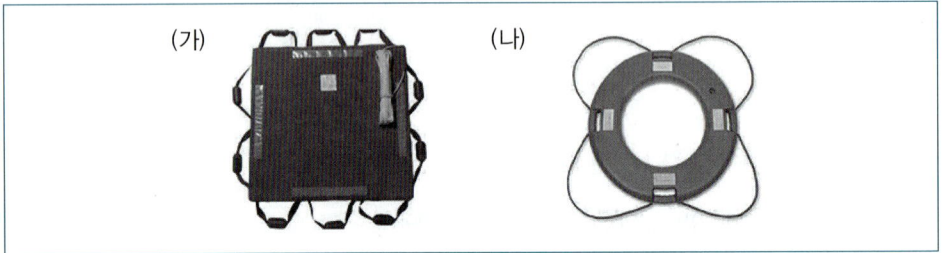

갑. (가) 구명부기, (나) 구명조끼  
을. (가) 구명부기, (나) 구명부환  
병. (가) 구명뗏목, (나) 구명조끼  
정. (가) 구명뗏목, (나) 구명부기

- 구명부기 : 부체 주위에 부착된 줄을 붙잡고 구조될 때까지 기다릴 때 사용되는 장비이다. 연안을 운항하는 여객선이나 낚시 어선 등에서 주로 사용한다.
- 구명부환 : 인명구조 시 사용하며 던져서 붙잡게 하여 구조하는 부력 용구이다. 일정한 길이의 구명줄과 야간에 빛을 반사할 수 있는 역반사재가 부착되어 있다.

**45** 화재 발생 시 유의 사항에 대한 설명으로 옳은 것은?

갑. 화재 발생원이 풍상측에 있도록 보트를 돌리고 엔진을 정지한다.  
을. 엔진룸 화재와 같은 B급 유류 화재에는 모든 종류의 소화기 사용이 가능하다.  
병. 화재 예방을 위해 기름이나 페인트가 묻은 걸레는 공기가 잘 통하지 않는 곳에 보관한다.  
정. C급 화재인 전기화재에 물이나 분말소화기는 부적합하여 포말소화기나 이산화탄소($CO_2$) 소화기를 사용한다.

갑. 화재 발생원을 풍하측에 두어야 한다.  
병. 유류에 오염된 걸레는 공기 순환이 잘되는 곳에 보관하여야 한다.  
정. C급 전기화재에는 액체가 없는 분말 또는 $CO_2$ 소화기를 사용하여야 한다.

43 병  44 을  45 을

**46** 임의좌주(임시좌주, Beaching)를 위해 적당한 해안을 선정할 때 유의사항으로 옳은 것은?

갑. 해저가 모래나 자갈로 구성된 곳은 피한다.
**을. 경사가 완만하고 육지로 둘러싸인 곳을 선택한다.**
병. 임의좌주 후 자력 이초를 고려하여 강한 조류가 있는 곳을 선택한다.
정. 임의좌주 후 자력 이초에 도움을 줄 수 있도록 갯벌로 된 곳을 선택한다.

> **해설** 임의좌주란 선체손상이 심각해 침몰 직전에 이르게 되면 선체를 적당한 해안에 좌초하는 것을 말한다. 임의좌주를 위한 적당한 해안은 해저가 모래나 자갈로 구성된 곳으로 추후 이초작업에 도움을 줄 수 있도록 갯벌은 가급적 피한다. 또한 경사가 완만하고 육지로 둘러싸인 곳으로 강한 조류가 없는 곳이 좋다.

**47** 해양사고 대처에 있어 다음 보기와 같은 판단들은 무엇을 시도하기 전에 고려할 사항인가?

- 손상 부분으로부터 들어오는 침수량과 본선의 배수 능력을 비교하여 물에 뜰 수 있을 것인가
- 해저의 저질, 수심을 측정하고 끌어낼 수 있는 시각과 기관의 후진 능력을 판단
- 조류, 바람, 파도가 어떤 영향을 줄 것인가
- 무게를 줄이기 위해 적재된 물품을 어느 정도 해상에 투하하면 물에 뜰 수 있겠는가

갑. 충 돌
을. 접 촉
병. 좌 초
**정. 이 초**

> **해설** 이초법 시도 시 고려할 사항이다.

**48** 해상에서 선박 간 충돌 또는 장애물과의 접촉 사고 시에 조치하여야 할 사항으로 가장 옳지 않은 것은?

갑. 충돌을 피하지 못할 상황이라면 타력을 줄인다.
**을. 충돌이나 접촉 직후에는 기관을 전속으로 후진하여 충돌 대상과 안전거리 확보가 우선이다.**
병. 파공이 크고 침수가 심하면 격실 밀폐와 수밀문을 닫아서 충돌 또는 접촉된 구획만 침수되도록 한다.
정. 충돌 후 침몰이 예상되는 상황이면 해상으로 탈출을 대비하여야 하며, 수심이 낮은 곳에 임의좌주를 고려한다.

> **해설** 충돌로 발생한 수면하 파공부는 두 선체가 떨어질 때 노출되어 해수 유입량이 최대가 되어 침몰 위험도 높아지므로, 손상부가 정확히 파악될 때까지 선체를 그대로 유지하는 것이 더 안전할 수 있다.

**49** 좌초 후 자력으로 이초할 때의 유의사항 중 가장 옳은 것은?

갑. 암초 위에 얹힌 경우, 구조가 될 때까지 무작정 기다린다.
을. 저조가 되기 직전에 시도하고 바람, 파도, 조류 등을 이용한다.
병. 선체 중량을 경감할 필요가 있을 땐 이초 시작 직후에 실시한다.
**정. 갯벌에 얹혔을 때에는 선체를 좌우로 흔들면서 기관을 사용하면 효과적이다.**

정. 갯벌에 좌초 시 이초를 위한 방법 중 하나이다.
갑. 암초 위에 얹힌 때가 저조 진행 중이라면 얹힌 상태로 기울기가 커져 전복의 위험이 있으므로 조석 확인 후 안전대책이 필요하다.
을. 고조가 되기 전 이초를 시도한다.
병. 선체 중량을 경감할 필요가 있을 때는 이초 시작 직전에 실시한다.

**50** 조석의 용어 중 고고조(HHW)의 뜻은?

**갑. 연이어 일어나는 2회의 고조 중 높은 것**
을. 연이어 일어나는 2회의 고조 중 낮은 것
병. 연이어 일어나는 2회의 저조 중 높은 것
정. 연이어 일어나는 2회의 저조 중 낮은 것

고고조는 연이어 일어나는 2회의 고조 중에서 높은 쪽을 말한다.

**51** 다음 중 좁은 수로에서 보트 운항자가 주의하여야 할 것으로 옳은 것은?

갑. 속력이 너무 빠르면 조류영향을 크게 받으며, 타의 효력도 나빠져서 조종이 곤란할 수 있다.
을. 야간에는 보트의 조종실 등화를 밝게 점등하여 타 선박이 나의 존재를 확인하기 쉽도록 한다.
병. 음력 보름 만월인 야간에는 해면에 파랑이 있고 달이 후방에 있을 때가 전방 경계에 용이하다.
**정. 일시에 대각도 변침을 피하고, 조류 방향과 직각되는 방향으로 선체가 가로 놓이게 되면 조류 영향을 크게 받는다.**

'갑'에서 속력이 너무 느리면 조류영향을 크게 받으며, '을'에서 야간에는 야간 경계 강화를 위해 조종실은 어두워야 한다. '병'의 경우 전방 경계에 불리하다.

**52** 항해 중 해도를 이용할 때 주의사항으로 가장 옳은 것은?

갑. 해저의 요철이 불규칙한 곳을 항행한다.
을. 등심선이 기재되지 않은 곳은 측심이 정확한 곳이다.
병. 수심이 고르더라도 수심이 얕고 저질이 암초인 공백지를 항행한다.
정. 자세히 표현된 구역은 수심이 복잡하게 기재되었더라도 정밀하게 측량된 것으로 볼 수 있다.

 갑. 해저의 요철이 불규칙한 곳은 해저지형이 수시로 바뀌는 곳으로 항행 시 위험할 수 있다.
을. 등심선이 기재되지 않은 곳은 제대로 측심되지 않은 곳이다.
병. 수심이 얕은 지역은 배가 얹힐 위험이 있다.

**53** 다음 중 1해리를 미터 단위로 환산한 것으로 옳은 것은?

갑. 1,582m     을. 1,000m
병. 1,852m     정. 1,500m

해설 해리는 바다에서 거리를 나타낼 때 사용되는 단위이며, 1해리는 1,852m이다.

**54** 조류가 빠른 협수로 같은 곳에서 일어나는 조류의 상태는?

갑. 급조     을. 와류
병. 반류     정. 격조

 조류가 빠른 협수로 등을 지날 때 생기는 소용돌이의 형태를 와류(Eddy Current)라고 한다.

정답 52 정  53 병  54 을

**55** 다음 중 해도에서 수심이 같은 장소를 연결한 선으로 옳은 것은?

갑. 경계선  을. 등고선
병. 등압선  **정. 등심선**

 해저의 지형을 표현한 해도 등심선은 항해 안전을 위해 얕은 수심이 포함되도록 그린다.

**56** 다음 중 해안선을 나타내는 경계선의 기준으로 옳은 것은?

갑. 약최저저조면  을. 기본수준면
병. 평균수면  **정. 약최고고조면**

 조석으로 인해 가장 높아진 해수면의 높이를 약최고고조면(Approximate Highest High Water)이라고 하는데, 이는 해안선을 나타내는 경계선의 기준이 된다.

**57** 다음 중 해도에 나타나지 않는 것은?

갑. 조류속도  을. 조류방향
병. 수 심  **정. 풍 향**

 해도에는 해안의 지형, 조류의 성질, 수심 등이 표시된다.

**58** 다음 중 조차가 극대가 될 때의 조석을 무엇이라고 하는가?

갑. 고 조  **을. 대 조**
병. 만 조  정. 분점조

 약 15일 주기로 보름이나 그믐에 조석간만의 차가 가장 크게 나타나는 현상을 '대조' 또는 '사리'라고 한다.

**59** 조석현상 중 창조에 대한 설명으로 옳은 것은?

 갑. 저조에서 고조로 되기까지 해면이 점차 높아지는 상태이다.
을. 고조에서 저조로 되기까지 해면이 점차 낮아지는 상태이다.
병. 고조와 저조 시에 해면의 승강운동이 순간적으로 거의 정지한 것 같이 보이는 상태이다.
정. 조석으로 인하여 해면이 가장 낮아진 상태이다.

> 해설
> 을. 낙조에 관한 설명이다.
> 병. 정조에 관한 설명이다.
> 정. 저조에 관한 설명이다.

**60** 침실에서 석유난로를 사용하던 중 담뱃불에서 인화되어 유류 화재가 발생하였다. 이 화재의 종류는?

갑. A급 화재
 을. B급 화재
병. C급 화재
정. D급 화재

> 해설
> 연소 후 재를 남기지 않는 종류의 화재로 B급 화재라고 부르며, 유류 등의 가연성 액체나 기체 등의 화재가 이에 속한다.

**61** 밀물과 썰물의 차가 가장 작을 때를 무엇이라고 하는가?

갑. 사 리             을. 조 금
병. 상 현            정. 간 조

> 해설
> 상현과 하현 때는 달과 태양이 직각을 이루고 있으므로 달의 기조력과 태양의 기조력이 나뉘어져 기조력이 상쇄되므로 조차가 최소가 되는데 이때를 조금(Neap Tide) 또는 소조라고 한다. 사리는 만조와 간조의 높이차가 최대일 때를 뜻하고 간조는 해수면의 높이가 최소일 때를 뜻한다.

**62** 휴대용 $CO_2$ 소화기의 최대 유효거리는?

갑. 4.5~5m    을. 1.5~2m
병. 2.5~3m    정. 3.5~4m

 휴대식 $CO_2$ 소화기는 액체상태의 탄산가스를 압력용기에 60/kg/㎠/21℃ 압력으로 봉입하여 사용 시 액체에서 기화된 탄산가스가 피연소물질에 산소공급을 차단하는 질식 효과와 열을 뺏는 냉각 효과로 소화하는 것이다. 따라서 휴대식 이산화탄소 소화기는 B, C급 초기화재의 진화에 효과적이다. 가스를 직접 화재원에 분사시킬 때의 최대 유효거리는 1.5~2m이다.

**63** 다음 중 빈칸 안에 들어갈 말로 옳은 것은?

창조 또는 낙조의 전후에 해면의 승강이 극히 느리고 정지하고 있는 것 같아 보이는 상태로 해면의 수직운동이 정지된 상태를 (    )라 한다.

갑. 게류    을. 정조
병. 평균수면    정. 전류

 저조 또는 고조가 되었을 때 순간적으로 해면이 정지한 것처럼 보이는 상태를 '정조'라고 한다.

**64** 저조 때가 되어도 수면 위에 잘 나타나지 않으며 특히, 항해에 위험을 주는 바위는?

갑. 노출암    을. 암암
병. 세암    정. 간출암

- 암암 : 바위의 정상부가 저조 때에도 수면 상에 노출되지 않는 바위이다.
- 세암 : 저조일 때 수면과 거의 같아서 해수에 봉오리가 씻기는 바위이다.
- 간출암 : 저조시에 수면 위에 나타나는 바위이다.

**65** 바다에서 대체로 일정한 방향으로 계속 흐르는 것은?

갑. 해류
을. 조석
병. 조류
정. 대류

> 해설 해류(Ocean Current)는 방향과 속도가 일정하고 정상적인 해수의 유동을 말한다.

**66** 팽창식 구명뗏목 수동진수 순서로 올바른 것은?

갑. 연결줄 당김 - 안전핀 제거 - 투하용 손잡이 당김
을. 투하용 손잡이 당김 - 연결줄 당김 - 안전핀 제거
병. 안전핀 제거 - 투하용 손잡이 당김 - 연결줄 당김
정. 안전핀 제거 - 연결줄 당김 - 투하용 손잡이 당김

> 해설 **팽창식 구명뗏목 수동진수 순서**
> 1. 연결줄이 선박에 묶여 있는지, 투하 위치 주변에 장애물이 있는지 확인하고 안전핀을 제거한다.
> 2. 투하용 손잡이를 몸 쪽으로 당겨준다.
> 3. 구명뗏목이 펼쳐질 때까지 연결줄을 끝까지 잡아당겨준다.

**67** 팽창식 구명뗏목 자동 진수 시 수심 2~4m 사이에서 수압에 의해 자동으로 구명뗏목을 분리시키는 장비의 명칭으로 옳은 것은?

갑. 위크링크
을. 작동줄
병. 자동이탈장치
정. 연결줄

> 해설 **자동이탈장치(Hydraulic Release Unit)**
> 본선 침몰 시에 구명뗏목을 본선으로부터 자동으로 이탈시키는 장치이다. 수심 4m 이내의 수압에서 작동하여 본선으로부터 자동이탈된 후 수면으로 부상한다.

**68** 연안에서 수상 스포츠를 즐기는 사람들에게 외양 쪽으로 떠내려가게 하여 위험한 상황을 만드는 해류를 무엇이라 하는가?

갑. 파송류
을. 연안류
병. 이안류
정. 외양류

> 해설 이안류(Rip Current)는 파도와 바람에 의해 해안가로 밀려들어온 바닷물이 다시 빠른 속도로 바다로 되돌아가는 흐름을 말한다.

정답  65 갑  66 병  67 병  68 병

**69** 다음 보기에 있는 빈칸 안에 공통으로 들어갈 말로 적절한 것은?

> - (　) 때 유속이 가장 강하게 되는 방향으로 흐르는 조류를 '(　)류'라고 한다.
> - (　)는 조석 때문에 해면이 낮아지고 있는 상태로서 고조에서 저조까지의 사이를 말한다.
> - 보통 고조 전 3시 내지 고조 후 3시에서, 저조 전 3시 내지 저조 후 3시까지 흐르는 조류를 '(　)류'라고 한다.

갑. 창조　　　　　　　　　　**을. 낙조**
병. 고조　　　　　　　　　　정. 저조

**해설** 낙조 및 낙조류에 대한 공통적인 설명이다. 창조류는 저조에서 고조로 해면이 상승할 때 흐르는 조류를 뜻한다.

**70** 조석 간만의 영향을 받는 항구에서 레저보트로 입출항할 때, 오전 08시 14분 출항했을 때가 만조였다면 아래 어느 시간대를 선택해야 만조 시의 입항이 가능한가?

갑. 당일 11시경(오전 11시경)
을. 당일 14시경(오후 2시경)
**병. 당일 20시경(오후 8시경)**
정. 다음 날 02시경(오전 2시경)

**해설** 만조 후 약 12시간 후가 다시 만조 시간대이다. 만조 후 6시간 후는 간조 시간대이다.

**71** 선박의 기관실 침수 방지대책에 대한 설명으로 옳지 않은 것은?

갑. 방수 기자재를 정비한다.
을. 해수관 계통의 파공에 유의한다.
병. 해수 윤활식 선미관에서의 누설량에 유의한다.
**정. 기관실 선저 밸브를 모두 폐쇄한다.**

**해설** 침수 시에만 폐쇄하여 침수를 막는다.

**72** 항해 중 사람이 물에 빠졌을 때 가장 먼저 해야 할 조치사항으로 가장 옳은 것은?

갑. 주변 사람에게 알린다.
을. 기관을 역회전시켜 전진 타력을 감소한다.
**병. 키를 물에 빠진 쪽으로 최대한 전타한다.**
정. 키를 물에 빠진 반대쪽으로 최대한 전타한다.

> 해설
> 항해 중 사람이 물에 빠졌을 때에는 우선 '익수자'라고 크게 외치고, 구명부환 등의 부유물을 던져줌과 동시에 키를 물에 빠진 쪽으로 최대한 전타하여 스크루 프로펠러에 빨려들지 않게 조종하고 난 후 구조작업에 임해야 한다.

**73** 다음 중 용어의 정의가 옳지 않은 것은?

갑. 조차란 만조와 간조의 수위차이를 말한다.
을. 사리란 조차가 가장 큰 때를 말한다.
병. 정조란 해면의 상승과 하강에 따른 조류의 멈춤상태를 말한다.
**정. 조류란 달과 태양의 기조력에 의한 해수의 주기적인 수직운동을 말한다.**

> 해설
> 조류(Tidal Current)
> 달과 태양의 기조력에 의한 해수의 주기적인 수평운동이다.

**74** 해도에서 "RK"라 표시되는 저질은?

갑. 펄
을. 자갈
병. 모래
**정. 바위**

>  해설
> • M : 펄
> • G : 자갈
> • S : 모래
> • RK : 바위

정답  72 병  73 정  74 정

## 75 이안류의 특징으로 옳지 않은 것은?

갑. 수영 미숙자는 흐름을 벗어나 옆으로 탈출한다.
을. 수영 숙련자는 육지를 향해 45도로 탈출한다.
병. 폭이 좁고 매우 빨라 육지에서 바다로 쉽게 헤엄쳐 나갈 수 있다.
정. 폭이 좁고 매우 빨라 바다에서 육지로 쉽게 헤엄쳐 나올 수 있다.

> **해설** 이안류는 폭이 좁고 매우 빨라 바다로 쉽게 헤엄쳐 나갈 수 있지만, 바다에서 해안으로 들어오는 것은 어려울 때가 많다. 이안류는 해수욕을 즐기는 사람에게 가장 무서운 현상으로 먼 바다로 향하는 강력한 물의 흐름에 무조건 대항하다 보면 큰 사고로 이어질 수 있다.

## 76 조석의 간만에 따라 수면 위에 나타났다가 수중에 잠겼다가 하는 바위를 무엇이라고 하는가?

갑. 노출암  을. 간출암
병. 돌출암 정. 수몰암

> **해설**
> - 간출암 : 조석의 간만에 따라 수면 위로 드러났다가 수중에 잠겼다가 하는 바위를 말하며, 노출암에 대비되는 용어다.
> - 노출암 : 조석과 관계없이 항상 해수면에 노출되어 있는 바위를 말한다.
> - 노간출암 : 노출암과 간출암을 통칭하여 노간출암이라 한다.

## 77 수상레저활동 시 수온에 대한 설명으로 옳은 것을 모두 고른 것은?

① 우리나라 연안의 평균 수온 중 동해안이 가장 수온이 높다.
② 우리나라 서해가 계절에 따른 수온 변화가 가장 심한 편이다.
③ 남해는 쿠로시오 난류의 영향으로 계절에 따른 수온 변화가 심하지 않다.
④ 조난 시 체온 유지를 고려할 때, 동력수상레저의 경우에는 2℃ 미만의 수온도 적합하다.

갑. ①, ③ 을. ①, ④
병. ②, ③  정. ③, ④

> **해설** 동해의 평균수온이 가장 낮고 수온 변화는 서해가 가장 크며, 남해는 난류 영향으로 수온의 변화가 가장 작다. 조난 시 체온 유지를 고려할 때, 동력수상레저의 경우 최소 10℃ 이상의 수온이 적합하다.

**정답** 75 정 76 을 77 병

**78** 다음 중 따뜻한 해면의 공기가 찬 해면으로 이동할 때 해면 부근의 공기가 냉각되어 생기는 것을 무엇이라고 하는가?

갑. 해무  
을. 구름  
병. 이슬  
정. 기압

> 해설 해무는 차가운 해수면 위로 따뜻한 공기가 이동하면서 냉각되어 발생하는 안개로, 육상에서 발생하는 안개에 비해 두껍고 발생하는 범위가 넓다.

**79** 다음 중 계절풍에 대한 설명으로 옳지 않은 것은?

갑. 반년 주기로 바람의 방향이 바뀐다.  
을. 계절풍을 의미하는 몬순은 아랍어의 계절을 의미한다.  
병. 겨울에는 해양에 저기압이 생성되어 대륙으로부터 해양 쪽으로 바람이 불게 된다.  
정. 여름계절풍이 겨울계절풍보다 강하다.

> 해설 계절풍은 대륙과 해양의 온도 차이로 인해 생긴다. 여름에는 해양에 고기압이 형성되면서 바람이 해양에서 대륙으로 불고, 반대로 겨울에는 대륙에 고기압, 해양에 저기압이 형성되면서 바람이 대륙에서 해양으로 분다. 여름보다 겨울의 온도 차이가 더 크기 때문에 겨울계절풍이 여름계절풍보다 강하다.

**80** 다음 중 빈칸 안에 공통으로 들어갈 말로 옳은 것은?

| 편서풍대 내에서 서쪽에서 동쪽으로 이동하는 고기압을 (　　)이라 하고, (　　)의 동쪽 부분에는 날씨가 비교적 맑고, 서쪽에는 날씨가 비교적 흐린 것이 보통이다. |

갑. 장마전선  
을. 저기압  
병. 이동성 저기압  
정. 이동성 고기압

> 해설 주위보다 상대적으로 기압이 높은 곳을 고기압이라고 하는데, 정체성 고기압인 한랭 고기압·온난 고기압과 이동성 고기압으로 분류한다.

**81** 협수로 통과 시나 입출항 통과 시에 준비된 위험 예방선은?

갑. 피험선
을. 중시선
병. 경계선
정. 위치선

> 해설 피험선이란 협수로 통과 시나 입출항 통과 시에 준비된 위험 예방선을 말한다.

**82** 다음 중 계절풍의 설명으로 옳지 않은 것은?

갑. 계절풍은 대륙과 해양의 온도차에 의해 발생된다.
을. 겨울에는 육지에서 바다로 흐르는 한랭한 기류인 북서풍이 분다.
병. 여름에는 바다에 큰 고기압이 발생하고 육지는 높은 온도로 저압부가 되어 남동풍이 분다.
정. 겨울에는 대양에서 육지로 흐르는 한랭한 기류인 남동풍이 분다.

> 해설 겨울에는 육지에서 대양으로 흐르는 한랭기류인 북서풍이 분다.

**83** 다음 중 바람에 대한 설명으로 옳지 않은 것은?

갑. 해륙풍은 낮에는 바다에서 육지로 해풍이 불고, 밤에는 육지에서 바다로 육풍이 분다.
을. 같은 고도에서도 장소와 시각에 따라 기압이 달라지고 이러한 기압차에 의해 바람이 분다.
병. 북서풍이란 남동쪽에서 북서쪽으로 바람이 부는 것을 뜻한다.
정. 하루 동안 낮과 밤의 바람 방향이 거의 반대가 되는 바람의 종류를 해륙풍이라 한다.

> 해설 풍향을 표현할 때에는 불어나가는 방향이 아닌, 불어오는 방향으로 표기한다. 따라서 북서풍이란 북서쪽에서 남동쪽으로 바람이 부는 것을 뜻한다.

**84** 해도에 표기된 조류에 대한 설명으로 옳은 것은?

갑. 해도에 표기된 조류의 방향 및 속도는 측정치의 최대방향과 최소속도이다.
을. 해도에 표기된 조류의 방향 및 속도는 측정치의 최대방향과 최대속도이다.
병. 해도에 표기된 조류의 방향 및 속도는 측정치의 평균방향과 평균속도이다.
정. 해도에 표기된 조류의 방향 및 속도는 측정치의 최소방향과 최소속도이다.

> 해설 해도의 조류 기호에는 측정한 평균방향과 평균속도가 기재된다.

**85** 다음 중 하루 동안 발생되는 해륙풍에 대한 설명으로 옳지 않은 것은?

갑. 해풍은 일반적으로 육풍보다 강한 편이다.
을. 해륙풍의 원인은 맑은 날 일사가 강하여 해면보다 육지 쪽이 고온이 되기 때문이다.
병. 낮과 밤에 바람의 영향이 거의 반대가 되는 현상은 해륙풍의 영향이다.
정. 밤에는 육지에서 바다로 해풍이 분다.

> 해설 밤에 육지에서 바다로 부는 바람을 육풍이라 한다.

**86** 해상 안개인 해무(이류무)의 설명으로 옳은 것은?

갑. 밤에 지표면의 강한 복사냉각으로 발생된다.
을. 전선을 경계로 하여 찬 공기와 따뜻한 공기의 온도차가 클 때 발생하기 쉽다.
병. 안개의 범위가 넓고 지속시간도 길어서 때로는 며칠씩 계속될 때도 있다.
정. 국지적인 좁은 범위의 안개이다.

> 해설 해무는 차가운 해수면 위로 따뜻한 공기가 이동하면서 냉각되어 발생하는 이류안개 형태가 대부분으로, 육상에서 발생하는 안개에 비해 두껍고 발생하는 범위가 넓다. 야간에 지표면의 강한 복사냉각으로 발생하는 안개는 복사안개(새벽안개)이다.

정답  84 병  85 정  86 병

**87** 우리나라 기상청 특보 중 해양기상 특보에 해당하는 것으로 알맞게 짝지어진 것은?

갑. 강풍, 지진해일, 태풍(주의보·경보)
을. 강풍, 폭풍해일, 태풍(주의보·경보)
병. 강풍, 폭풍해일, 지진해일, 태풍(주의보·경보)
**정. 풍랑, 폭풍해일, 지진해일, 태풍(주의보·경보)**

> 해설: 해상특보 종류는 풍랑, 폭풍해일, 지진해일, 태풍 특보 4종이다.

**88** 다음 중 해상의 기상이 나빠진다는 징조로 옳지 않은 것은?

**갑. 뭉게구름이 나타난다.**
을. 기압이 내려간다.
병. 바람방향이 변한다.
정. 소나기가 때때로 닥쳐온다.

> 해설: 뭉게구름은 수직으로 발달하는 구름으로, 쎈구름 또는 적운이라고도 한다. 여름철에 주로 생기는 뭉게구름은 날씨가 좋을 때 생긴다.

**89** 소화기, 구명조끼 등 안전장비를 비치하는 가장 좋은 방법은?

**갑. 선실 전체에 고르게 비치**
을. 선실 입구에 비치
병. 선실 내 창고에 비치
정. 조종석 인근에 비치

> 해설: 수상은 육상으로부터 고립되어 있기 때문에 전복, 화재, 엔진고장 등 사고가 발생할 경우 치명적 인명사고로 이어질 수 있다. 그러므로 위급 시 즉시 사용 가능하도록 배 곳곳에 안전장비를 고르게 비치해야 한다.

**90** 개방성 상처의 응급처치 방법으로 가장 옳지 않은 것은?

갑. 상처주위에 관통된 이물질이 보이더라도 현장에서 제거하지 않는다.

을. 손상부위를 부목으로 고정한다.

**병. 무리가 가더라도 손상부위를 움직여 정확히 고정하는 것이 중요하다.**

정. 상처부위에 소독거즈를 대고 압박하여 지혈시킨다.

> **해설** 개방성 상처의 응급처치 방법
> • 손상부위를 과도하게 움직이면 심한 통증과 2차 손상을 유발할 수 있으므로 움직이지 않는다.
> • 가위를 이용하여 의복을 제거할 때에도 움직임을 최소화한다.
> • 초기에는 출혈부위를 직접 눌러 압박을 가하고 직접압박으로 어느 정도 출혈이 감소하거나 지혈이 되면 상처 부위에 소독거즈를 덮어 압박하여 오염을 방지한다.
> • 부목으로 고정한다.

**91** 골절 시 나타나는 증상과 징후로 가장 옳지 않은 것은?

갑. 손상부위를 누르면 심한 통증을 호소한다.

을. 손상부위의 움직임이 제한될 수 있다.

병. 골절 부위의 골격끼리 마찰되는 느낌이 있다.

**정. 관절이 아닌 부위에서 골격의 움직임은 관찰되지 않는다.**

> **해설** 골절이 발생하면 관절이 아닌 부위에서 골격의 움직임이 관찰될 수 있다. 즉 정상적으로 신전, 회전 등의 운동이 일어나는 관절 이외의 골격 부위에서 이상한 움직임이 발생할 수 있다.

 90 병 91 정

**92** 다음 보기에서 설명하는 화상의 정도로 옳은 것은?

> 피부 표피와 진피 일부의 화상으로 수포가 형성되고 통증이 심하며 일반적으로 2주에서 3주안으로 치유된다.

갑. 1도 화상   을. 2도 화상
병. 3도 화상  정. 4도 화상

> 해설 화상은 높은 온도의 기체, 액체, 고체, 화염 따위로 피부 손상이 일어난 것으로, 상처 깊이에 따라 제1도 화상, 제2도 화상, 제3도 화상으로 나뉜다.
> • 제1도 화상 : 피부 표피층이 손상되어 벌겋게 되고 통증을 느끼지만 상흔이 남지 않는다.
> • 제2도 화상 : 진피까지 손상되어 물집이 생기고 통증이 심하다.
> • 제3도 화상 : 피하조직이나 근육조직이 손상되어 회복이 쉽지 않다.

**93** 저체온증은 보통 체온이 몇 도 이하일 때를 말하는가?

 갑. 35도 이하  을. 34도 이하
병. 33도 이하  정. 37도 이하

> 해설 저체온증은 중심체온(심부체온)이 35℃ 이하로 떨어진 상태를 말한다.

**94** 지혈대 사용에 대한 설명 중 가장 옳지 않은 것은?

갑. 다른 지혈방법을 사용하여도 외부 출혈이 조절 불가능할 때 사용을 고려할 수 있다.
을. 팔 관절 부위나 다리 관절 부위에도 사용이 가능하다.
병. 지혈대 적용 후 반드시 착용시간을 기록한다.
정. 지혈대를 적용했다면 가능한 한 신속히 병원으로 이송한다.

> 해설 지혈대는 직접압박, 간접압박, 출혈부위 거상 등으로도 조절이 불가능한 외부 출혈 시 사용을 고려할 수 있으며 팔이나 다리의 관절 부위는 피해서 사용하여야 한다.

**95** 상처를 드레싱(소독)하는 목적으로 가장 옳지 않은 것은?

**갑. 드레싱(소독)은 지혈에 도움이 되지 않는다.**
을. 드레싱(소독)은 상처 오염을 예방하기 위함이다.
병. 드레싱(소독)이란 상처부위를 소독거즈나 붕대로 감는 것도 포함된다.
정. 상처부위를 고정하기 전 드레싱(소독)이 필요하다.

> **해설** 드레싱이란 상처부위를 소독거즈로 덮고 붕대를 감는 것이다. 대개의 경우 드레싱은 출혈을 방지하고 상처부위를 부목으로 고정하는 것에 도움이 된다.

**96** 다음 빈칸에 들어갈 말로 옳은 것은?

> 심폐소생술을 시작한 후에는 불필요하게 중단해서는 안 된다. 불가피하게 중단할 경우 중단한 시간이 (    )를 넘지 말아야 한다.

**갑. 10초**  을. 15초
병. 20초  정. 30초

> **해설** 심폐소생술 시 맥박확인, 제세동 등 필수적인 치료를 위하여 가슴압박의 중단이 불가피한 경우 10초 이상을 넘지 않도록 해야 한다. 이는 인공호흡 후 다시 가슴압박을 시작할 때까지의 시간과 동일하다.

**97** 외부 출혈을 조절하는 방법 중 가장 효과적인 방법으로 옳지 않은 것은?

갑. 국소 압박법
을. 선택적 동맥점 압박법
병. 지혈대 사용법
**정. 냉찜질을 통한 지혈법**

> **해설 외부 출혈 조절법**
> • 국소 압박법 : 상처가 크지 않거나 출혈 양상이 빠르지 않을 경우 출혈 부위를 국소 압박 지혈
> • 선택적 동맥점 압박법 : 상처의 근위부에 위치한 동맥을 압박하는 것이 출혈을 줄이는 데 효과적
> • 지혈대 사용법 : 출혈을 멈추기 위하여 지혈대를 사용할 수 있음
> • 냉찜질을 통한 지혈법 : 상처부위의 혈관을 수축시켜 지혈 효과를 보지만 완전한 지혈이 어려움

**정답**  95 갑  96 갑  97 정

**98** 심폐소생술 시행 중 인공호흡에 대한 설명으로 가장 옳지 않은 것은?

　갑. 가슴의 상승이 눈으로 확인될 정도의 호흡량으로 불어 넣는다.
　을. 기도를 개방한 상태에서 인공호흡을 실시한다.
　병. 인공호흡량을 많고 강하게 불어넣을수록 환자에게 도움이 된다.
　정. 너무 많은 양의 인공호흡은 위팽창과 그 결과로 역류·흡인 같은 합병증을 유발할 수 있다.

>  과도한 인공호흡은 흉강내압을 상승시키고 심장으로 돌아오는 정맥혈의 흐름을 저하해 심박출량과 생존율을 감소시킬 수 있다.

**99** 성인 심정지 환자에게 심폐소생술을 시행할 때 적절한 가슴압박 속도는 얼마인가?

　갑. 분당 60~80회
　을. 분당 70~90회
　병. 분당 120~140회
　정. 분당 100~120회

>  가슴압박의 속도는 분당 100~120회의 속도로 강하고 빠르게 압박하도록 한다.

**100** 흡입화상에 대한 설명으로 옳지 않은 것은?

　갑. 흡입화상은 화염이나 화학물질을 흡입하여 발생하며 짧은 시간 내에 호흡기능상실로 진행될 수 있다.
　을. 초기에 호흡곤란 증상이 없었더라면 정상으로 볼 수 있다.
　병. 흡입화상으로 인두와 후두에 부종이 발생될 수 있다.
　정. 흡입화상 시 안면 또는 코털 그을림이 관찰될 수 있다.

>  화재발생 시 고온의 열기를 흡입하였거나, 연소물질의 흡입으로 손상을 받은 경우를 흡입화상이라고 한다. 흡입화상은 상부기도와 하부기도 흡입화상으로 구분되는데, 상부기도 흡입화상은 열손상으로 인해 인두와 후두에 즉각적인 부종이 발생하여 급속한 기도폐쇄가 초래된다. 하부기도 흡입화상의 경우 연소물질을 흡입하여 발생하는데 대개 수 시간 이후 발생하므로 초기에 호흡곤란 증상이 없었더라도 주의해야 한다.

**101** 현장 응급처치에 대한 설명 중 옳지 않은 것은?

갑. 동상부위는 건조하고 멸균거즈로 손상부위를 덮어주고 느슨하게 붕대를 감는다.
**을. 콘텍트렌즈를 착용한 모든 안구손상 환자는 현장에서 즉시 렌즈를 제거한다.**
병. 현장에서 화상으로 인한 수포는 터트리지 않는다.
정. 의식이 없는 환자에게 물 등을 먹이는 것은 기도로 넘어갈 수 있으므로 피한다.

> **해설** 현장에서의 섣부른 조작으로 인해 눈 손상을 악화할 수 있으므로, 렌즈는 제거하지 말고 병원으로 이송하며 의료진에게 렌즈 착용 여부를 전달한다.

**102** 자동심장충격기(제세동기)에서 분석 중이라는 음성지시가 나올 때 대처하는 방법으로 가장 옳은 것은?

갑. 귀로 숨소리를 들어본다.
**을. 가슴압박을 중단한다.**
병. 가슴압박을 실시한다.
정. 인공호흡을 실시한다.

> **해설** 분석 중이라는 음성지시가 나올 때는 실시 중이던 가슴압박을 멈추고 환자에게서 떨어지도록 한다. 이는 심장 분석에 오류가 나지 않도록 하기 위함이다.

**103** 전기손상에 대한 설명 및 응급처치 방법으로 옳지 않은 것은?

**갑. 전기가 신체에 접촉 시 일반적으로 들어가는 입구의 상처가 출구보다 깊고 심하다.**
을. 높은 전압의 전류는 몸을 통과하면서 심장의 정상전기리듬을 파괴하여 부정맥을 유발함으로써 심정지를 일으킨다.
병. 강한 전류는 심한 근육수축을 유발하여 골절을 유발하기도 한다.
정. 사고발생 시 안전을 확인 후 환자에게 접근하여야 한다.

> **해설** 전기에 신체가 접촉되면 접촉면을 통하여 전기가 체내로 유입되고 다른 신체부위로 전기가 나오게 되는데, 일반적으로 들어가는 입구의 상처는 작으나 출구는 상처가 깊고 심하다. 전기화상은 수분이 많은 조직에서 더 심한 손상을 유발한다.

정답  101 을  102 을  103 갑

**104** 다음 중 자동심장충격기 패드 부착 위치로 올바르게 짝지어진 것은?

> ㉠ 왼쪽 빗장뼈 아래
> ㉡ 오른쪽 빗장뼈 아래
> ㉢ 왼쪽 젖꼭지 아래의 중간겨드랑선
> ㉣ 오른쪽 젖꼭지 아래의 중간겨드랑선

갑. ㉠, ㉡      **을. ㉡, ㉢**
병. ㉡, ㉣      정. ㉠, ㉣

 자동심장충격기 패드는 심장에 최대한 전류를 전달할 수 있는 위치에 부착하여야 한다. 각 패드의 표면에는 부착할 위치가 어디인지 그림으로 표시되어 있으므로 참고할 수 있다. 한 패드는 오른쪽 빗장뼈 아래, 또 다른 하나는 왼쪽 젖꼭지 아래의 중간겨드랑선에 부착한다.

**105** 심정지 환자 응급처치에 대한 설명 중 가장 옳지 않은 것은?

갑. 인공호흡 하는 방법을 모르거나 인공호흡을 꺼리는 일반인 구조자는 가슴압박소생술을 하도록 권장한다.
을. 인공호흡을 할 수 있는 구조자는 인공호흡이 포함된 심폐소생술을 시행할 수 있는데, 방법은 가슴압박 30회 한 후 인공호흡 2회 연속하는 과정이다.
**병. 인공호흡을 할 시 약 2~3초에 걸쳐 가능한 한 빠르게 많이 불어넣는다.**
정. 인공호흡을 불어넣을 때에는 눈으로 환자의 가슴이 부풀어 오르는지를 확인한다.

 인공호흡을 하기 위해 구조자는 먼저 환자의 기도를 개방하고, 평상시 호흡과 같은 양으로 1초에 걸쳐서 숨을 불어넣는다.

**106** 일반인 구조자에 의한 기본소생술 순서로 옳은 것은?

갑. 반응확인 → 도움요청 → 맥박확인 → 심폐소생술
을. 맥박확인 → 호흡확인 → 도움요청 → 심폐소생술
병. 호흡확인 → 맥박확인 → 도움요청 → 심폐소생술
**정. 반응확인 → 도움요청 → 호흡확인 → 심폐소생술**

보건복지부에서 발표한 기본소생술 순서
반응확인 → 119 신고 → 호흡확인 → 가슴압박 → 기도 열기 → 인공호흡 → 가슴압박과 인공호흡 반복

**107** 동상에 대한 설명으로 가장 옳지 않은 것은?

갑. 동상의 가장 흔한 증상은 손상부위 감각저하이다.
 을. 동상부위를 녹이기 위해 문지르거나 마사지 행동은 하지 않으며 열을 직접 가하는 것이 도움이 된다.
병. 현장에서 수포(물집)는 터트리지 않는다.
정. 동상으로 인해 다리가 붓고 물집이 있을 시 가능하면 누워서 이송하도록 한다.

> 해설
> 손상된 조직을 문지르면 얼음 결정이 세포를 파괴할 수 있으며 직접 열을 가하는 것은 추가적인 조직손상을 일으킨다. 가장 좋은 치료법은 손상 받은 부위를 37~42℃ 정도의 따뜻한 물에 담그는 것이다.

**108** 저체온증 응급처치에 대한 설명 중 옳지 않은 것은?

 갑. 신체 말단부위부터 가온을 시킨다.
을. 작은 충격에도 심실세동과 같은 부정맥이 쉽게 발생하므로 최소한의 자극으로 환자를 다룬다.
병. 체온보호를 위하여 젖은 옷은 벗기고 마른 담요로 감싸준다.
정. 노약자, 영아에게 저체온증이 발생할 가능성이 높다.

> 해설
> 신체를 말단부위부터 가온하면 오히려 중심체온이 더 저하되는 합병증을 가져올 수 있으므로 복부, 흉부 등의 중심부를 가온하도록 한다.

**109** 열로 인한 질환에 대한 설명 및 응급처치에 대한 설명 중 옳지 않은 것은?

갑. 열경련은 열손상 중 가장 경미한 유형이다.
을. 일사병은 열손상 중 가장 흔히 발생하며 어지러움, 두통, 경련, 일시적으로 쓰러지는 등의 증상을 나타낸다.
 병. 열사병은 열손상 중 가장 위험한 상태로 땀을 많이 흘려 피부가 축축하다.
정. 일사병 환자 응급처치로 시원한 장소로 옮긴 후 의식이 있으면 이온음료 또는 물을 공급한다.

> 해설
> 일반적으로 인체가 고온 환경에 노출되면 땀을 내고(발한) 피부의 모세혈관을 확장하여 체온을 조절하지만, 열사병의 경우 땀을 분비하는 기전이 억제되어 땀을 흘리지 않으며, 피부가 뜨겁고 건조하며 붉은색으로 변한다. 열사병에 가장 효과적인 치료방법은 즉각적인 냉각요법이다.

### 110  쓰러진 환자의 호흡을 확인하는 방법으로 가장 옳은 것은?

갑. 동공의 움직임을 보고 판단한다.
을. 환자를 흔들어본다.
**병. 얼굴과 가슴을 10초 정도 관찰하여 호흡이 있는지 확인한다.**
정. 맥박을 확인하여 맥박유무를 확인한다.

>  쓰러진 환자의 얼굴과 가슴을 10초 이내로 관찰하여 호흡이 있는지를 확인한다. 환자의 호흡이 없거나 비정상적이라면 심정지가 발생한 것으로 판단한다. 일반인은 비정상적인 호흡 상태를 정확히 평가하기 어렵기 때문에 응급 의료 전화상담원의 도움을 받는 것이 바람직하다.

### 111  외상환자 응급처치로 옳지 않은 것은?

갑. 탄력붕대 적용 시 과하게 압박하지 않도록 한다.
**을. 생명을 위협하는 심한 출혈로(지혈이 안 되는) 지혈대 적용 시 최대한 가는 줄이나 철사를 사용한다.**
병. 복부 장기 노출 시 환자의 노출된 장기는 다시 복강 내로 밀어 넣어서는 안 된다.
정. 폐쇄성 연부조직 손상 시 상처부위를 심장보다 높이 올려준다.

>  지혈대는 적어도 폭이 5cm 이상인 천을 사용하여야 한다. 철사 등 가는 줄은 피부나 혈관을 상하게 하므로 사용해서는 안 된다.

### 112  근골격계 손상 응급처치로 옳지 않은 것은?

**갑. 붕대를 감을 때에는 중심부위에서 신체의 말단부위 쪽으로 감는다.**
을. 부목 고정 시 손상된 골격은 위쪽과 아래쪽의 관절을 모두 고정한다.
병. 부목 고정 시 손상된 관절은 위쪽과 아래쪽에 위치한 골격을 함께 고정한다.
정. 고관절탈구 시 현장에서 정복술을 시행하지 않는다.

>  붕대는 신체의 말단부위에서 중심부위 쪽으로 감아야 한다. 이를 통해 심장에 돌아오는 정맥혈의 순환을 도울 수 있다.

### 113 상처 처치 드레싱에 대한 설명 중 옳지 않은 것은?

갑. 드레싱은 상처가 오염되는 것을 방지한다.
을. 드레싱의 기능·목적으로 출혈을 방지하기도 한다.
병. 거즈로 드레싱 후에도 출혈이 계속되면 기존 드레싱한 거즈를 제거하지 않고 그 위에 다시 거즈를 덮어주면서 압박한다.
정. 개방성 상처 세척용액으로 알코올이 가장 효과적이다.

> 해설) 드레싱(Dressing)은 상처 부위를 무언가로 덮는 것을 뜻한다. 드레싱을 통해 상처가 오염되는 것을 방지하고 출혈을 억제할 수 있다. 현장에서 상처 세척 시에는 생리식염수를 사용한다. 알코올은 세균에 대한 살균력은 좋으나 상처부위 세척에 사용 시 통증·자극을 유발한다.

### 114 구명환과 로프를 이용한 구조 방법으로 옳지 않은 것은?

갑. 익수자와의 거리를 목측하고 로프의 길이를 여유롭게 조정한다.
을. 한손으로 구명환을 쥐고 반대 손으로 로프를 잡으며 발을 어깨 넓이만큼 앞으로 내밀고 로프 끝을 고정한 후 투척한다.
병. 구명환을 던질 때에는 풍향, 풍속을 고려하여야 하며 일반적으로 바람을 정면으로 맞으며 던지는 것이 용이하다.
정. 익수자가 구명환을 손으로 잡고 있을 때에 빨리 끌어낼 욕심으로 너무 강하게 잡아당기면 놓칠 수 있으므로 속도를 잘 조절해야 한다.

> 해설) 구명환을 던질 때에는 풍향, 풍속을 고려하여야 하며 일반적으로 바람을 등지고 던지는 것이 용이하다.

### 115 심폐소생술 중 가슴압박에 대한 설명 중 옳지 않은 것은?

갑. 가슴압박은 심장과 뇌로 충분한 혈류를 전달하기 위한 필수적 요소이다.
을. 소아·영아의 가슴압박 깊이는 적어도 가슴 두께의 1/3 깊이이다.
병. 소아·영아 가슴압박 위치는 젖꼭지 연결선 바로 아래의 가슴뼈이다.
정. 성인 가슴압박 위치는 가슴뼈 아래쪽 1/2이다.

> 해설) 성인과 소아의 가슴압박 위치는 가슴뼈의 아래쪽 1/2, 영아는 젖꼭지 연결선 바로 아래 가슴뼈이다.

정답  113 정  114 병  115 병

## 116  기도폐쇄 치료 방법으로 옳지 않은 것은?

갑. 임신, 비만 등으로 인해 복부를 감싸 안을 수 없는 경우에는 가슴밀어내기를 사용할 수 있다.
을. 기도가 부분적으로 막힌 경우에는 기침을 하면 이물질이 배출될 수 있기 때문에 환자가 기침을 하도록 둔다.
**병. 1세 미만 영아는 복부 밀어내기를 한다.**
정. 기도폐쇄 환자가 의식을 잃으면 구조자는 환자를 바닥에 눕히고 즉시 심폐소생술을 시행한다.

> 해설
> 1세 미만의 영아에게 강한 압박을 줄 경우 복강 내 장기손상이 일어날 수 있으므로 복부압박은 삼간다. 대신 구조자는 영아의 머리를 아래로 한 후 가슴누르기와 등 두드리기를 각 5회씩 반복한다.

## 117  절단 환자 응급처치 방법으로 가장 옳은 것은?

갑. 절단물은 바로 얼음이 담긴 통에 넣어서 병원으로 간다.
을. 절단물은 바로 시원한 물이 담긴 통에 넣어서 병원으로 간다.
**병. 절단된 부위는 깨끗한 거즈나 천으로 감싸고 비닐주머니에 밀폐하여 얼음이 닿지 않도록 얼음이 채워진 비닐에 보관한다.**
정. 절단부위 지혈을 위하여 지혈제를 뿌린다.

> 해설
> 절단 사고의 경우 절단된 부위를 찾아 깨끗한 거즈나 손수건 등으로 싼 뒤 비닐주머니에 넣어 밀봉하고 이를 다시 얼음이 채워진 비닐봉지에 넣어 보관하도록 한다. 이때 절단된 부위를 직접 얼음에 담그는 것은 피해야 하는데 조직의 손상을 증가시켜 접합 수술을 할 수 없게 만들 수 있기 때문이다. 지혈제 또한 추후 접합 수술을 할 때 방해가 될 수 있으므로 주의해야 한다.

## 118  인명구조 장비 중 부력을 가지고 먼 곳에 있는 익수자를 구조하기 위한 구조 장비가 아닌 것은?

갑. 구명환  **을. 레스큐 튜브**
병. 레스큐 링  정. 드로우 백

> 해설
> 레스큐 튜브
> 인명구조 장비로 직선형태의 부력재로 가까운 거리에 빠진 사람을 구조하기 위한 기구를 말한다.

116 병   117 병   118 을

**119** 의도하지 않은 사고로 저체온에 빠지게 되면 심각한 문제가 발생할 수 있다. 물에 빠져 저체온증을 호소하는 익수자를 구조하였다. 이송 도중 체온 손실을 막기 위한 응급처치로 가장 옳은 것은?

갑. 전신을 마사지 해준다.
을. 젖은 옷 위에 담요를 덮어 보온을 해준다.
병. 젖은 의류를 벗기고 담요를 덮어 보온을 해준다.
정. 젖은 옷 속에 핫 팩을 넣어 보온을 해준다.

> 해설: 젖은 의류를 벗기고 체온 하강을 막고 담요를 덮어 체온유지를 해주어야 한다.

**120** 심정지 환자 응급처치에 대한 설명 중 옳지 않은 것은?

갑. 쓰러진 사람에게 접근하기 전 현장의 안전을 확인하고 접근한다.
을. 쓰러진 사람의 호흡확인 시 얼굴과 가슴을 10초 정도 관찰하여 호흡이 있는지 확인한다.
병. 가슴압박 시 다른 구조자가 있는 경우 2분마다 교대한다.
정. 자동심장충격기는 도착해도 5주기 가슴압박 완료 후 사용하여야 한다.

> 해설: 자동심장충격기는 준비되면 즉시 사용한다. 심장전기충격 치료가 1분 지연될 때마다 심실세동의 치료율이 7~10% 감소하므로 심장마비 환자를 치료할 때에는 신속히 자동심장충격기를 사용하여야 한다.

**121** 화학화상에 대한 응급처치 중 옳지 않은 것은?

갑. 화학화상은 화학반응을 일으키는 물질이 피부와 접촉할 때 발생한다.
을. 연무 형태의 강한 화학물질로 인하여도 기도, 눈에 화상이 발생하기도 한다.
병. 중화제를 사용하여 제거할 수 있도록 한다.
정. 눈에 노출 시 부드러운 물줄기를 이용하여 손상된 눈이 아래쪽을 향하게 하여 세척한다.

> 해설: 중화제는 원인물질과 화학반응을 일으켜 손상을 더욱 악화할 수 있다. 화학화상이 발생한 경우 가장 좋은 응급처치법은 손상 부위를 흐르는 물로 씻어내는 것이다.

정답  119 병  120 정  121 병

**122** 익수 환자에 대한 자동심장충격기(AED) 사용 절차로 가장 옳은 것은?

갑. 전원을 켠다 → 전극 패드를 부착한다 → 심전도를 분석한다 → 심실세동이 감지되면 쇼크 스위치를 누른다 → 바로 가슴 압박을 실시한다
을. 전원을 켠다 → 패드 부착 부위에 물기를 제거한 후 패드를 붙인다 → 심전도를 분석한다 → 심실세동이 감지되면 쇼크 스위치를 누른다 → 바로 가슴 압박을 실시한다
병. 전극 패드를 부착한다 → 전원을 켠다 → 심전도를 분석한다 → 심실세동이 감지되면 쇼크 스위치를 누른다 → 바로 가슴 압박을 실시한다
정. 전원을 켠다 → 패드 부착 부위에 물기를 제거한 후 패드를 붙인다 → 심전도를 분석한다 → 심실세동이 감지되면 쇼크 스위치를 누른다 → 119가 올 때까지 기다린다

> **해설** 자동심장충격기 사용 절차
> 전원을 켠다 → 패드 부착 부위에 물기를 제거한 후 패드를 붙인다 → 심전도를 분석한다 → 심실세동이 감지되면 쇼크 스위치를 누른다 → 바로 가슴 압박을 실시한다

**123** 구명환보다 부력은 적으나 가장 멀리 던질 수 있는 구조 장비로 부피가 적어 휴대하기 편리하며, 로프를 봉지 안에 넣어두기 때문에 줄 꼬임이 없고 구명환보다 멀리 던질 수 있는 구조 장비는 무엇인가?

갑. 구명환   을. 레스큐 캔
병. 레스큐 링   정. 드로우 백

> **해설** 드로우 백은 부피가 작아 휴대하기 편하며 가장 멀리 던질 수 있는 구조 장비이다.

**124** 기도폐쇄 응급처치방법 중 하임리히법의 순서를 바르게 연결한 것은?

> ㉠ 환자의 뒤에 서서 환자의 허리를 팔로 감싸고, 한쪽 다리를 환자의 다리 사이에 지지한다.
> ㉡ 이물질이 밖으로 나오거나 환자가 의식을 잃을 때까지 계속 한다.
> ㉢ 다른 한 손으로 주먹 쥔 손을 감싸고, 빠르게 후상방으로 밀쳐 올린다.
> ㉣ 주먹 쥔 손의 엄지를 배꼽과 명치 중간에 위치한다.

갑. ㉠ → ㉡ → ㉢ → ㉣   을. ㉠ → ㉣ → ㉢ → ㉡
병. ㉡ → ㉢ → ㉣ → ㉠   정. ㉠ → ㉡ → ㉣ → ㉢

**기도폐쇄 시 응급처치법**
1. 환자의 뒤에 서서 환자의 허리를 팔로 감싸고, 한쪽 다리를 환자의 다리 사이에 지지한다.
2. 구조자는 한 손은 주먹을 말아 쥔다.
3. 주먹 쥔 손의 엄지를 배꼽과 명치 중간에 위치한다.
4. 다른 한 손으로 주먹 쥔 손을 감싸고, 빠르게 구조자의 가슴쪽을 향해 밀쳐 올린다.
5. 이물질이 밖으로 나오거나 환자가 의식을 잃을 때까지 계속 한다.
※ 환자가 의식을 잃은 경우 심폐소생술을 실시한다. 임산부, 비만 등으로 인해 복부를 감싸 안을 수 없는 경우에는 가슴밀어내기를 사용할 수 있다.

**125** 경련 시 응급처치 방법에 대한 설명으로 옳은 것은?

갑. 경련하는 환자 손상을 최소화하기 위하여 경련 시 붙잡거나 움직임을 멈추게 한다.
을. 경련하는 환자를 발견 시 기도유지를 위해 손가락으로 입을 열어 손가락을 넣고 기도유지를 한다.
병. 경련 중 호흡곤란을 예방하기 위해 입-입 인공호흡을 한다.
**정.** 경련 후 기면상태가 되면 환자의 몸을 한쪽 방향으로 기울이고 기도가 막히지 않도록 한다.

 경련하는 환자 주변에 손상을 줄 수 있는 물건이나 부딪힐 수 있는 물건은 치우고, 환자를 강제로 잡거나 입을 벌리지 않는다. 기도가 막히지 않도록 경련 후 환자의 몸을 한쪽 방향으로 기울이거나 기도유지를 위한 관찰이 필요하다.

**126** 심정지 환자에게 자동심장충격기 사용 시 제세동(전기충격) 후 바로 이어서 시행해야 할 응급처치로 옳은 것은?

**갑. 가슴압박** 을. 심전도 리듬분석
병. 맥박확인 정. 인공호흡 및 산소투여

 제세동 후에는 맥박확인이나 리듬분석을 시행하지 않고 곧바로 다시 가슴압박을 시작해야 한다. 5주기의 심폐소생술을 시행한 후 다시 한번 심전도 리듬을 분석하여 적응증이 되면 전기충격을 다시 실시한다.

**127** 심폐소생술에 대한 설명 중 옳지 않은 것은?

갑. 성인 가슴압박 깊이는 약 5cm이다.
을. 소아와 영아의 가슴압박은 적어도 가슴 두께의 1/3 깊이로 압박하여야 한다.
병. 소아의 가슴압박 깊이는 4cm, 영아는 3cm이다.
정. 심정지 확인 시 10초 이내 확인된 무맥박은 의료제공자만 해당된다.

> 해설 가슴압박 깊이는 소아 4~5cm, 영아 4cm이다.

**128** 뇌졸중 환자에 대한 주의사항으로 옳지 않은 것은?

갑. 입 안 및 인후 근육이 마비될 수 있으므로 구강을 통한 음식물 섭취에 주의한다.
을. 의식을 잃었을 시 혀가 기도를 막을 수 있으므로 기도유지에 주의한다.
병. 뇌졸중 증상 발현 시간은 중요하지 않다.
정. 뇌졸중 대표 조기증상은 편측마비, 언어장애, 시각장애, 어지럼증, 심한두통 등이 있다.

> 해설 혈류공급 중단 시간이 길어질수록 환자의 회복이 어려워진다. 뇌졸중 환자의 혈관재개통 치료 가능 시간은 대개 3~6시간 이내이므로, 의심증상이 있을 시 신속히 의료진을 찾고 증상 발현시간을 전달하여야 한다.

**129** 다음 중 해파리에 쏘였을 때 대처요령으로 옳지 않은 것은?

갑. 쏘인 즉시 환자를 물 밖으로 나오게 한다.
을. 증상으로는 발진·통증·가려움증이 나타나며 심한 경우 혈압저하·호흡곤란·의식불명 등이 나타날 수 있다.
병. 남아있는 촉수를 제거해주고 바닷물로 세척해준다.
정. 해파리에 쏘인 모든 환자는 식초를 이용하여 세척해준다.

> 해설 해파리에 쏘인 부위를 바닷물로 세척을 하되 수돗물이나 생수를 사용해서는 안 된다. 수돗물의 경우 독소의 분비를 촉진해 상처를 악화할 수 있다. 식초는 독액의 방출을 증가할 수 있어서 식초를 이용한 세척은 금지한다.

127 병  128 병  129 정

**130** 구명조끼 착용 방법으로 옳지 않은 것은?

갑. 사이즈 상관 없이 마음에 드는 구명조끼를 선택한다.
을. 가슴조임줄을 풀어 몸에 걸치고 가슴 단추를 채운다.
병. 가슴조임줄을 당겨 몸에 꽉 조이게 착용한다.
정. 다리 사이로 다리 끈을 채워 고정한다.

> 해설 구명조끼를 선택할 때에는 본인의 몸에 맞는 구명조끼를 선택하는 것이 중요하다.

**131** 부목고정의 일반원칙에 대한 설명으로 옳지 않은 것은?

갑. 상처는 부목을 적용하기 전에 소독된 거즈로 덮어 준다.
을. 골절부위를 포함하여 몸쪽 부분과 먼쪽 부분의 관절을 모두 고정해야 한다.
병. 골절이 확실하지 않을 때에는 손상이 의심되더라도 부목은 적용하지 않는다.
정. 붕대로 압박 후 상처보다 말단부위의 통증·창백함 등 순환·감각·운동상태를 확인한다.

> 해설 골절이 확실하지 않더라도 손상이 의심될 때에는 부목으로 고정한다.

**132** 다음 중 응급처치 방법으로 옳지 않은 것은?

갑. 머리 다친 환자가 의식을 잃었을 때 깨우기 위해 환자 머리를 잡고 흔들지 않도록 한다.
을. 복부를 강하게 부딪힌 환자는 대부분 검사에서 금식이 필요할 수 있으므로 음식물 섭취는 금하고 진통제는 필수로 먹을 수 있도록 한다.
병. 척추를 다친 환자에게 잘못된 응급처치는 사지마비 등의 심한 후유증을 남길 수 있으므로 조심스럽게 접근해야 한다.
정. 흉부 관통상 후 이물질이 제거되어 상처로부터 바람 새는 소리가 나거나 거품 섞인 혈액이 관찰되는 폐손상 시 3면 드레싱을 하여 호흡을 할 수 있도록 도와주어야 한다.

> 해설 복부를 부딪힌 경우 추후 검사를 위해 음식물 섭취를 금하는 것이 옳고, 진통제 또한 환자 진찰에서 혼란을 야기할 수 있으므로 금하는 것이 좋다.

정답 130 갑  131 병  132 을

**133** 가슴압박과 인공호흡에 대한 설명 중 옳지 않은 것은?

갑. 인공호흡 하는 방법을 모르거나 인공호흡을 꺼리는 구조자는 가슴압박소생술을 하도록 권장한다.
을. 가슴압박소생술이란 인공호흡은 하지 않고 가슴압박만을 시행하는 소생술 방법이다.
병. 인공호흡을 할 수 있는 구조자는 인공호흡이 포함된 심폐소생술을 시행할 수 있는데 가슴압박 30회, 인공호흡 2회 연속하는 과정을 반복한다.
**정. 옆에 다른 구조자가 있는 경우 3분마다 가슴압박을 교대한다.**

> **해설**
> 2분마다 가슴압박을 교대해주는 것이 구조자의 피로도를 줄여 효과적인 심폐소생술을 제공하는 데 도움이 될 수 있다.
> **2015년 심폐소생술 가이드라인**
> 가슴압박소생술은 심폐소생술 중 인공호흡은 하지 않고 가슴압박만을 시행하는 방법이다. 우리나라의 낮은 심폐소생술 보급률을 고려하여, 2015년 한국 심폐소생술 지침에서 일반인 구조자는 가슴압박소생술을 하도록 권고하였다.

**134** 심정지 환자의 가슴압박 설명 중 옳지 않은 것은?

**갑. 불충분한 이완은 흉강 내부 압력을 증가시켜 뇌동맥으로 가는 혈류를 증가시킨다.**
을. 불충분한 이완은 심박출량 감소로 이어진다.
병. 매 가슴압박 후에는 흉부가 완전히 이완되도록 한다.
정. 2명 이상의 구조자가 있으면 가슴압박 역할을 2분마다 교대한다. 가슴압박 교대는 가능한 한 빨리 수행하여 가슴압박 중단을 최소화해야 한다.

> **해설**
> 불충분한 가슴 이완은 흉강 내부의 압력을 증가해 심장박출량을 감소함으로써, 관상동맥과 뇌동맥으로 가는 혈류를 감소한다.

**135** 기본소생술의 주요 설명 중 옳지 않은 것은?

갑. 심장전기충격이 1분 지연될 때마다 심실세동의 치료율이 7~10%씩 감소한다.
을. 압박깊이는 성인 약 5cm, 소아 4~5cm이다.
**병. 만 10세 이상은 성인, 만 10세 미만은 소아에 준하여 심폐소생술한다.**
정. 인공호흡을 할 때는 평상시 호흡과 같은 양으로 1초에 걸쳐서 숨을 불어넣는다.

**심폐소생술에서 나이의 정의**
- 신생아 : 태어난 직후부터 생후 1개월까지
- 영아 : 생후 1개월부터 만 1세까지
- 소아 : 만 1세부터 만 8세까지
- 성인 : 만 8세 이후

**136** 30대 한 남자가 목을 쥐고 기침을 하고 있다. 환자에게 청색증은 없었고, 목격자는 환자가 떡을 먹다가 기침을 하기 시작하였다고 한다. 당신이 해야 할 응급처치 중 가장 옳은 것은?

갑. 복부 밀어내기를 실시한다.
을. 환자를 거꾸로 들고 등을 두드린다.
병. 손가락으로 이물질을 꺼내기 위한 시도를 한다.
정. 등을 두드려 기침을 유도한다.

 갑. 기침을 못 하는 완전 기도폐쇄 환자에게 복부 밀어내기를 실시한다.
을. 소아의 경우 거꾸로 들고 등을 두드린다.
병. 환자가 의식이 있을 때는 처치자의 손가락을 물 가능성이 높기에 손가락을 넣어서는 안 된다.

**137** 계류장에 계류를 시도하는 중 50세 가량의 남자가 쓰러져 있으며, 주위는 구경꾼으로 둘러싸여 있다. 심폐소생술은 시행되고 있지 않다. 당신은 심폐소생술을 배운 적이 있다. 이 환자에게 어떤 절차에 의해서 응급처치를 실시할 것인가? 가장 옳은 것은?

갑. 119 신고 및 자동심장충격기 요청 → 의식확인 및 호흡 확인 → 심폐소생술 시작(가슴압박 30 : 인공호흡 2) → 자동심장충격기 사용 → 119가 올 때까지 심폐소생술 실시
을. 119 신고 → 의식확인 및 호흡확인 → 심폐소생술 시작(가슴압박 30 : 인공호흡 2) → 자동심장충격기 요청 → 119가 올 때까지 심폐소생술 실시
병. 자동심장충격기 요청 → 의식확인 및 호흡 확인 → 심폐소생술 시작(가슴압박 30 : 인공호흡 2) → 자동심장충격기 사용 → 심폐소생술 계속 실시
정. 119 신고 및 자동심장충격기 요청 → 의식확인 및 호흡 확인 → 인공호흡 2회 실시 → 가슴압박 30회 실시 → 자동심장충격기 사용 → 119가 올 때까지 심폐소생술 실시

 **응급처치 절차**
119 신고 및 자동심장충격기 요청 → 의식확인 및 호흡 확인 → 심폐소생술 시작(가슴압박 30 : 인공호흡 2) → 자동심장충격기 사용 → 119가 올 때까지 심폐소생술 실시

**138** 다음 중 자동심장충격기 등 심폐소생술을 행할 수 있는 응급장비를 갖추어야 하는 기관이 아닌 곳은?

갑. 「공공보건의료에 관한 법률」에 따른 공공보건의료기관
을. 「선박법」에 따른 선박 중 총톤수 10톤 이상 선박
병. 「철도산업발전 기본법」에 따른 철도차량 중 객차
정. 「항공안전법」에 따른 항공기 중 항공운송사업에 사용되는 여객 항공기 및 공항

> **해설**
> 심폐소생을 위한 응급장비의 구비 등의 의무(「응급의료에 관한 법률」 제47조의2 제1항)
> 다음의 어느 하나에 해당하는 시설 등의 소유자·점유자 또는 관리자는 자동심장충격기 등 심폐소생술을 할 수 있는 응급장비를 갖추어야 한다.
> - 「공공보건의료에 관한 법률」에 따른 공공보건의료기관
> - 「119구조·구급에 관한 법률」에 따른 구급대와 「의료법」에 따른 의료기관에서 운용 중인 구급차
> - 「항공안전법」에 따른 항공기 중 항공운송사업에 사용되는 여객 항공기 및 「공항시설법」에 따른 공항
> - 「철도산업발전 기본법」에 따른 철도차량 중 객차
> - 「선박법」에 따른 선박 중 총톤수 20톤 이상인 선박
> - 대통령령으로 정하는 규모 이상의 「건축법」에 따른 공동주택
> - 「산업안전보건법」에 따라 보건관리자를 두어야 하는 사업장 중 상시근로자가 300명 이상인 사업장
> - 그 밖에 대통령령으로 정하는 다중이용시설

**139** 다음 중 협심증에 대한 설명으로 옳지 않은 것은?

갑. 가슴통증의 지속시간은 보통 1시간 이상을 초과하여 나타난다.
을. 니트로글리세린을 혀 밑에 넣으면 관상동맥을 확장시켜 심근으로의 산소공급을 증가시킨다.
병. 휴식을 취하면 심장의 산소요구량이 감소되어 통증이 소실될 수 있다.
정. 심근으로의 산소공급이 결핍되면 환자는 가슴통증을 느낀다.

> **해설**
> 협심증은 심장혈관이 협착되어 심근에 허혈이 생기면서 나타나는 질환이다. 협심증으로 인한 흉통의 지속시간은 대개 5분 이내이고, 30분 이상 지속되는 경우는 거의 없다.

**140** 1도 화상에 대한 설명 중 옳은 것은?

**갑. 피부 표피층만 화상, 일광 화상 시 주로 발생**
을. 진피의 전층이 손상
병. 수포 형성, 표피와 진피 일부의 화상
정. 피부가 갈색 혹은 흑색으로 변함

> **해설**
> 화상은 높은 온도의 기체, 액체, 고체, 화염 따위로 피부 손상이 일어난 것으로, 상처 깊이에 따라 제1도 화상, 제2도 화상, 제3도 화상으로 나뉜다.
> • 제1도 화상 : 피부 표피층이 손상되어 벌겋게 되고 통증을 느끼지만 상흔이 남지 않는다.
> • 제2도 화상 : 진피까지 손상되어 물집이 생기고 통증이 심하다.
> • 제3도 화상 : 피하조직이나 근육조직이 손상되어 회복이 쉽지 않다.
> ※ 일광 화상 시 주로 1도 화상이 발생한다.

정답 140 갑

# 02 수상레저기구 운항 및 운용

**141** 입항을 위해 이동 중 항·포구까지의 거리가 5해리 남았음을 알았다면, 레저기구의 속력이 10노트로 이동하면 입항까지 소요되는 시간은 얼마인가?

갑. 10분
을. 20분
병. 30분
정. 40분

> 해설
> - 속력은 단위 시간 동안 물체가 이동한 거리이다.
> - 걸린 시간(Hour) = $\dfrac{\text{이동거리}}{\text{속력}}$ = $\dfrac{5(\text{해리})}{10(\text{노트})}$ = 0.5(시간) = 30분

**142** 침로에 대한 설명 중 옳은 것은?

갑. 진침로와 자침로 사이에는 자차만큼의 차이가 있다.
을. 선수미선과 선박을 지나는 자오선이 이루는 각이다.
병. 자침로와 나침로 사이에는 편차만큼의 차이가 있다.
정. 보통 북을 000°로 하여 반시계 방향으로 360°까지 측정한다.

> 해설
> 선수미선과 선박을 지나는 자오선이 이루는 각을 침로라고 하며, 보통 북을 000°로 하여 시계 방향으로 360°까지 측정한다. 진침로와 자침로 사이에는 편차만큼의 차이가 있고, 자침로와 나침로 사이에는 자차만큼의 차이가 있다.

**143** 「수상레저안전법」상 빈칸에 들어갈 내용으로 옳은 것은?

> 기상특보 중 풍랑·폭풍해일·호우·대설·강풍 ( A )가 발효된 구역에서 파도 또는 바람만을 이용하여 활동이 가능한 수상레저기구를 운항할 경우, 관할 해양경찰서장 또는 시장·군수·구청장에게 ( B )를 제출해야 한다.

갑. 주의보, 운항신고서
을. 경보, 기상특보활동신고서
병. 경보, 운항신고서
정. 주의보, 기상특보활동신고서

**해설** 수상레저활동 제한의 예외(「수상레저안전법」 시행령 제21조)
기상특보 중 풍랑·폭풍해일·호우·대설·강풍 주의보가 발효된 경우로서 수상레저활동을 하기 위하여 관할 해양경찰서장 또는 특별자치시장·제주특별자치도지사·시장·군수 및 구청장(구청장은 자치구의 구청장을, 서울특별시의 관할구역에 있는 한강의 경우에는 서울특별시의 한강 관리에 관한 업무를 관장하는 기관의 장을 말하며, 이하 "시장·군수·구청장"이라 한다)에게 해양수산부령으로 정하는 기상특보활동신고서를 제출한 경우를 말한다.

**144** 빈칸에 들어갈 말로 옳은 것은?

> 타(舵)는 선박에 ( )과 ( )을 제공하는 장치이다.

갑. 감항성, 복원성
을. 감항성, 선회성
병. 보침성, 복원성
정. 보침성, 선회성

**해설** 타는 선박에 보침성능과 선회성능을 주는 장치이며, 보통은 유속이 가장 빠른 프로펠러의 뒤에 설치하는 것이 대부분이지만, 보조로 선수에 설치하는 선수타도 있다.
• 보침성 : 선박이 직진하는 침로를 유지하는 성질이다.
• 선회성 : 선박에 일정타각을 주었을 때 선회하는 성질이다.
• 감항성 : 선박이 자체의 안정성을 확보하기 위하여 갖추어야 하는 능력이다.

**145** 다음 중 복원력 감소의 원인으로 옳지 않은 것은?

갑. 선박의 무게를 줄이기 위하여 건현의 높이를 낮춤
을. 연료유 탱크가 가득 차 있지 않아 유동수가 발생
병. 갑판 화물이 빗물이나 해수에 의해 물을 흡수
정. 상갑판의 중량물을 갑판 아래 창고로 이동

 일정한 흘수에서 무게중심의 위치가 낮아질수록 복원력은 커진다. 따라서 중량물이 선박의 아래 부분으로 이동되었을 때는 무게중심이 내려가면서 복원력이 증가한다.

**146** 구명부환의 사양에 대한 설명으로 옳은 것은?

갑. 5kg 이상의 무게를 가질 것
을. 고유의 부양성을 가진 물질로 제작될 것
병. 외경은 500mm 이하이고 내경은 500mm 이상일 것
정. 14.5kg 이상의 철편을 담수중에서 12시간동안 지지할 수 있을 것

 구명부환은 2.5kg 이상의 무게와 고유의 부양성을 가지며, 14.5kg 이상의 철편을 담수중에서 24시간동안 지지할 수 있어야 한다. 외경은 800mm 이하이고 내경은 400mm 이상이어야 한다.

**147** 선박의 주요 치수로 옳지 않은 것은?

갑. 폭
을. 길이
병. 깊이
정. 높이

 선박의 특성을 표시하거나 크기를 비교할 때는 선박의 길이·폭·깊이 등을 사용하는데, 이를 선박의 주요 치수라 한다.

**148** 해조류를 선수에서 3노트로 받으며 운항 중인 레저기구의 대지속력이 10노트일 때 대수속력으로 옳은 것은?

갑. 3노트
을. 7노트
병. 10노트
정. 13노트

> **해설** 대수속력은 자선 또는 다른 선박의 추진장치의 작용이나 그로 인한 선박의 타력에 의하여 생기는 선박의 물에 대한 속력을 말한다. 대수속력과 선박이 받는 해조류유속을 함께 계산한 값이 대지속력이다.
> 대수속력 ± 해조류유속 = 대지속력(순류일 경우 +, 역류일 경우 −)
> 대수속력 − 3(역류) = 10
> ∴ 대수속력 = 13

## 149  해저 저질의 종류 중 자갈로 옳은 것은?

갑. G
을. M
병. R
정. S

> **해설** 지질의 종류
> • G = 자갈   • R = 암반   • M = 뻘   • S = 모래
> • c = 거친   • so = 부드러운   • f = 가는   • h = 단단한

## 150  프로펠러가 한 번 회전할 때 선박이 나아가는 거리로 옳은 것은?

갑. Ahead
을. Kick
병. Pitch
정. Teach

> **해설** 피치(Pitch)는 프로펠러가 한 번 회전할 때 선박이 나아가는 거리를 말하며, 프로펠러에서의 피치는 다른 의미로 프로펠러가 휜 정도라고도 할 수 있다.

## 151  다음 중 제한 시계의 원인으로 옳지 않은 것은?

갑. 눈
을. 안개
병. 모래바람
정. 야간항해

> **해설** 용어의 정의(「해상교통안전법」 제2조 제17호)
> '제한된 시계'란 안개・연기・눈・비・모래바람 및 그 밖에 이와 비슷한 사유로 시계(視界)가 제한되어 있는 상태를 말한다.

**152** 수상레저 활동자가 지켜야 할 운항규칙에 대한 설명으로 옳지 않은 것은?

갑. 다른 수상레저기구와 정면으로 충돌할 위험이 있을 때에는 음성신호, 수신호 등 적당한 방법으로 상대에게 이를 알리고 우현 쪽으로 진로를 피해야 한다.

을. 다른 수상레저기구의 진로를 횡단하는 경우에 충돌의 위험이 있을 때에는 다른 수상레저기구를 오른쪽에 두고 있는 수상레저기구가 진로를 피해야 한다.

병. 다른 수상레저기구와 같은 방향으로 운항하는 경우에는 2미터 이내로 근접하여 운항해서는 안 된다.

정. 안개 등으로 가시거리가 0.5마일 이내로 제한되는 경우에는 수상레저기구를 운항해서는 안 된다.

> **해설** 기상에 따른 수상레저활동의 제한(「수상레저안전법」 제22조)
> 누구든지 수상레저활동을 하려는 구역이 다음의 어느 하나에 해당하는 경우에는 수상레저활동을 하여서는 아니 된다. 다만, 파도 또는 바람만을 이용하는 수상레저기구의 특성을 고려하여 대통령령으로 정하는 경우에는 그러하지 아니하다.
> • 태풍·풍랑·폭풍해일·호우·대설·강풍과 관련된 주의보 이상의 기상특보가 발효된 경우
> • 안개 등으로 가시거리가 0.5킬로미터 이내로 제한되는 경우

**153** 다음 중 안전한 속력을 결정할 때에 고려하여야 할 사항으로 옳지 않은 것은?

갑. 시계의 상태
을. 해상교통량의 밀도
병. 선박의 승선원과 수심과의 관계
정. 선박의 정지거리·선회성능, 그 밖의 조종성능

> **해설** 안전한 속력(「해상교통안전법」 제71조)
> 안전한 속력을 결정할 때에는 다음의 사항을 고려하여야 한다.
> • 시계의 상태
> • 해상교통량의 밀도
> • 선박의 정지거리·선회성능, 그 밖의 조종성능
> • 야간의 경우에는 항해에 지장을 주는 불빛의 유무
> • 바람·해면 및 조류의 상태와 항행장애물의 근접상태
> • 선박의 흘수와 수심과의 관계
> • 레이더의 특성 및 성능
> • 해면상태·기상, 그 밖의 장애요인이 레이더 탐지에 미치는 영향
> • 레이더로 탐지한 선박의 수·위치 및 동향

**정답** 152 정  153 병

**154** 우리나라의 우현항로 표지의 색깔로 옳은 것은?

갑. 녹 색   **을. 홍 색**
병. 황 색   정. 흑 색

> 해설  우리나라는 IALA 해상부표식 중 B지역 해상부표식을 적용하고 있다. B지역의 좌현표지는 녹색이며 두표는 원통형, Fl(2+1)G 이외의 리듬을 갖는다. 우현표지는 홍색이며 두표는 원추형, Fl(2+1)R 이외의 리듬을 갖는다.

**155** 중시선에 대한 설명 중 가장 옳지 않은 것은?

**갑. 중시선은 일정 시간에만 보인다.**
을. 선박의 위치 편위를 중시선을 활용하여 손쉽게 알 수 있다.
병. 관측자는 2개의 식별 가능한 물표를 하나의 선으로 볼 수 있다.
정. 통항 계획의 수립 단계에서 찾아낸 자연적이고 명확하게 식별할 수 있는 물표로도 표시할 수 있다.

> 해설  두 물표가 일직선상에 겹쳐 보일 때 그 물표를 연결한 직선을 중시선이라고 한다. 자연적이고 명확하게 식별 가능한 물표로 표시할 수 있으며, 선박이 항로 위에 있는지 혹은 편위되어 있는지를 중시선을 활용하여 손쉽게 알 수 있다.

**156** 모터보트에서 사용하는 항해장비 중 레이더의 특징으로 옳지 않은 것은?

갑. 날씨에 영향을 받지 않는다.
을. 충돌방지에 큰 도움이 된다.
**병. 탐지거리에 제한을 받지 않는다.**
정. 자선 주의의 지형 및 물표가 영상으로 나타난다.

> 해설  레이더는 성능이 아무리 좋아도 최대 탐지거리와 최소 탐지거리가 있어 측정거리에 제한을 받는다.

### 157 다음 보기에서 설명하는 것으로 옳은 것은?

주간에 두표는 2개의 흑색 원추형으로 상부흑색, 하부황색의 방위표지

**갑. 북방위표지**
을. 서방위표지
병. 동방위표지
정. 남방위표지

- 북방위표지(BY) : 상부흑색, 하부황색
- 서방위표지(YBY) : 황색바탕, 흑색횡대
- 동방위표지(BYB) : 흑색바탕, 황색횡대
- 남방위표지(YB) : 상부황색, 하부흑색

### 158 협수로와 만곡부에서의 운용에 대한 설명으로 옳은 것은?

갑. 만곡의 외측에서 유속이 약하다.
을. 만곡의 내측에서는 유속이 강하다.
병. 통항 시기는 게류 시나 조류가 약한 때를 피한다.
**정. 조류는 역조 때에는 정침이 잘되나 순조 때에는 정침이 어렵다.**

만곡부의 외측에서 유속이 강하고, 내측에서는 약한 특징이 있으며, 통항 시기는 게류 시나 조류가 약한 때를 택해야 한다.

**159** 굴곡이 없는 협수로를 통과할 때 적절한 시기는?

갑. 역조 시일 때
 을. 순조 시일 때
병. 게류 시일 때
정. 와류 시일 때

> **해설** **협수로 통과 시기**
> • 일반원칙 : 낮에 조류가 약한 시기에 통과
> • 굴곡이 없는 곳 : 순조 시에 통과
> • 굴곡이 심한 곳 : 역조 시에 통과

**160** 선박 상호간의 영향으로 추월 및 마주칠 때의 설명으로 옳지 않은 것은?

갑. 상호 간섭 작용을 막기 위해 저속으로 운항한다.
을. 소형선은 선체가 작아서 쉽게 끌려들 수 있다.
 병. 상호 간섭 작용을 막기 위해 상대선과의 거리를 작게 한다.
정. 추월할 때 추월선과 추월당하는 선박은 선수나 선미의 고압 부분끼리 마주치면 서로 반발한다.

> **해설** 추월 및 마주칠 때 상호 간섭을 막기 위해 상대선과의 거리를 크게 해야 한다.

**161** 다음 보기의 등질에 대한 설명으로 옳지 않은 것은?

> Fl(3)WRG.15s 21m 15-11M

갑. 21m – 평균해수면상의 등고 21m이다.
을. 15s – 3회의 섬광을 15초에 1주기로 비춘다.
병. Fl(3) – 빛이 일정한 간격으로 3회의 섬광을 보인다.
 정. WRG – 지정된 영역 안에서 서로 다른 백, 홍, 청등이 비춘다.

> **해설** WRG : 지정된 영역 안에서 서로 다른 백(White), 홍(Red), 녹(Green)등이 비춘다.

## 162 다음 보기의 빈칸에 들어갈 말로 옳은 것은?

> 선체가 수면 아래에 잠겨 있는 깊이를 나타내는 (　　)는 선체의 선수부와 중앙부 및 선미부의 양쪽 현측에 표시되어 있다.

갑. 길 이  
을. 건 현  
병. 트 림  
**정. 흘 수**

**해설**
- 길이 : 전장, 수선간장, 등록장 등 선수부터 선미까지의 거리
- 건현 : 갑판선의 상단에서 선체 중앙부 수면까지의 수직거리로, 선박이 안전하게 항해하기 위한 예비 부력
- 트림 : 선수 흘수와 선미 흘수의 차이

## 163 다음 보기의 빈칸에 들어갈 말로 옳은 것은?

> 선체가 세로 길이 방향으로 경사져 있는 정도를 그 경사각으로써 표현하는 것보다 선수 흘수와 선미 흘수의 차이로써 나타내는 것이 미소한 경사 상태까지 더욱 정밀하게 표현할 수 있는 방법이다. 이와 같이 길이 방향의 선체 경사를 나타내는 것을 (　　)이라 한다.

갑. 길 이  
을. 건 현  
**병. 트 림**  
정. 흘 수

**해설**
162번 해설 참고

## 164 다음 보기의 빈칸에 들어갈 말로 옳은 것은?

> (　　)이란, 선박이 물 위에 떠 있는 상태에서 외부로부터 힘을 받아 경사하려고 할 때의 저항 또는 경사한 상태에서 그 외력을 제거하였을 때 원래의 상태로 돌아오려고 하는 힘을 말한다.

갑. 감항성  
을. 만곡부  
**병. 복원력**  
정. 이븐킬

**해설**
복원력은 선박이 물 위에 떠 있는 상태에서 외부로부터 힘을 받아 경사하려고 할 때의 저항 또는 경사한 상태에서 그 외력을 제거하였을 때 원래의 상태로 돌아오려고 하는 힘을 말하며, 선박의 안정 상태를 판단하는 기준이 된다.

**165** 다음 보기의 빈칸에 들어갈 말로 옳은 것은?

> 선체가 앞으로 나아가면서 물을 배제한 수면의 빈 공간을 주위의 물이 채우려고 유입하는 수류로 인하여, 주로 뒤쪽 선수미선상의 물이 앞쪽으로 따라 들어오는데 이것을 (　　)라고 한다.

갑. 배출류　　　　　　　　　　을. 흡입류
병. 횡압류　　　　　　　　　　정. 추적류(반류)

 해설
- 배출류 : 스크루 프로펠러가 수중에서 회전하면서 뒤쪽으로 흘러나가는 수류
- 흡입류 : 스크루 프로펠러가 수중에서 회전하면서 앞쪽에서 빨려드는 수류
- 횡압류 : 스크루 프로펠러의 상하부 압력 차이로 생기는 수류

**166** 다음 보기의 빈칸에 들어갈 말로 옳은 것은?

> 스크루 프로펠러가 회전하면서 물을 뒤로 차 밀어내면, 그 반작용으로 선체를 앞으로 미는 추진력이 발생하게 된다. 이와 같이 스크루 프로펠러가 360도 회전하면서 선체가 전진하는 거리를 (　　)라 한다.

갑. 종 거　　　　　　　　　　을. 횡 거
병. 리 치　　　　　　　　　　정. 피 치

 해설
- 종거(Advnace) : 전타위치에서 선수가 90도 회두했을 때까지 원침로 선상에서의 전진거리
- 횡거(Transfer) : 전타를 처음 시작한 위치에서 선체회두가 90도 된 곳까지를 원침로에서 직각방향으로 잰 거리
- 리치(Reach) : 전타를 시작한 최초의 위치에서 최종 선회지름의 중심까지의 거리를 원침로상에서 잰 거리

**167** 다음 보기의 빈칸에 들어갈 말을 순서대로 옳게 짝지은 것은?

> 직진 중인 선박이 전타를 행하면, 초기에 수면 상부의 선체는 (    )경사하며, 선회를 계속하면 선체는 각속도로 정상 선회를 하며 (    )경사하게 된다.

갑. 내방, 내방  
~~을. 내방, 외방~~  
병. 외방, 내방  
정. 외방, 외방

해설 선회하려는 방향의 안쪽으로 경사하는 것을 내방경사, 바깥쪽으로 경사하는 것을 외방경사라고 한다. 직진 중인 선박이 전타를 행하면, 초기에 수면 상부의 선체는 내방경사하며, 선회를 계속하면 선체는 각속도로 정상 선회를 하며 외방경사하게 된다.

**168** 닻의 역할로 옳지 않은 것은?

갑. 선박을 임의의 수면에 정지 또는 정박시킨다.  
을. 좁은 수역에서 선회하는 경우에 이용된다.  
병. 부두에 접안 및 이안 시에 보조 기구로 사용된다.  
~~정. 침로유지에 사용된다.~~

해설 침로유지는 키(Rudder)의 역할이다.

**169** 모터보트로 야간 항해 시 항법과 관계가 적은 것은?

갑. 기본적인 항법규칙을 지킨다.  
을. 양 선박이 마주치면 우현 변침한다.  
~~병. 기적과 기관을 사용해서는 안 된다.~~  
정. 다른 선박의 등화를 발견하면 확인하고 자선의 조치를 취한다.

해설 병의 내용은 항법과는 관련이 없다.

**170** 레저기구가 다른 레저기구를 추월하며 지날 때 나타나는 현상으로 옳지 않은 것은?

갑. 레저기구 주위의 압력 변화로 두 선박 사이에 당김, 밀어냄, 회두 작용이 일어난다.
을. 소형 레저기구는 보다 큰 레저기구에 흡착되는 경향이 많다.
병. 이러한 작용은 충돌 사고의 원인이 되기도 한다.
정. 소형 레저기구가 훨씬 작은 영향을 받는다.

> **해설** 두 선박이 서로 가깝게 마주치거나, 한 선박이 추월하는 경우 선박 주위의 압력 변화로 당김, 밀어냄, 회두 작용이 일어난다. 이것을 상호 간섭 또는 흡인 배척 작용이라고 한다. 소형 레저기구는 보다 큰 레저기구에 흡착되는 경향이 많으며, 이러한 작용은 충돌 사고의 원인이 되기도 한다. 작은 레저기구가 훨씬 큰 영향을 받는다.

**171** 다음 중 수로 둑의 영향에 대한 설명으로 옳지 않은 것은?

갑. 수로의 중앙을 항행할 때에는 별 영향을 받지 않는다.
을. 둑에서 가까운 선수 부분은 둑으로부터 흡인 작용을 받는다.
병. 둑에서 가까운 선수 부분은 둑으로부터 반발 작용을 받는다.
정. 수로의 중앙을 항행할 때에는 좌우의 수압 분포가 동일하다.

> **해설** 수로를 항행할 때 둑에서 가까운 선수 부근의 수압이 둑에 가서 부딪쳐서 되돌아와 고압 부분이 형성되어, 둑에서 가까운 선수 부분은 둑으로부터 반발 작용을 받고, 선미 부분은 흡인 작용을 받는다. 수로 둑의 영향을 적게 받기 위해서는 수로 중앙부분으로 항행해야 한다.

**172** 동력수상레저기구의 야간 항해 시 주의사항으로 옳은 것은?

갑. 모든 등화는 밖으로 비치도록 한다.
을. 레이더에 의하여 관측한 위치를 가장 신뢰한다.
병. 다소 멀리 돌아가는 일이 있더라도 안전한 침로를 택하는 것이 좋다.
정. 등부표 등은 항해 물표로서 의심할 필요가 없다.

> **해설** 야간 항해 시에는 다소 멀리 돌아가는 일이 있더라도 안전한 침로를 택하는 것이 좋다.

**173** 레저기구의 운항 전 연료유 확보에 대한 설명으로 옳지 않은 것은?

갑. 예비 연료도 추가로 확보해야 한다.
을. 일반적으로 1마일(mile)당 연료 소모량은 속력에 비례한다.
병. 연료 소모량을 알면 필요한 연료량을 구할 수 있다.
정. 기존 운항 기록을 통하여 속력에 따른 연료 소모량을 알 수 있다.

> 해설 자선의 운항 기록을 통하여 축적된 속력에 따른 연료 소모량을 알면 필요한 연료량을 구할 수 있다. 예비 연료량은 총 소비량의 25% 정도 확보하는 것이 보통이다. 1마일당 연료 소모량은 속력의 제곱에 비례하고, 일정한 시간 동안에 소비하는 연료는 속력의 3제곱에 비례한다.

**174** 선체가 파도를 받아서 동요할 때의 선박 복원력과 가장 밀접한 관계가 있는 운동은?

갑. 롤링(Rolling)   을. 서지(Surge)
병. 요잉(Yawing)   정. 피칭(Pitching)

> 해설 횡동요 운동(롤링)은 X축을 기준으로 좌우 교대로 회전하려는 운동이며, 복원력과 밀접한 관계에 있다.

**175** 모터보트가 전복될 위험이 가장 큰 경우는?

갑. 기관 공전이 생길 때
을. 횡요주기와 파랑의 주기가 일치할 때
병. 조류가 빠른 수역을 항해할 때
정. 선수 동요를 일으킬 때

> 해설 횡요주기가 파랑의 주기와 일치하게 되면 횡요각이 점점 커지게 된다.

**176** 다음 보기에서 설명하는 것으로 가장 옳은 것은?

> 선수가 좌우 교대로 선회하려는 왕복 운동이며, 선박의 보침성과 깊은 관계가 있다.

갑. 롤링(Rolling)  
 병. 요잉(Yawing)  
을. 서지(Surge)  
정. 피칭(Pitching)

해설) Z축을 기준으로 하여 선수가 좌우 교대로 선회하려는 왕복 운동은 요잉이다. 보침성이 불량한 선박은 협수로 통과나 다른 선박과의 근접 통과 시 조종 등에 있어서 어려움이 많다.

**177** 다음 보기에서 설명하는 것으로 가장 옳은 것은?

> 선체가 횡동요 중에 옆에서 돌풍을 받든지 또는 파랑 중에서 대각도 조타를 하면 선체는 갑자기 큰 각도로 경사하게 된다.

갑. 동조 횡동요  
병. 브로칭  
 을. 러칭  
정. 슬래밍

해설)
- 동조 횡동요 : 선체의 횡동요 주기가 파도의 주기와 일치하여 횡동요각이 점점 커지는 현상이다.
- 브로칭 : 선박이 파도를 선미로부터 받으며 항주할 때에, 선체 중앙이 파도의 마루나 파도의 오르막 파면에 위치함으로써 급격한 선수 동요가 발생하여 선체가 파도와 평행하게 놓이는 현상이다.
- 슬래밍 : 거친 파랑 중을 항행하는 선박이 길이 방향으로 크게 동요하게 되어 선저가 수면 상으로 올라와서 떨어지면서 수면과의 충돌로 인해 선수 선저의 평평한 부분에 충격이 작용하는 현상이다.

**178** 다음 보기에서 설명하는 것으로 가장 옳은 것은?

> (    ) 현상이 발생하면 파도가 갑판을 덮치고 대각도의 선체 횡경사가 유발되어 선박이 전복될 위험이 있다.

갑. 동조 횡동요  
 병. 브로칭  
을. 러칭  
정. 슬래밍

해설) 177번 해설 참고

**179** 황천 항해 중 선박조종법으로 옳지 않은 것은?

갑. 라이 투(Lie to)
을. 히브 투(Heave to)
병. 스커딩(Scudding)
정. 브로칭(Broaching)

> **해설**
> **브로칭(Broaching)**
> 선박이 파도를 선미로부터 받으면서 항주할 때에 선체 중앙이 파도의 파정이나 파저에 위치하면 급격한 선수 동요에 의해 선체는 파도와 평행하게 놓이는 현상이다. 이때에는 파도가 갑판을 덮치고 선체의 대각도 횡경사가 유발되어 전복될 위험이 높다.

**180** 우회전 프로펠러로 운행하는 선박이 계류 시 우현계류보다 좌현계류가 더 유리한 이유는?

갑. 후진 시 배출류의 측압작용으로 선미가 좌선회하는 것을 이용한다.
을. 후진 시 횡압력의 작용으로 선미가 좌선회하는 것을 이용한다.
병. 후진 시 반류의 작용으로 선미가 좌선회하는 것을 이용한다.
정. 후진 시 흡수류의 작용으로 선수가 우회두하는 것을 이용한다.

> **해설**
> 입항·계류 시에는 배출류의 측압작용과 횡압력의 작용으로 후진을 하면 선수가 우회두, 선미는 좌회두하므로 타를 이용하지 않아도 쉽게 접안을 할 수 있다. 접안 시 좌현계류가 쉬운 것은 전진 시 횡압력이 작용하고, 후진 시 측압이 작용하기 때문이다.

**181** 다음 보기에서 설명하는 것으로 옳은 것은?

> 황천으로 항행이 곤란할 때, 풍랑을 선미 쿼터(Quarter)에서 받으며, 파에 쫓기는 자세로 항주하는 방법이다. 이 방법은 선체가 받는 충격 작용이 현저히 감소하고, 상당한 속력을 유지할 수 있으나, 보침성이 저하되어 브로칭 현상이 일어날 수도 있다.

갑. 라이 투
을. 빔 엔드
병. 스커딩
정. 히브 투

> **해설**
> • 라이 투 : 기관을 정지하고 선체를 풍하로 표류하도록 하는 방법이다.
> • 히브 투 : 선수를 풍랑쪽으로 향하게 하여 조타가 가능한 한 최소의 속력으로 전진하는 방법이다.

179 정  180 갑  181 병

**182** 다음 보기에서 설명하는 것으로 가장 옳은 것은?

> 본선은 조난 중이다. 즉시 지원을 바란다.

갑. AC
을. DC
**병. NC**
정. UC

> 해설
> 조난(NC) : 본선은 조난 중이다. 즉시 지원을 바란다.

**183** 킥(Kick) 현상에 대한 설명으로 옳지 않은 것은?

갑. 원침로에서 횡 방향으로 무게중심이 이동한 거리로 선미 킥은 배 길이의 1/4~1/7정도이다.
을. 장애물을 피할 때나 인명구조 시 유용하게 사용한다.
병. 선속이 빠른 선박과 타효가 좋은 선박은 커지며, 전타 초기에 현저하게 나타난다.
**정. 선회 초기 선체는 원침로보다 안쪽으로 밀리면서 선회한다.**

> 해설
> 킥 현상은 선회 초기 선체가 원침로보다 바깥쪽으로 밀리면서 선회하는 것이다.

**184** 선박에 설치된 레이더의 기능으로 볼 수 없는 것은?

갑. 거리측정
**을. 풍속측정**
병. 방위측정
정. 물표탐지

> 해설
> 레이더(Radio Detection and Raging)
> 전자파를 발사하여 그 반사파를 측정함으로써 물표를 탐지하고, 물표까지의 거리 및 방향을 파악하는 계기이다.

정답  182 병  183 정  184 을

## 185 다음 보기의 신호방법으로 옳은 것은?

> 피하라 ; 본선은 조종이 자유롭지 않다.

**갑. D기**
을. E기
병. F기
정. G기

### 해설 문자기

| 기호 | 의미 | 기호 | 의미 |
|---|---|---|---|
| A / a | 잠수부를 내리고 있습니다. 미속으로 충분히 피해주세요. | N / n | No(부정 / 방금 부저는 부정의 의미로 이해해주십시오) |
| B / b | ① 위험물을 하역 중입니다. ② 위험물을 운송 중입니다. | O / o | 사람이 바다 속에 떨어졌습니다. |
| C / c | Yes(긍정 / 방금 부저는 긍정의 의미로 이해해주십시오) | P / p | ① (항내에서) 본선은 출항하려 하므로 전원 귀선해 주시기 바랍니다. ② (해상으로) 본선의 어망이 장애물에 걸리고 있습니다. |
| D / d | 피해주세요. 조종이 어렵습니다. | Q / q | 본선의 건강상태는 양호합니다. 검역·교통 허가서를 교부해주세요. |
| E / e | 진로를 오른쪽으로 바꾸고 있습니다. | R / r | 수신했습니다. |
| F / f | 조종할 수 없습니다. 통신해 주십시오. | S / s | 본선의 기관은 후진 중입니다. |
| G / g | ① 수로 안내인이 필요합니다. ② 어망 중입니다. | T / t | 본선을 피해주세요. |
| H / h | 수로 안내인을 태우고 있습니다. | U / u | 당신은 위험에 향하고 있습니다. |
| I / i | 진로를 왼쪽으로 바꾸고 있습니다. | V / v | 원조를 부탁합니다. |
| J / j | 화재 중 위험화물을 쌓고 있습니다. 충분히 피해주세요. | W / w | 의료 원조를 부탁합니다. |
| K / k | 당신과 통신하고 싶습니다. | X / x | 신호에 주의해 주세요. |
| L / l | 당신은 곧 정선해 주었으면 합니다. | Y / y | 본선은 닻을 내리고 있습니다. |
| M / m | 본선은 정선하고 있습니다. | Z / z | ① 예인선을 주세요. ② 투망 중입니다. |

185 갑  **정답**

**186** 다음 보기의 신호방법으로 옳은 것은?

> 본선에 불이 나고, 위험 화물을 적재하고 있다. 본선을 충분히 피하라.

갑. J기
을. K기
병. L기
정. M기

해설: 185번 해설 참고

**187** 다음 보기의 신호방법으로 옳은 것은?

> 본선의 기관은 후진 중이다.

갑. T기
을. S기
병. V기
정. W기

해설: 185번 해설 참고

**188** 운항 중 보트가 얕은 모래톱에 올라앉은 경우 가장 먼저 취해야 하는 조치로 가장 올바른 것은?

갑. 선체의 파손 확인
을. 조수간만 확인
병. 배의 위치를 확인
정. 기관(엔진)을 정지

해설: 보트가 수심이 낮은 곳에 좌초했을 경우 즉시 엔진을 정지하고, 좌초된 보트의 파손유무 및 정도를 파악하여야 한다. 특히 침수가 되었는지 면밀하게 조사하여야 한다. 좌초된 상태에서 시동을 걸어 후진하면 프로펠러가 손상되거나 손상 정도가 확대될 수 있기 때문에 바로 후진을 사용해서는 안 된다.

정답 186 갑 187 을 188 정

**189** 다음 의료수송 식별표시에 대한 설명 중 가장 옳지 않은 것은?

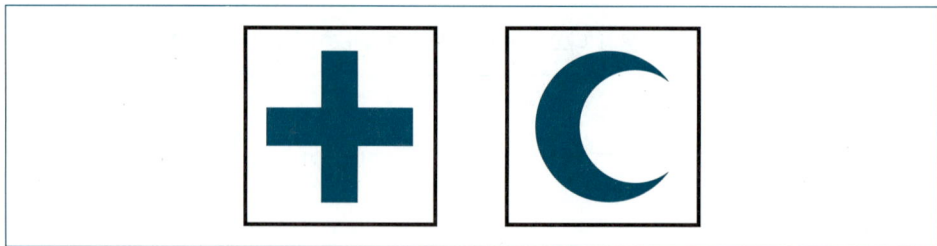

~~갑.~~ 단독으로 사용하여야 한다.
을. 단독 또는 공동으로 사용할 수 있다.
병. 선측, 선수, 선미 또는 갑판상에 백색바탕에 적색으로 한다.
정. 제네바협정에서 정한 의료수송에 종사함으로 보호받을 수 있는 선박의 식별표시이다.

> **해설** 의료수송용 선박·항공기의 식별표시이며, 제네바협정에서 정한 의료수송에 종사함으로써 보호받을 수 있는 선박의 식별표시이다. 선박에 단독 또는 공동으로 사용할 수 있다.

**190** 다음 문자기의 명칭으로 가장 옳은 것은?

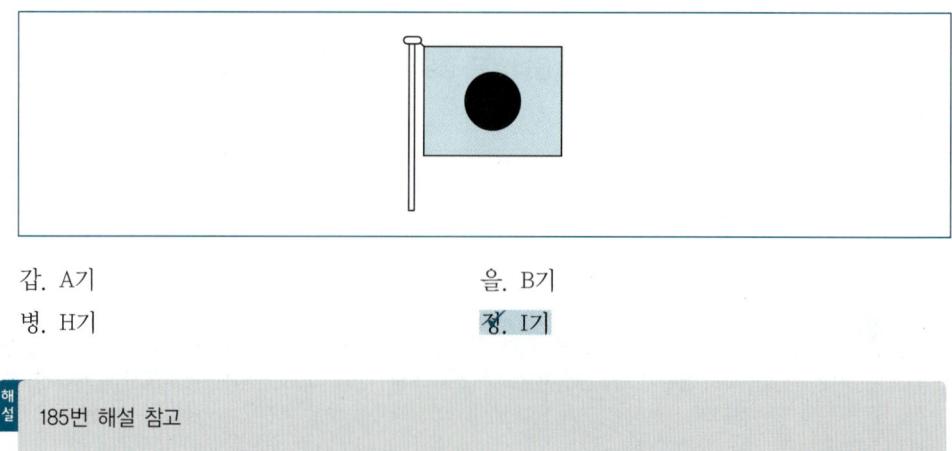

갑. A기
을. B기
병. H기
~~정.~~ I기

> **해설** 185번 해설 참고

**191** 모터보트 상호간의 흡인·배척 작용을 설명한 내용으로 옳지 않은 것은?

갑. 접근거리가 가까울수록 흡인력이 크다.
을. 추월시가 마주칠 때보다 크다.
병. 저속항주시가 크다.
정. 수심이 얕은 곳에서 뚜렷이 나타난다.

 선박 간의 상호작용의 영향
- 접근거리가 가까울수록 흡인력이 크다.
- 추월시가 마주칠 때보다 크다.
- 고속항주시가 크다.
- 수심이 얕은 곳에서 뚜렷하게 나타난다.
- 배수량과 속력이 클 때 강하게 나타난다.
- 대소 양 선박 간에는 소형선에 영향이 크며, 흘수가 작은 선박에 영향이 크다.

**192** 다음에서 설명하는 인명구조 방법으로 가장 옳은 것은?

- 사람이 물에 빠진 시간 및 위치가 명확하지 못하고 시계가 제한되어 사람을 확인할 수 없을 때 사용한다.
- 한쪽으로 전타하여 원침로에서 약 60도 정도 벗어날 때까지 선회한 다음 반대쪽으로 전타하여 원침로로부터 180도 선회하여 전 항로로 돌아가는 방법이다.

갑. 지연 선회법            을. 전진 선회법
병. 반원2회 선회법         정. 윌리암슨즈 선회법

 윌리암슨즈 선회법에 대한 설명이다.

**193** 상대선에서 본선과 같은 주파수대의 레이더를 사용하고 있을 때 나타나는 현상으로 옳은 것은?

갑. 맹목구간              을. 해면반사
병. 간섭현상              정. 기상장해현상

 간섭현상은 본선 옆 타 선박이 같은 주파수 레이더를 사용할 때 나타나는 것이다. 펄스가 수신되어 스크린의 전면에 눈발과 비슷한 영상이 나타나기도 하며, 두 선박의 펄스반복 주파수에 의해서 원형 또는 나선형의 모양이 되어 나타나기도 한다.

**194** 모터보트 운항 중 우현 쪽으로 사람이 빠졌을 때 가장 먼저 해야 하는 일은?

갑. 좌현변침  **을. 우현변침**
병. 기관후진  정. 기관전진

 우현에 빠진 사람이 프로펠러에 감기는 경우가 없도록 모터보트를 우현으로 변침한다.

**195** 로프의 규격은 일반적으로 무엇으로 표시하는가?

갑. 로프의 길이  **을. 로프의 직경**
병. 로프의 무게  정. 로프의 꼬임수

 일반적으로 로프의 규격은 직경으로 표시하는데, 로프의 직경이 굵을수록 견고하며 수명 또한 길다. 반면, 직경이 가는 로프는 가볍고 취급하기 용이하다.

**196** 선박 'A호'는 20노트(Knot)의 속력으로 3시간 30분 동안 항해하였다면, 선박 'A호'의 항주 거리는?

갑. 50해리  을. 60해리
병. 65해리  **정. 70해리**

 선박의 속력의 단위는 노트(Knot)로 나타낸다. 1노트는 1시간에 1해리를 항주할 때의 속력과 같으므로 선박이 총 항주한 거리는 선박의 속력×시간이다. 즉 20노트×3.5시간 = 70해리가 된다.

**197** 나침로 198°, 자차 4°W, 편차 3°E이고 풍향은 SE(남동) 풍압차 3°일 때 진침로는?

갑. 202°  **을. 200°**
병. 197°  정. 194°

 198°(나침로) − 4°W(자차) + 3°E(편차) + 3°(풍압차) = 200°(진침로)

**198** 다음 중 시계가 제한된 상황에서 항행 시 주의사항으로 옳지 않은 것은?

갑. 낮이라 할지라도 반드시 등화를 켠다.
을. 상황에 적절한 무중신호를 개시한다.
**병. 기관을 정지하고 닻을 투하한다.**
정. 엄중한 경계를 실시하고, 필요시 경계원을 증가 배치한다.

> **해설** 시계가 제한된 상태에서 갑자기 정지하거나 감속을 하면 근접해 뒤따라오는 선박과 충돌 위험이 발생할 수 있으므로 주의해야 한다.

**199** 교차방위법을 실시하기 위해 물표를 선정할 때 주의사항으로 옳지 않은 것은?

갑. 위치가 정확하고 잘 보이는 목표를 선정한다.
**을. 다수의 물표를 선정하는 것이 좋다.**
병. 먼 목표보다 가까운 목표를 선정한다.
정. 두 물표 선정 시에는 교각이 30° 미만인 것을 피한다.

> **해설** 교차방위법은 두 군데 이상의 물표의 방위를 재어 그 교차점을 현재의 위치로 추정하는 방법으로, 조종자의 추측으로 선정할 수 없다. 교차방위법상 물표는 해도상의 위치가 명확하고, 뚜렷한 목표를 선정해야 한다.

**200** 동력수상레저기구로 물에 빠진 사람을 구조할 경우, 선수 방향으로부터 풍파를 받으며 접근하는 이유로 가장 적절한 것은?

갑. 익수자가 수영하기 쉽다.
을. 익수자를 발견하기 쉽다.
**병. 동력수상레저기구의 조종이 쉽다.**
정. 구명부환을 던지기가 쉽다.

> **해설** 바람을 선수에서 받으며 접근하는 것은 선박의 조종이 용이하여 물에 빠진 사람을 좀 더 쉽게 구조할 수 있기 때문이다.

**정답** 198 병  199 을  200 병

**201** 다음 중 상대선박과 충돌위험이 가장 큰 경우는?

갑. 방위가 변하지 않을 때  을. 거리가 변하지 않을 때
병. 방위가 빠르게 변할 때  정. 속력이 변하지 않을 때

> 해설 상대선박의 방위가 변하지 않은 상태에서 점점 거리가 가까워지면 충돌할 수 있다.

**202** 선박의 등화 및 형상물에 관한 규정으로 옳지 않은 것은?

갑. 등화의 점등시간은 일몰 시부터 일출 시까지이다.
을. 낮이라도 시계가 흐린 경우 점등한다.
병. 형상물은 주간에 표시한다.
정. 다른 선박이 주위에 없을 때는 등화를 켜지 않는다.

> 해설 선박의 등화와 주간 형상물은 상황을 인식하고 충돌을 피함에 있어서 중요한 역할을 한다. 특히 등화와 관련된 규칙은 일몰 시부터 일출 시까지 적용되어야 하고, 제한된 시계에서 주간에 표시해야 하며, 필요하다고 간주되는 모든 경우에 등화를 표시할 수 있다.

**203** 다음 중 동력수상레저기구를 운항할 때 높은 파도를 넘는 방법으로 가장 적절한 것은?

갑. 파도 방향과 선체가 평행이 되도록 한다.
을. 파도를 선수 20~30° 방향에서 받도록 한다.
병. 파도 방향과 직각이 되도록 한다.
정. 파도와 관계없이 정면에서 바람을 받도록 한다.

> 해설 운항 중 높은 파도를 선수 20~30° 방향에서 받도록 하며, 파도가 있을 때는 없을 때보다 속력을 낮추어 운항한다.

**204** 등대의 광달거리에 대한 다음 설명 중 옳지 않은 것은?

갑. 관측안고가 높을수록 길어진다.
을. 등고가 높을수록 길어진다.
병. 광력이 클수록 길어진다.
정. 날씨와는 관계없다.

광달거리는 등대의 불빛이 도달하는 최대거리로, 날씨에 따라 다르다.

**205** 컴퍼스(나침의)의 자차가 생기는 원인이 아닌 것은?

갑. 선수 방위가 변할 때
을. 선수를 여러 방향으로 잠깐 두었을 때
병. 선체가 심한 충격을 받았을 때
정. 지방 자기의 영향을 받을 때

 자차는 선수를 동일한 방향으로 오랜 시간 두었을 때 변화한다.

**206** 모터보트로 얕은 수로를 항해하기에 가장 적절한 선체 트림상태는?

갑. 선수트림                을. 선미트림
병. 선수미등흘수            정. 약간의 선수트림

- 선수미등흘수 : 선수·선미가 동일하게 가라앉은 상태를 말하며, 얕은 수로 항해 시에 가장 적합하다.
- 트림(Trim) : 선박이 길이 방향으로 일정 각도로 기울어진 것을 말한다.

**207** 다음 중 동력수상레저기구를 조종할 때 확인해야 할 계기로 옳지 않은 것은?

갑. 엔진 회전속도(RPM)게이지
을. 온도(TEMP)게이지
병. 압력(PSI)게이지
정. 축(SHAFT)게이지

축(SHAFT)게이지는 두 개의 게이지를 짝지어 한쪽은 최대 허용 치수(통과측)로, 다른 쪽은 최소 허용 치수(제지측)로 만들어 축의 치수가 이 2개의 허용 한도 내(공차)가 되었는가를 측정하는 게이지를 말한다. 축게이지는 레저기구 조종 시 수시로 확인해야 할 것은 아니다.

**208** 자기 컴퍼스(Magnetic Compass)의 특징으로 옳지 않은 것은?

갑. 구조가 간단하고 관리가 용이하다.
을. 전원이 필요 없다.
**병. 단독으로 작동이 불가능하다.**
정. 오차를 지니고 있으므로 반드시 수정해야 한다.

> **해설** 자기 컴퍼스는 자석을 자유로이 회전할 수 있는 회전대 위에 놓아두면 지구 자기장의 방향을 가리키게 된다는 원리를 이용하여 만든 것이다. 단독으로 작동할 수 있으며, 전원이 필요하지 않다.

**209** 모터보트를 현측으로 접안하고자 할 때의 진입 각도로서 다음 중 가장 적절한 것은?

갑. 계류장과 평행하게
**을. 약 20~30°**
병. 약 45~60°
정. 직 각

> **해설** 모터보트를 현측접안 시 가장 좋은 부두와의 진입 각도는 약 20~30° 정도이다.

**210** 모터보트 운항 시 속력을 낮추거나 정지해야 할 경우로 옳지 않은 것은?

갑. 농무에 의해 시정이 제한된 경우
**을. 다른 보트가 추월을 시도하는 경우**
병. 좁은 수로에서 침로만을 변경하기 어려운 경우
정. 진행침로방향에 장애물이 있는 경우

> **해설** 다른 보트가 추월할 경우 가급적 자신의 침로와 속력을 늦추거나 정지하지 않고 일정한 속도를 유지하여 운항한다.

정답  208 병  209 을  210 을

**211** 수심이 얕은 해역을 항해할 때 발생하는 현상으로 옳지 않은 것은?

갑. 조종성능 저하   을. 속력 감소
병. 선체 침하 현상   **정. 공기저항 증가**

 수심이 얕은 해역을 항해할 경우 조종성능이 저하되고 선체 침하 현상이 발생하며, 선체 진동이 발생한다.

**212** 육지에 계선줄을 연결하여 계류할 경우 계선줄의 길이를 결정하는 데 가장 우선적으로 고려해야 할 사항은?

갑. 수 심   **을. 조수간만의 차**
병. 흘 수   정. 선체트림

 계선줄 길이를 결정할 때 조수간만의 차를 우선적으로 고려해야 한다. 서해안의 경우는 조수간만의 차가 커서 매시간 계선줄을 움직여야 하는 부담이 있다.

**213** 다음은 무엇에 관한 설명인가?

- 항행하는 수로의 좌우측 한계를 표시하기 위해 설치된 표지
- B지역은 좌현 부표의 색깔이 녹색으로 표시됨
- 좌현 부표는 이 부표의 위치가 항로의 왼쪽 한계에 있음을 의미하며, 부표의 오른쪽이 가항 수역임을 의미함

**갑. 측방표지**   을. 방위표지
병. 특수표지   정. 고립장애표지

- 방위표지는 장애물을 중심으로 주위를 4개 상한으로 나누어 설치한 표지로 방향에 따라 동, 서, 남, 북 방위표지라 부른다.
- 특수표지는 항행원조가 주목적이 아닌 다른 목적으로 계획된 것으로, 특별한 구역 또는 지물을 표시하는 표지시설이다.
- 고립장애표지는 암초나 침선 등 고립된 장애물 위에 설치하는 표지이다.

**214** 레이더에서는 여러 주변 장치로부터 다양한 정보를 받아 화면상에 표시한다. 레이더에 연결되는 주변 장치로 옳지 않은 것은?

갑. 자이로컴퍼스
을. GPS
병. 선속계
정. VHF

> 해설 VHF는 통신기기로 레이더와 연결되어 사용되는 장치가 아니다.

**215** 프로펠러가 수면 위로 노출되어 공회전하는 현상을 무엇이라고 하는가?

갑. 피칭
을. 레이싱
병. 스웨잉
정. 롤링

> 해설 레이싱은 배의 뒷부분이 수면 위로 올라오면서 스크루가 공회전하는 현상이다.

**216** 좁은 수로에서 선박 조종 시 주의해야 할 내용으로 옳지 않은 것은?

갑. 회두 시 대각도 변침
을. 인근 선박의 운항상태 지속 확인
병. 닻 사용 준비상태 계속 유지
정. 안전한 속력 유지

> 해설 협수로는 수로의 폭이 좁고 조류나 해류가 강하며 굴곡이 심해서 선박의 변침 선회 조종이 제한되므로 대각도 변침은 지양하고 소각도로 변침한다.

**217** 선박이 전진 중 횡방향에서 바람을 받으면 선수는 어느 방향으로 향하는가?

갑. 변화 없이 지속유지
을. 바람이 불어가는 방향
**병. 바람이 불어오는 방향**
정. 풍하방향

> 해설 선박이 전진 중에 바람을 횡방향에서 받으면 선체는 선속과 풍력의 합력방향으로 나아가면서 선수는 바람이 불어오는 쪽으로 편향된다.

**218** 이안 거리(해안으로부터 떨어진 거리)를 결정할 때 고려해야 할 사항으로 옳지 않은 것은?

갑. 선박의 크기 및 제반 상태
을. 항로의 교통량 및 항로 길이
병. 해상, 기상 및 시정의 영향
**정. 해도의 수량 및 정확성**

> 해설 선위 측정 방법 및 정확성이 이안 거리를 결정할 때 고려해야 할 사항이다.

**219** 모터보트를 조종할 때 주의할 사항으로 옳지 않은 것은?

갑. 좌우를 살피며 안전속력을 유지한다.
을. 움직일 수 있는 물건은 고정한다.
병. 자동 정지줄은 항상 몸에 부착한다.
**정. 교통량이 많은 해역은 최대한 신속하게 이탈한다.**

> 해설 교통량이 많은 해역에서 조종할 때에는 주위를 세심하게 살피며 안전한 속력으로 운항하여야 한다.

**220** 동력수상레저기구 2대가 근접하여 나란히 고속으로 운항할 때 발생하는 현상으로 옳은 것은?

갑. 수류의 배출작용 때문에 멀어진다.
을. 평행하게 운항을 계속하면 안전하다.
**병. 흡인작용에 의해 서로 충돌할 위험이 있다.**
정. 상대속도가 0에 가까우므로 안전하다.

> 해설: 흡인작용은 나란히 운항하는 선박이 서로를 잡아당기는 현상으로, 동력수상레저기구 2대가 빠르게 운항할 때 흡인작용으로 충돌할 수 있다.

**221** 다음 중 수상오토바이에 대한 설명으로 옳지 않은 것은?

갑. 핸들과 조종자의 체중이동으로 방향을 변경한다.
**을. 선체의 안전성이 좋아 전복할 위험이 적다.**
병. 후진장치가 없는 것도 있다.
정. 선외기 보트에 비해 낮은 수심에서 운항할 수 있다.

> 해설: 수상오토바이는 동력을 이용해 수면 위를 달리는 모터사이클로서, 방향을 바꾸다가 균형을 잃는 등 안전성이 좋지 않아 전복될 위험이 많다.

**222** 레이더 플로팅을 통해 알 수 있는 타선 정보로 옳지 않은 것은?

**갑. 선박 형상**    을. 진속력
병. 진침로         정. 최근접 거리

> 해설: 레이더 플로팅을 통해 레이더 화면상에서 수동, 또는 자동으로 포착한 물표 영상을 연속적으로 추적하여 상대 선박의 진방위, 진속력, 진침로, 최근접 거리, 최근접 시간 등의 정보를 알 수 있다.

**223** 항해 중 선박이 충돌하였을 때의 조치로서 옳지 않은 것은?

갑. 주기관을 정지시킨다.
을. 두 선박을 밀착시킨 상태로 밀리도록 한다.
병. 절박한 위험이 있을 때는 음향신호 등으로 구조를 요청한다.
정. 선박을 후진시켜 두 선박을 분리한다.

> **해설** 다른 선박의 현측에 자선의 선수가 충돌했을 때는 기관을 후진하기보다는 주기관 정지 후, 두 선박을 밀착시킨 상태로 밀리도록 해야 한다. 선박을 후진해 두 선박을 분리할 경우, 대량의 침수로 인해 침몰의 위험이 더 커질 수 있다.

**224** 다음 중 선박의 조난신호에 대한 사항으로 옳지 않은 것은?

갑. 조난을 당하여 구원을 요청하는 경우에 사용하는 신호이다.
을. 조난신호는 국제해사기구가 정하는 신호로 행하여야 한다.
병. 구원 요청 이외의 목적으로 사용하여서는 아니 된다.
정. 유사시를 대비하여 정기적으로 조난신호를 행하여야 한다.

> **해설** 선박이 조난신호를 정기적으로 행하는 것은 고의로 발신한 경우이므로 실제 조난자 발생 구조에 어려움을 주고 처벌을 받는다. 오발신한 경우에는 반드시 취소조치를 취하여 실제 조난자 구조에 더 많은 노력이 투입될 수 있도록 적극 동참하여야 한다.

**225** 고무보트를 운항하기 전에 확인할 사항으로 옳지 않은 것은?

갑. 공기압을 점검한다.
을. 기관(엔진)부착 정도를 확인한다.
병. 흔들림을 방지하기 위해 중량물을 싣는다.
정. 연료를 점검한다.

> **해설** 고무보트를 운항할 때에는 공기가 새지 않는지 철저하게 점검하고, 연료가 충분한가와 엔진부착 정도를 점검한다. 또한 구명동의 착용 불량이나 점검 불이행 등을 확인한다. 그러나 중량물을 실으면 고무보트가 균형을 잃을 수 있다.

**226** 다음 중 대지속력을 가장 잘 설명한 것은?

갑. 선박이 항해 중 수면과 이루는 속력이다.
을. 상대속력이라고 한다.
병. 조류의 영향을 별로 받지 않는다.
정. 목적지의 도착예정시간(ETA)을 구할 때 사용한다.

> 해설  선박은 물 위에 떠서 항해하므로 조류 및 해류에 영향을 받아 물 위에서 항주한 속력과 육지에 대한 속력에 차이가 있다. 일반적으로 선박의 속력은 물 위를 움직이는 대수속력(상대속력)을 말하며, 목적지의 도착예정시간(ETA)을 구할 때는 대지 위를 움직이는 대지속력(절대속력)으로 계산한다.

**227** 선박자동식별장치(AIS)에 대한 설명으로 옳지 않은 것은?

갑. 레이더로 식별이 어려운 전파 장애물의 뒤쪽에 위치하는 선박도 식별할 수 있으나, 시계가 좋지 않은 경우에는 식별이 불가능하다.
을. VTS(선박교통관제)에 정보를 제공하여 선박 통항 관제를 원활하게 하는 데에 있다.
병. 정적정보에는 선명, 선박길이, 선박 종류 등이 포함된다.
정. 선박 상호간에 선명, 침로, 속력 등을 교환하여 항행 안전을 도모하는 데에 있다.

> 해설  시계가 좋지 않은 경우에도 상대선의 선명, 침로, 속력 등의 식별이 가능하므로 선박 충돌방지에 효과적이다.

**228** 선박침수 시 조치사항에 대한 설명 중 가장 옳지 않은 것은?

갑. 즉각적인 퇴선조치
을. 침수원인 확인 후 응급조치
병. 수밀문을 밀폐
정. 모든 수단을 이용하여 배수

> 해설  선박침수 사고 시에는 침수 부위를 파악하여 모든 수단을 이용하여 배수하며, 용접 등 침수 부위를 방수한 후 수밀문을 작동하고, 곧바로 선박수리소 등으로 이동해야 한다. 조치나 체크 없이 곧바로 퇴선하는 것은 큰 위험을 부를 수 있다.

**229** 다음 중 시정이 제한된 상태가 아닌 것은?

갑. 안개 속일 때
을. 침로 전면에 안개덩이가 있는 때
병. 눈보라가 많이 내리는 때
정. 해안선이 복잡하여 시야가 막히는 때

> 해설  시정은 대기나 수괴의 혼탁도를 나타내는 척도이다. 따라서 지형의 복잡성에 의해서 시야가 보이지 않는 것과는 거리가 멀다.

**230** 유속 5노트의 해류를 뒤에서 받으며, GPS로 측정한 선속이 15노트라면, 대수속력(S)과 대지속력(V)은 얼마인가?

갑. S=10노트, V=15노트
을. S=10노트, V=10노트
병. S=20노트, V=5노트
정. S=15노트, V=15노트

> 해설  선박이 수면상을 지나는 속력을 대수속력이라고 하며, 선박이 외력 등의 영향으로 인하여 움직이지 않는 지면에 대하여 나타나는 속력을 대지속력이라 한다. GPS는 대지속력을 측정하므로, 15노트는 대지속력이 되며, 대지속력(15노트)에서 외력(5노트)을 빼면 10노트는 대수속력이 된다.

**231** 보트나 부이에 국제신호서상 A기가 게양되어 있을 때, 깃발이 뜻하는 의미로 옳은 것은?

갑. 스쿠버다이빙을 하고 있다.
을. 낚시를 하고 있다.
병. 수상스키를 타고 있다.
정. 모터보트 경기를 하고 있다.

> 해설  A  : 잠수부를 내리고 있습니다. 미속으로 충분히 피해주세요.

**232** 선외기 등을 장착한 활주형 선박에서 운항 중 선회하는 경우 선체경사로 옳은 것은?

갑. 외측경사
을. 내측경사
병. 외측경사 후 내측경사
정. 내측경사 후 외측경사

> **해설** 선회하려는 방향의 안쪽으로 경사하는 것을 내방(내측)경사, 바깥쪽으로 경사하는 것을 외방(외측)경사라고 한다. 직진 중인 선박이 전타를 행하면, 초기에 수면 상부의 선체는 내방경사하며, 선회를 계속하면 선체는 각속도로 정상 선회를 하며 외방경사하게 된다.

**233** 모터보트를 계류장에 접안할 때 주의사항으로 옳지 않은 것은?

갑. 타선의 닻줄 방향에 유의한다.
을. 선측 돌출물을 걷어 들인다.
병. 외력의 영향이 작을 때 접안이 쉽다.
정. 선미접안을 먼저 한다.

> **해설** 접안은 시험선을 계류할 수 있도록 접안위치에 정지하는 동작이다. 계류장에 접안할 때에는 선수를 먼저 접안한 후 선미를 접안한다.

**234** 모터보트의 조타설비에 대한 설명으로 옳은 것은?

갑. 무게를 측정하기 위한 설비
을. 크기를 측정하기 위한 설비
병. 운항 방향을 제어하는 설비
정. 강도를 측정하기 위한 설비

> **해설** 모터보트의 조타설비는 운동 방향을 제어하는 설비를 말한다.

**235** 다음 중 모터보트의 현재 위치 측정방법으로 가장 정확한 방법은?

갑. 위성항법장치(GPS)
을. 어군탐지기
병. 해안선
정. 수심측정기

> **해설**
> GPS(Global Positioning System)
> 위성항법장치로, 위치 측정에 이용되는 항해계기이다. 선박의 위도, 경도, 고도 등의 위치정보와 대지속도 정보를 제공한다.

**236** 선체의 가장 넓은 부분에 있어서 양현 외판의 외면에서 외면까지의 수평거리는?

갑. 전 폭
을. 전 장
병. 건 현
정. 수선장

> **해설**
> 구전폭(Extreme Breadth)
> 선체의 제일 넓은 부분에 있어서 양현 외판의 외면으로부터 외면까지의 수평 거리, 선박의 조종이나 입거 시 사용된다.

**237** 항해 시 변침 목표물로 옳지 않은 것은?

갑. 등 대
을. 부 표
병. 입 표
정. 산꼭대기

> **해설**
> 변침 목표물로는 위치가 이동되기 때문에 적절하지 않은 부표 등은 피하고, 등대, 섬, 입표, 산봉우리 등을 택한다.

**238** 시정이 제한된 상태에서 지켜야 할 것으로 옳은 것은?

갑. 안전속력
을. 최저속력
병. 안전묘박
정. 제한속력

> **해설**
> 안전속력
> 충돌을 피하기 위하여 적절하고 효과적인 동작을 취하거나 당시의 상황에 알맞은 거리에서 선박을 멈출 수 있는 속력이다.

정답  235 갑  236 갑  237 을  238 갑

**239** 선박에서 상대방위란 무엇인가?

**갑. 선수를 기준으로 한 방위**
을. 물표와 물표 사이의 방위각 차
병. 나북을 기준으로 한 방위
정. 진북을 기준으로 한 방위

> 해설 상대방위는 자선의 선수를 0°로 하여 시계방향으로 360°까지 측정 또는 좌현, 우현으로 180°까지 측정하는 것이다.

**240** 안전한 항해를 위해 변침 지점과 물표를 미리 선정해 둘 때 주의사항으로 옳지 않은 것은?

**갑. 변침 후 침로와 거의 평행 방향에 있고 거리가 먼 것을 선정한다.**
을. 변침하는 현측 정횡 부근의 뚜렷한 물표를 선정한다.
병. 곶, 등부표 등은 불가피한 경우가 아니면 이용하지 않는다.
정. 물표가 변침 후의 침로 방향에 있는 것이 좋다.

> 해설 변침물표는 변침 시 자선의 위치를 파악하는 기준이 되며, 물표가 변침 후의 침로 방향에 있고 그 침로와 평행인 방향에 있으면서 거리가 가까운 것을 선정한다.

**241** 자이로컴퍼스(Gyro Compass)의 특징 및 작동법에 관한 설명으로 옳지 않은 것은?

갑. 자이로컴퍼스는 고속으로 회전하는 회전체를 이용하여 진북을 알게 해주는 장치이다.
을. 스페리식 자이로컴퍼스를 사용하고자 할 때에는 4시간 전에 기동하여야 한다.
**병. 자이로컴퍼스는 자기 컴퍼스와 다르게 어떠한 오차도 없다.**
정. 방위를 간단히 전기신호로 바꿀 수 있어 여러 개의 리피터 컴퍼스를 동작시킬 수 있다.

> 해설 자이로컴퍼스는 자기 컴퍼스에서 나타나는 편차나 자차는 없지만, 위도 오차, 속도 오차, 가속도 오차 등을 가지고 있으므로 항해 중 오차 유무를 확인하여야 한다.

**242** 항해 중 임의물표의 방위를 측정하여 선박의 위치를 구하고자 한다. 선위 측정에 필요한 항해장비는?

갑. 음향 측심기(Echo Sounder)
**을. 자기 컴퍼스(Magnetic Compass)**
병. 육분의(Sextant)
정. 도플러 로그(Doppler Log)

> 해설
> - 음향 측심기(Echo Sounder) : 음파를 빔 형태로 해저에 발사, 해저에 반사되어 돌아오는 반사파의 소요 시간을 측정하여 수심 측정
> - 육분의(Sextant) : 천체를 이용하여 위치를 산출할 때 천체의 고도를 측정하는 항해계기
> - 도플러 로그(Doppler Log) : 송신된 신호와 수신된 신호 사이의 주파수 변화량에 의해 속도 측정

**243** 레이더 화면의 영상을 판독하는 방법에 대한 설명으로 가장 옳지 않은 것은?

**갑. 상대선의 침로와 속력 변경으로 인해 상대방위가 변화하고 있다면 충돌의 위험이 없다고 가정한다.**
을. 다른 선박의 침로와 속력에 대한 정보는 일정한 시간 간격을 두고 계속적인 관측을 해야 한다.
병. 해상의 상태나 눈, 비로 인해 영상이 흐려지는 부분이 생길 수 있다는 것도 알고 있어야 한다.
정. 방위 변화가 거의 없고 거리가 가까워지고 있으면 상대선과 충돌의 위험성이 있다는 것이다.

> 해설
> 상대선의 침로와 속력의 변경으로 인해 상대방위가 변화하고 있다고 하여 충돌의 위험이 없을 것으로 가정해서는 안 되며, 컴퍼스 방위와 거리를 서로 관련하여 판단해야 한다.

**244** 초단파(VHF) 통신설비를 갖춘 수상레저기구의 무선통신 방법으로 가장 옳은 것은?

갑. 송신 전력은 가능한 한 최대 전력으로 사용해야 한다.
을. 중요한 단어나 문장을 반복해서 말하는 것이 좋다.
**병. 채널 16은 조난, 긴급, 안전 호출용으로만 사용되어야 한다.**
정. 조난 통신을 청수할 때에는 즉시 채널을 변경한다.

> 해설
> 송신을 시작하기 전에 그 채널이 사용 중인지 확인해야 하며, 수신국의 특별한 요청이 없는 한 단어나 구문을 반복하지 말아야 한다. 채널 16은 조난, 긴급 및 안전에 관하여 교신할 때에만 호출해야 하고 조난 호출 및 통신을 청수한 때에는 다른 모든 통신을 중단하고 계속 청수해야 한다.

정답  242 을  243 갑  244 병

**245** 위성항법장치(GPS) 플로터에 대한 설명으로 가장 옳지 않은 것은?

갑. GPS 플로터의 모든 해도는 선위확인 등 안전한 항해를 위한 목적으로 사용할 수 있다.
을. GPS 위성으로부터 정보를 수신하여 자선의 위치, 시간, 속도 등이 표시된다.
병. 표시된 데이터로 선박항해에 필요한 정보를 제공한다.
정. 화면상에 각 항구의 해도와 경위도선, 항적 등을 표시할 수 있다.

> **해설** 국내 보급된 일반적인 GPS 플로터에 내장된 전자해도는 간이전자해도로서 항해 보조용으로 제작된 것이 많다. 운용자가 안전한 항해를 위해서는 반드시 국가기관의 승인을 받은 정규해도를 사용해야 한다.

**246** 모터보트가 저속으로 항해할 때 가장 크게 작용하는 선체저항은?

갑. 마찰저항        을. 조파저항
병. 조와저항              정. 공기저항

> **해설** 마찰저항은 선체 표면이 물에 부딪혀 선체 진행을 방해하여 생기는 저항으로, 저속으로 항해할 때 가장 큰 비중을 차지한다.

**247** 모터보트에 승선 및 하선을 할 때 주의사항으로 옳지 않은 것은?

갑. 부두에 있는 사람이 모터보트를 붙잡아 선체가 움직이지 않도록 한 후 승선한다.
을. 모터보트의 선미쪽 부근에서 1명씩 자세를 낮추어 조심스럽게 타고 내려야 한다.
병. 승선할 때에는 모터보트와 부두 사이의 간격이 안전하게 승선할 수 있는지 확인한다.
정. 승선 위치는 전후좌우의 균형을 유지하도록 가능한 한 낮은 자세를 취한다.

> **해설** 모터보트의 중앙부 부근에서 1명씩 자세를 낮추어 조심스럽게 타고 내려야 한다. 뛰어서 타고 내리는 것은 매우 위험하다.

**248** 소형 모터보트의 중·고속에서의 직진과 정지에 대한 설명으로 가장 옳지 않은 것은?

갑. 키는 사용한 만큼 반드시 되돌려야 하고, 침로 수정은 침로선을 벗어나기 전에 한다.
~~을.~~ 침로유지를 위한 목표물은 가능한 한 가까운 쪽에 있는 목표물을 선정한다.
병. 키를 너무 큰 각도로 돌려서 사용하는 것보다 필요한 만큼 사용한다.
정. 긴급 시를 제외하고는 급격한 감속을 해서는 안 된다.

> **해설** 중·고속 직진에서의 침로유지를 위한 목표물 설정은 직선 침로를 똑바로 항주하기 위해서 가능한 한 먼 쪽에 있는 목표물을 설정하고, 그 목표물과 선수가 계속 일직선이 되도록 조정한다.

**249** 모터보트의 선회 성능에 대한 설명으로 가장 옳지 않은 것은?

갑. 속력이 느릴 때 선회 반경이 작고 빠를 때 크다.
을. 선회 시는 선체 저항의 증가로 속력은 떨어진다.
병. 타각이 클 때보다 작을 때 선회 반경이 크다.
~~정.~~ 프로펠러가 1개인 경우 좌우의 선회권의 크기는 차이가 없다.

> **해설** 어떤 속력으로 직진 중에 일정량의 타각을 사용했을 때 어떻게 선회하는가를 파악하는 것은 모터보트 조종 상 중요한 일이다. 좌우의 선회권은 프로펠러의 회전 방향에 따라 약간의 차이를 나타낸다.

**250** 모터보트에서 사람이 물에 빠졌을 때 인명구조 방법으로 가장 옳지 않은 것은?

~~갑.~~ 익수자 발생 반대 현측으로 선수를 돌린다.
을. 익수자 쪽으로 계속 선회 접근하되 미리 정지하여 타력으로 접근한다.
병. 익수자가 선수에 부딪히지 않아야 하고 발생 현측 1미터 이내에서 구조할 수 있도록 조정한다.
정. 선체 좌우가 불안정할 경우 익수자를 선수 또는 선미에서 끌어올리는 것이 안전하다.

> **해설** 사람이 물에 빠지면 물에 빠진 현측으로 선수를 돌리면서 익수자 쪽으로 계속 선회 접근하되, 미리 정지하여 타력으로 접근한다.

정답  248 을  249 정  250 갑

251 모터보트를 조종할 때 활주 상태에 대한 설명으로 가장 옳은 것은?

갑. 정지된 상태에서 속도전환 레버를 조작하여 전진 또는 후진하는 것
을. 속력을 증가시키면 양력이 증가되어 가벼운 선수 쪽에 힘이 미치게 되어 선수가 들리는 상태
병. 모터보트의 속력과 양력이 증가되어 선수 및 선미가 수면과 평행상태가 되는 것
정. 선회 초기에 선미는 타를 작동하는 반대 방향으로 밀려나는 것

> 해설  속력을 고속으로 증가하면, 모터보트의 양력 역시 증가되어 미치는 힘이 후부로 이동되며 선미까지 들려서 선수와 선미가 평형에 가까운 상태가 되는 것을 활주 상태라고 한다.

252 다음의 그림이 의미하는 것은?

갑. 비상집합장소  을. 강하식탑승장치
병. 비상구조선  정. 구명뗏목

> 해설  선박구명설비기준(해양수산부고시 제2020-241호) 제127조 제3항 별표13(구명설비의 비치장소의 표시)
> 비상집합장소(MUSTER STATION) : 선박비상상황 발생 시 탈출을 위해 모이는 장소

253 여객이나 화물을 운송하기 위하여 쓰이는 용적을 나타내는 톤수는?

갑. 총톤수  을. 순톤수
병. 배수톤수  정. 재화중량톤수

> 해설  순톤수(Net Tonnage)
> 순수하게 여객이나 화물의 운송을 위하여 제공되는 실제의 용적을 나타내기 위하여 사용되는 지표로서, 항만 시설 사용료 등의 산정 기준이며, 화물 적재 장소의 용적에 대한 톤수와 여객 정원수에 따른 톤수의 합으로 나타낼 수 있다.

**254** 바람이나 조류가 모터보트의 움직임에 미치는 영향에 관한 설명 중 가장 올바른 것은?

갑. 바람과 조류는 모두 모터보트를 이동만 시킨다.
**을. 바람은 회두를 일으키고 조류는 모터보트를 이동시킨다.**
병. 바람은 모터보트를 이동시키고 조류는 회두를 일으킨다.
정. 바람과 조류는 모두 회두만을 일으킨다.

> **해설** 바람에 의해서도 모터보트가 떠밀리기도 하지만 주로 선수를 편향시켜 회두를 일으키고, 조류는 조류가 흘러오는 반대방향으로 모터보트를 밀리게 한다.

**255** 모터보트를 조종할 때 조류의 영향을 설명한 것 중 가장 옳지 않은 것은?

갑. 선수 방향의 조류는 타효가 좋다.
을. 선수 방향의 조류는 속도를 저하시킨다.
**병. 선미 방향의 조류는 조종 성능이 향상된다.**
정. 강조류로 인한 보트 압류를 주의해야 한다.

> **해설** 조류가 빠른 수역에서 선수 방향의 조류(역조)는 타효가 커서 조종이 잘되지만, 선미 방향의 조류(순조)는 조종 성능이 저하된다.

**256** 다른 동력수상레저기구 또는 선박을 추월하려는 경우에는 추월당하는 기구의 진로를 방해하여서는 안 된다. 이때 두 선박 간의 관계에 대한 설명으로 가장 옳지 않은 것은?

갑. 운항규칙상 2미터 이내로 근접하여 운항하면 안 된다.
을. 가까이 항해 시 두 선박 간에 당김, 밀어냄, 회두 현상이 일어난다.
병. 선박의 상호간섭작용이 충돌 사고의 원인이 된다.
**정. 선박 크기가 다를 경우 큰 선박이 훨씬 큰 영향을 받는다.**

> **해설** 두 선박이 서로 가깝게 마주치거나 추월할 때 선박 주위의 압력 변화로 당김·밀어냄·회두 현상이 발생할 우려가 있는데, 이를 선박의 상호간섭작용이라고 부르며 충돌사고의 원인이 된다. 소형선이 특히 주의해야 한다.

정답 254 을  255 병  256 정

**257** 평수구역을 항해하는 총톤수 2톤 이상의 소형선박에 반드시 설치해야 하는 무선통신 설비는?

갑. **초단파대 무선설비**
을. 중단파(MF/HF) 무선설비
병. 위성통신설비
정. 수색구조용 레이더 트랜스폰더(SART)

> 해설: 평수구역을 항해구역으로 하는 선박은 초단파대 무선설비(무선전화 및 디지털 선택호출장치)를 설치하여야 한다.

**258** 황천으로 항해가 곤란할 때 바람을 선수 좌·우현 25~35°로 받으며 타효가 있는 최소한의 속력으로 전진하는 것을 무엇이라고 하는가?

갑. **히브 투(Heave to)**
을. 스커딩(Scudding)
병. 라이 투(Lie to)
정. 브로칭 투(Broaching to)

> 해설: 히브 투는 선체의 동요를 줄이고 파도에 대하여 자세를 취하기 쉬우며 풍하측으로 표류가 적다. 그러나 선수에 파로 인한 충격이 있고 해수가 갑판으로 올라오며, 너무 감속하면 정횡 방향으로 파를 받을 우려가 있다는 단점이 있다.

**259** 다음 중 야간항해 시 주의사항으로 가장 옳지 않은 것은?

갑. 양 선박이 정면으로 마주치면 서로 오른쪽으로 변침하여 피한다.
을. **다른 선박을 피할 때에는 소각도로 변침한다.**
병. 기본적인 항법 규칙을 철저히 이행한다.
정. 적법한 항해등을 점등한다.

> 해설: 항법의 적용에 있어 다른 선박을 피할 때에는 대각도로 변침한다.

**260** 풍랑을 선미 좌·우현 25~35°에서 받으며, 파에 쫓기는 자세로 항주하는 것을 무엇이라고 하는가?

갑. 히브 투
을. 스커딩
병. 라이 투
정. 러 칭

> 해설: 스커딩은 선체가 받는 충격 작용이 현저히 감소하고 상당한 속력을 유지할 수 있으나 선미 추파에 의하여 해수가 갑판을 덮칠 수 있다.

**261** 계류 중인 동력수상레저기구 인근을 통항하는 선박 또는 동력수상레저기구가 유의하여야 할 내용으로 옳지 않은 것은?

갑. 통항 중인 레저기구는 가급적 저속으로 통항한다.
을. 계류 중인 레저기구는 계선줄 등을 단단히 고정한다.
병. 통항 중인 레저기구는 가능한 한 접안선 가까이 통항한다.
정. 계류 중인 레저기구는 펜더 등을 보강한다.

> 해설: 통항선은 되도록 저속으로 통항하고, 가능하면 접안선으로부터 멀리 떨어져서 안전하게 항행한다.

**262** 동력수상레저기구 화재 시 소화 작업을 위한 조종방법으로 가장 옳지 않은 것은?

갑. 선수부 화재 시 선미에서 바람을 받도록 조종한다.
을. 상대풍속이 0이 되도록 조종한다.
병. 선미 화재 시 선수에서 바람을 받도록 조종한다.
정. 중앙부 화재 시 선수에서 바람을 받도록 조종한다.

> 해설: 소화 작업 중 화재가 확산되지 않도록 상대풍속이 0이 되도록 선박을 조종하는 것이 원칙이다. 즉, 선수 화재 시 선미에서, 선미 화재 시 선수에서, 중앙부 화재 시 정횡에서 바람을 받으며 소화작업을 해야 한다.

**263** 동력수상레저기구는 위험물 운반선 부근을 통항 시 멀리 떨어져서 운항하여야 한다. 위험물 운반선의 국제 문자 신호기로 옳은 것은?

갑. A기(왼쪽 흰색 바탕 | 오른쪽 파랑색 바탕 < 모양)
**을. B기(빨간색 바탕 기류, 오른쪽 < 모양)**
병. Q기(노란색 바탕 사각형 기류)
정. H기(왼쪽 흰색 바탕 | 오른쪽 빨간색 바탕 사각형 기류)

해설
- A기 : 본선은 잠수부를 내렸다.
- Q기 : 검역허가 요청
- H기 : 본선은 도선사를 태우고 있다.
※ 185번 해설 참고

**264** 해양사고가 발생하였을 경우 수상레저기구를 구조정으로 활용한 인명구조 방법으로 가장 옳지 않은 것은?

**갑. 가능한 한 조난선의 풍상쪽 선미 또는 선수로 접근한다.**
을. 접근할 때 충분한 거리를 유지하며 계선줄을 잡는다.
병. 구조선의 풍하 현측으로 이동하여 구조자를 옮겨 태운다.
정. 조난선에 접근 시 바람에 의해 압류되는 것을 주의한다.

해설
대형 구조선은 조난선의 풍상 측에 접근하되 바람에 의해 압류되는 것을 주의하여야 한다. 구조정은 조난선의 풍하쪽 선미 또는 선수에 접근하여 충분한 거리를 유지하면서 계선줄을 잡은 다음, 구명부환의 양단에 로프를 연결하여 조난선의 사람을 옮겨 태운다. 구조선에 구조정이 접근할 때에는 구조선의 풍하 현측으로 접근하여 구조자를 옮겨 태운다.

**265** 바다에 사람이 빠져 수색 중인 선박에 게양되어 있는 국제 기류 신호는 무엇인가?

갑. F기(흰색 바탕에 마름모꼴 빨간색 모양 기류)
을. H기(왼쪽 흰색 바탕 | 오른쪽 빨간색 바탕 사각형 기류)
병. L기(왼쪽 위 노란색, 아래 검정색 | 오른쪽 상단 검정색, 아래 노란색)
**정. O기(왼쪽 아래 노란색, 오른쪽 위 빨간색 사선 모양 기류)**

- F기 : 본선은 조종할 수 없다(조종불능선 의미).
- H기 : 수로 안내인을 태우고 있다.
- L기 : 귀선은 즉시 정선하라(경비함정 등에서 선박 임검을 실시할 때 멈추라는 의미로 사용).
- O기 : 바다에 사람이 빠졌다.

※ 185번 해설 참고

**266** 동력수상레저기구 운항 중 전방의 선박에서 단음 1회의 음향신호 또는 단신호 1회의 발광신호를 인식했을 때에 대한 상황으로 가장 옳은 것은?

갑. 우현 변침 중이라는 의미
을. 좌현 변침 중이라는 의미
병. 후진 중이라는 의미
정. 정지 중이라는 의미

단음 1회를 인식한 선박은 변침 협조 동작을 취해주는 것이 좋다.
- 우현 변침 중 : 단음 1회(기류 E기)
- 좌현 변침 중 : 단음 2회(기류 I기)
- 후진 중 : 단음 3회(기류 S기)

**267** 동력수상레저기구 운항 중 조난을 당하였을 경우 조난 신호로서 가장 옳지 않은 것은?

갑. 야간에 손전등을 이용한 모르스 부호(SOS) 신호
을. 인근 선박에 좌우로 벌린 팔을 상하로 천천히 흔드는 신호
병. 초단파(VHF) 통신 설비가 있을 때 메이데이라는 말의 신호
정. 백색 등화의 수직 운동에 의한 신체 동작 신호

백색 등화의 수직 운동에 의한 신체 동작 신호는 조난 신호가 아니라 조난자를 태운 보트를 유도하기 위한 신호로 '이곳은 상륙하기에 좋은 장소이다'라는 의미이며, 반대로 상륙하기 위험하다는 신체 동작 신호는 백색 등화의 수평 운동을 하면 된다.

정답 266 갑 267 정

**268** 해상에서 선박이 항해한 거리를 나타낼 때 사용하는 단위는 무엇인가?

갑. 노트
을. 미터
병. 해리
정. 피트

> 해설 해상에서의 거리단위는 해리를 사용한다. 노트는 선박의 속력을 나타내는 단위이다.

**269** 연안항해에서 선위를 측정할 때 가장 부정확한 방법은 무엇인가?

갑. 한 목표물의 레이더 방위와 거리에 의한 방법
을. 레이더 거리와 실측 방위에 의한 방법
병. 둘 이상 목표물의 레이더 거리에 의한 방법
정. 둘 이상 목표물의 레이더 방위에 의한 방법

> 해설 목표물의 레이더 방위에 의한 선위 측정 방법은 정확도가 떨어진다. 가장 정확한 방법은 레이더 거리와 실측 방위에 의한 방법이다.

**270** 선박이 우현쪽으로 둑에 접근할 때 선수가 받는 영향은 무엇인가?

갑. 우회두한다.
을. 흡인된다.
병. 반발한다.
정. 영향이 없다.

> 해설 선박이 우현쪽으로 둑에 접근할 때 선수는 반발한다.

**271** 전타 선회 시 제일 먼저 생기는 현상은 무엇인가?

갑. 킥(Kick)
을. 종거
병. 선회경
정. 횡거

> 해설 킥 현상이 가장 먼저 발생한다. 선체는 선회 초기에 원침로로부터 타각을 준 바깥쪽으로 약간 밀리는데, 이러한 원침로상에서 횡방향으로 벗어난 거리를 킥이라고 한다.

정답  268 병  269 정  270 병  271 갑

**272** 조석과 조류에 대한 설명으로 옳지 않은 것은?

갑. 조석으로 인한 해수의 주기적인 수평운동을 조류라 한다.
을. 조류가 암초나 반대 방향의 수류에 부딪혀 생기는 파도를 급조라 한다.
병. 좁은 수로 등에서 조류가 격렬하게 흐르면서 물이 빙빙 도는 것을 반류라 한다.
정. 같은 날의 조석이 그 높이와 간격이 같지 않은 현상을 일조부등이라 한다.

 병 : 와류에 대한 설명이다.

**273** 음향표지 또는 무중신호에 대한 설명으로 옳지 않은 것은?

갑. 밤에만 작동한다.
을. 사이렌이 많이 쓰인다.
병. 공중음신호와 수중음신호가 있다.
정. 일반적으로 등대나 다른 항로표지에 부설되어 있다.

 음향표지 또는 무중신호는 주·야간 모두 작동한다.

**274** 우리나라의 우현표지에 대한 설명으로 옳은 것은?

갑. 우측항로가 일반적인 항로임을 나타낸다.
을. 공사구역 등 특별한 시설이 있음을 나타낸다.
병. 고립된 장애물 위에 설치하여 장애물이 있음을 나타낸다.
정. 항행하는 수로의 우측 한계를 표시하므로, 표지 좌측으로 항행해야 안전하다.

 우현표지란 측방표지의 하나로, 표지의 위치가 항로의 오른쪽 한계에 있음을 의미한다. 표지의 왼쪽에 가항수역이 있고 오른쪽에 암초·침선 등 장애물이 있다.

**275** 두 지점 사이의 실제 거리와 해도에서 이에 대응하는 두 지점 사이의 거리의 비는 무엇인가?

갑. 축 척
을. 지 명
병. 위 도
정. 경 도

해설 두 지점 사이의 실제 거리와 해도에서 이에 대응하는 두 지점 사이의 거리 비를 축척이라 한다.

**276** 점장도에 대한 설명으로 옳지 않은 것은?

갑. 항정선이 직선으로 표시된다.
을. 침로를 구하기에 편리하다.
병. 두 지점 간의 최단거리를 구하기에 편리하다.
정. 자오선과 거등권은 직선으로 나타낸다.

해설 두 지점 간의 최단거리를 구하기에 편리한 도법은 대권도법이다.

**277** 「항로표지의 기능 및 규격에 관한 기준」상 안전수역표지에 대한 설명으로 옳지 않은 것은?

갑. 두표는 하나의 적색구이다.
을. 모든 주위가 가항 수역이다.
병. 등화는 3회 이상의 황색 섬광등이다.
정. 중앙선이나 수로의 중앙을 나타낸다.

해설 등화는 황색이 아닌 백색이다.

**278** 비상위치 지시용 무선표지설비(EPIRB)에 대한 설명으로 옳지 않은 것은?

갑. 선박이 침몰할 때 떠올라서 조난신호를 발신한다.
을. 위성으로 조난신호를 발신한다.
병. 조타실 안에 설치되어 있어야 한다.
정. 자동작동 또는 수동작동 모두 가능하다.

> **해설** 비상위치 지시용 무선표지설비(EPIRB)
> 조타실이 아니라 선교(Top Bridge)에 설치되어 있어야 한다. 선박이 침몰했을 때 자동으로 부상하여 COSPAS-SARSAT 위성을 통해 조난신호를 전송한다.

**279** 복원력이 증가함에 따라 나타나는 영향에 대한 설명으로 옳지 않은 것은?

갑. 화물이 이동할 위험이 있다.
을. 승무원의 작업능률을 저하시킬 수 있다.
병. 선체나 기관 등이 손상될 우려가 있다.
정. 횡요 주기가 길어진다.

> **해설** 복원력은 선박이 다시 평형상태로 되돌아가려는 방향으로 작용하는 힘을 말한다. 복원력이 증가하면 횡요 주기는 짧아지게 된다.

**280** 좁은 수로나 항만의 입구 등에 2~3개의 등화를 앞뒤로 설치하여 그 중시선에 의해 선박을 인도하도록 하는 것은?

갑. 부 등
을. 도 등
병. 임시등
정. 가 등

> **해설**
> • 부등 : 풍랑이나 조류 때문에 등부표를 설치하거나 관리하기가 곤란한 지점으로부터 가까운 등대가 있는 경우에 그 등대에 강력한 투광기를 설치하여 위험구역을 유색등으로 표시하는 등화
> • 임시등 : 선박의 출입이 많지 않은 항구 등에 갑자기 출입항선이 많아질 경우 임시로 점등하는 등
> • 가등 : 등대의 개축공사 중에 임시로 가설하는 등

# 03 기 관

**281** 다음 중 기관의 배기가스가 흰색이 되는 원인은?

~~갑~~. 연료유 중에 수분이 혼입되었을 경우
을. 냉각수가 부족한 경우
병. 기관에 과부하가 걸렸을 경우
정. 베어링 등의 운동부가 발열되었을 경우

> **해설** 배기가스 색이 흰색이 되는 원인은 연소과정에서 수분이 혼입되었기 때문이다.

**282** 내연기관의 열효율을 높이기 위한 조건 중 옳지 않은 것은?

갑. 배기로 배출되는 열량을 적게 한다.
~~을~~. 압축압력을 낮춘다.
병. 용적효율을 좋게 한다.
정. 연료분사를 좋게 한다.

> **해설** 내연기관의 열효율을 높이기 위한 조건
> - 연소 전에 압축압력이 높을수록
> - 연소가 상사점에서 일어날수록
> - 연료분사상태가 좋을수록
> - 연소기간이 짧을수록
> - 공연비가 좋을수록
> - 용적효율이 좋을수록

**283** 4행정 사이클 기관에서 크랭크축을 회전시켜 동력을 발생시키는 행정은?

갑. 흡입행정 을. 압축행정
~~병~~. 폭발행정 정. 배기행정

> **해설** 4행정 사이클기관에서 실제 연소에 의해 동력을 발생하는 행정은 폭발행정이고, 나머지 행정은 이때 발생한 동력을 플라이휠에 저장하여 관성으로 움직이게 된다.

102 PART 01 | 필기시험 문제은행 700제          281 갑  282 을  283 병   **정답**

**284** 디젤기관의 압축압력이 저하하는 원인으로 옳지 않은 것은?

갑. 실린더 라이너의 마모가 클 때
을. 피스톤 링의 마모, 절손 또는 고착되었을 때
병. 배기밸브와 밸브시트의 접촉이 안 좋을 때
정. 배기밸브 타펫 간격(Tappet Clearance)이 너무 클 때

> **해설** 디젤기관의 압축압력은 타펫 간격과는 직접적인 관련이 없다.
> **타펫 간격(Tappet Clearance)**
> 밸브 스템(Valve Stem) 상부와 로커 암(Rocker Arm) 사이의 간격을 의미한다. 타펫 간격이 너무 좁을 경우 밸브 스템이 팽창하여, 밸브가 완전히 닫히지 않아 압축압력이 누출되기도 한다.

**285** 엔진의 냉각수 계통에서 자동온도조절기(서모스텟)의 역할 중 가장 옳지 않은 것은?

갑. 과열 및 과냉각을 방지한다.
을. 오일의 열화방지 및 엔진의 수명을 연장시킨다.
병. 냉각수의 소모를 방지한다.
정. 냉각수의 녹 발생을 방지한다.

> **해설** 자동온도조절기(서모스텟)의 기능으로 녹 발생 방지와는 거리가 멀다.

**286** 디젤엔진 연소실 내에 연료분사가 되지 않는 원인으로 옳지 않은 것은?

갑. 연료유 관내의 프라이밍이 불충분할 때
을. 연료 여과기의 오손이 심할 때
병. 연료탱크 내에 물이 들어가거나 연료탱크의 밸브가 잠겼을 때
정. 공기탱크 압력이 낮아졌을 때

> **해설** 연료분사와 공기탱크의 압력은 서로 무관하다.

**287** 가솔린기관 배기가스 소음을 줄이는 방법으로 옳지 않은 것은?

갑. 배기가스의 팽창
을. 배기가스의 노즐을 통한 분출
병. 배기가스의 냉각
정. 배기가스의 팽창과 냉각

> 해설: 배기가스 배출 소음을 줄이는 대책은 가스의 온도와 압력을 낮추고, 맥동현상을 감쇄시키는 것이다. 이를 위해 배기가스를 냉각·팽창·저항·공명·흡수·간섭하는 방법이 있다.

**288** 다음 중 멀티테스터기로 직접 측정할 수 없는 것은?

갑. 직류전압
을. 직류전류
병. 교류전압
정. 유효전력

> 해설: 멀티테스터기는 전압·전류·저항 등의 값을 하나의 계기로 측정할 수 있게 만든 기기로, 회로 시험기라고도 한다.

**289** 추진기 날개면이 거칠어졌을 때 추진기 성능에 미치는 영향으로 옳지 않은 것은?

갑. 추력이 증가한다.
을. 소요 토크가 증가한다.
병. 날개면에 대한 마찰력이 증가한다.
정. 캐비테이션을 유발한다.

> 해설: 추진기의 날개면이 거칠면 마찰저항이 커지므로 소요 토크는 증가한다. 또한 추력이 감소되고 캐비테이션을 유발하여 추진효율이 떨어진다.

**290** 디젤기관의 취급불량에 의한 크랭크축의 손상원인 중 가장 옳지 않은 것은?

갑. 과부하운전, 노킹의 발생
을. 장시간 저속운전
병. 축 중심의 부정, 유간극의 부정
정. 시동시의 충격, 장시간 위험회전수에서 운전

> 해설 장시간 저속운전은 불완전 연소의 원인이 된다.

**291** 다음 가솔린 엔진의 녹킹과 조기점화에 관한 내용 중 옳지 않은 것은?

갑. 녹킹과 조기점화는 서로 인과관계는 있으나 그 현상은 전혀 다르다.
을. 혼합기가 점화플러그 이외의 방법에 의해 점화되는 것을 조기점화라 한다.
병. 가솔린엔진의 녹킹은 혼합기의 자연발화에 의하여 일어난다.
정. 조기점화는 연료의 종류로 억제한다.

> 해설 가솔린기관의 녹킹이란 연료가 조기점화되어 일시에 급속한 연소를 일으키고, 이때 발생한 음속을 넘는 충격파가 연소실 벽에 반사되어 소리나는 것을 말한다.

**292** 디젤기관에서 짙은 흑색(검정색) 배기색이 나타나는 원인으로 옳지 않은 것은?

갑. 소기(흡기) 압력이 너무 높을 때
을. 분사시기와 분사상태가 불량하여 불완전 연소가 일어날 때
병. 과부하 운전을 하고 있을 때
정. 연소에 필요한 공기량이 부족할 때

> 해설 배기색이 흑색이 될 때의 원인
> • 분사시기와 분사상태가 불량하여 불완전 연소가 일어날 때
> • 과부하 운전을 하고 있을 때
> • 연소에 필요한 공기량이 부족할 때
> • 흡배기 밸브 누설, 소음기 오손, 소기(흡기) 압력이 낮을 때

정답 290 을  291 갑  292 갑

**293** 디젤기관에서의 연료소비율을 설명한 것 중 옳은 것은?

갑. 기관이 1시간에 소비하는 연료량
을. 연료의 시간당 발열량
**병. 기관이 1시간당 1마력을 얻기 위해 소비하는 연료량**
정. 기관이 1실린더당 1시간에 소비하는 연료량

> 해설
> 연료소비율은 출력 1PS(미터마력)당 1시간마다 소비하는 연료의 양을 뜻한다(단위 : g/PS·h).

**294** 가솔린 기관에서 노크와 같이 연소화염이 매우 고속으로 전파하는 현상은?

**갑. 데토네이션(Detonation)**
을. 와일드 핑(Wild ping)
병. 럼블(Rumble)
정. 케비테이션(Cavitation)

> 해설
> 갑. 데토네이션(Detonation) 또는 가솔린 노킹이라고 한다.
> 을. 와일드 핑(Wild Ping) : 노킹과 과조 착화가 동시에 일어나는 현상이다.
> 병. 럼블(Rumble) : 연소실이 깨끗하지 않을 때 생기며, 노크음과 다르게 둔하고 강한 충격음이 발생한다.
> 정. 케비테이션(Cavitation) : 액체 내에 증기 기포가 발생하는 현상이다.

**295** 내연기관을 장기간 저속으로 운전하는 것이 곤란한 이유로 옳지 않은 것은?

갑. 실린더 내 공기압축의 불량으로 불완전 연소가 일어난다.
을. 연소온도와 압력이 낮아 열효율이 낮아진다.
병. 연료분사펌프의 작동이 불량하여 연료분사상태가 불량해진다.
**정. 크랭크축의 회전속도가 느려 흡기 및 배기 밸브의 개폐시기가 불량해진다.**

> 해설
> 내연기관을 장기간 저속으로 운전하면 압축 불량으로 불완전 연소가 일어나고, 연소온도와 압력이 낮아 열효율이 낮아진다. 또한 연료분사펌프의 작동이 불량하여 연료분사상태가 불량해진다. 흡기 및 배기 밸브 개폐시기에 영향을 미치지는 않는다.

**296** 엔진 시동 중 회전수가 급격하게 높아질 때 점검할 사항으로 옳지 않은 것은?

갑. 거버너 위치 등을 점검
을. 한꺼번에 많은 연료가 공급되는지를 확인
병. 시동 전 가연성 가스를 배제했는지를 확인
정. 냉각수 펌프의 정상 작동여부를 점검

> 해설 냉각수는 엔진회전수 증가와 관련이 없으며, 엔진의 급속한 회전은 연료 분사량과 관련 있다.

**297** 과급(Supercharging)이 기관의 성능에 미치는 영향에 대한 설명 중 옳은 것은 모두 몇 개인가?

① 평균 유효압력을 높여 기관의 출력을 증대시킨다.
② 연료소비율이 감소한다.
③ 단위 출력당 기관의 무게와 설치 면적이 작아진다.
④ 미리 압축된 공기를 공급하므로 압축 초의 압력이 약간 높다.
⑤ 저질 연료를 사용하는 데 불리하다.

갑. 2개         을. 3개
병. 4개         정. 5개

> 해설 과급을 하면 저질 연료도 사용하는 데 유리하다.

**298** 윤활유 소비량이 증가하는 원인으로 옳지 않은 것은?

갑. 연료분사밸브의 분사상태 불량
을. 펌핑작용에 의한 연소실 내에서의 연소
병. 열에 의한 증발
정. 크랭크케이스 혹은 크랭크축 오일리테이너의 누설

> 해설 연료분사밸브의 분사상태는 연소상태와는 연관되지만 윤활유 소비량과는 관계가 없다.

정답  296 정  297 병  298 갑

**299** 연료유 연소성을 향상하는 방법으로 옳지 않은 것은?

갑. 연료유를 미립화한다.
을. 연료유를 가열한다.
병. 연소실을 보온한다.
**정. 냉각수 온도를 낮춘다.**

> 해설: 냉각수 온도를 높여야 연소가 더 잘되어 연소성이 향상된다.

**300** 플라이휠의 주된 설치목적으로 옳은 것은?

**갑. 크랭크축 회전속도의 변화를 감소시킨다.**
을. 기관의 과속을 방지한다.
병. 기관의 부착된 부속장치를 구동한다.
정. 축력을 증가시킨다.

> 해설: 플라이휠
> 기계가 회전하는 동안에 가능한 한 회전속도를 변동 없이 유지하기 위해 설치된 바퀴이다.

**301** 프로펠러의 공동현상(Cavitation)이 발생되는 원인으로 옳지 않은 것은 모두 몇 개인가?

① 날개 끝이 얇을 때
② 날개 끝 속도가 고속일 때
③ 프로펠러가 수면에 가까울 때
④ 날개의 단위 면적당 추력이 과다할 때
⑤ 프로펠러와 선체와의 간격이 좁을 때

갑. 0개
**을. 1개**
병. 2개
정. 3개

>  해설: 날개 끝이 두꺼울 때 공동현상이 일어난다.

**302** 기관실 빌지의 레벨 검출기로 많이 사용되는 것으로 옳은 것은?

갑. 토클 스위치
**을. 플로트 스위치**
병. 셀렉트 스위치
정. 리미트 스위치

**플로트 스위치**
액체면이 올라갔다 내려갔다 함에 따라 움직이는 플로트(부자)의 작용으로 전기를 여닫는 스위치

**303** 릴리프 밸브(Relief Valve)에 대한 설명으로 옳은 것은?

갑. 압력을 일정치로 유지한다.
을. 압력을 일정치 이상으로 유지한다.
병. 유체의 방향을 제어한다.
정. 유량을 제어한다.

 **릴리프 밸브**
압력을 분출하는 안전밸브로 압력이 소정 압력 이상이 되었을 때 유체의 일부 또는 전량을 탱크 외부로 분출시켜 압력을 일정치로 유지한다.

**304** 프로펠러에 관한 설명 중 옳지 않은 것은?

갑. 프로펠러의 직경은 날개수가 증가함에 따라 작아진다.
을. 전개면적비가 작을수록 프로펠러 효율은 감소한다.
병. 프로펠러의 날개는 공동현상에 의하여 손상을 받을 수 있다.
정. 가변피치 프로펠러의 경우는 회전수 여유를 주지 않는다.

 프로펠러 날개의 면적이 작아지면 추진기의 효율이 좋아진다. 너무 작아지게 되면 공동현상이 일어나기도 한다.

**305** 기관(엔진) 시동 후 점검사항으로 가장 옳지 않은 것은?

갑. 기관(엔진)의 상태를 점검하기 위해 모든 계기를 관찰한다.
을. 연료, 오일 등의 누출 여부를 점검한다.
병. 기관(엔진)의 시동모터를 점검한다.
정. 클러치 전·후진 및 스로틀레버 작동상태를 점검한다.

 기관의 시동모터 점검은 시동 전의 점검사항이다. 시동모터에 이상이 있으면 시동이 걸리지 않는다.

**306** 선외기 가솔린 기관(엔진)이 시동되지 않을 때 연료계통을 점검하고자 할 경우, 유의사항으로 적절하지 않은 것은?

~~갑~~. 프라이머 밸브(Primer Valve)를 제거한다.
을. 연료필터(Fuel Filter)에 불순물 또는 물이 차 있지 않은지 확인한다.
병. 연료계통 내에 누설되는 곳이 있는지 확인한다.
정. 연료탱크의 출구밸브 및 연료탱크의 공기변(Air Vent)이 닫혀있는지 확인한다.

> 해설: 프라이머 밸브는 내부에 Check Valve가 있어서 연료가 다시 탱크로 돌아가는 것을 방지하여 선외기 시동 시 프라이밍 역할을 하므로 밸브를 제거하는 것은 옳지 않다.

**307** 프로펠러에 의해 발생하는 축계진동의 원인으로 옳지 않은 것은?

갑. 날개피치의 불균일
을. 프로펠러 날개의 수면노출
~~병~~. 프로펠러 하중의 증가
정. 공동현상의 발생

> 해설: 프로펠러의 하중은 축계진동과 관련이 없다.

**308** 수상오토바이의 추진방식으로 옳은 것은?

갑. 원심펌프에 의한 추진방식
~~을~~. 임펠러 회전에 의한 워터제트 분사방식
병. 프로펠러 회전에 의한 공기 분사방식
정. 임펠러 회전에 의한 공기 분사방식

> 해설: 수상오토바이는 임펠러가 회전하여 선체 아래에서 흡입한 물로 펌프 압력을 높인 후 물을 뒤로 분사하는 형태로 추진한다.

**309** 전기기기의 절연상태가 나빠지는 경우로 옳지 않은 것은?

갑. 습기가 많을 때
을. 먼지가 많이 끼었을 때
병. 과전류가 흐를 때
~~정~~. 절연저항이 클 때

절연이라는 것은 전기 또는 열을 통하지 않게 하는 것이다. 절연저항이 커지면 전류가 흐르지 않게 되고 절연상태도 좋아진다.

### 310  내연기관의 냉각수 온도가 높을 때 나타나는 현상으로 옳지 않은 것은?

갑. 노킹(Knocking)이 발생한다.
을. 피스톤링이 고착된다.
병. 실린더의 마모가 증가된다.
정. 윤활유 사용량이 증가된다.

 냉각수 온도가 높으면 착화지연이 짧게 되므로 오히려 노킹(Knocking) 발생을 방지한다.

### 311  선외기(Outboard) 기관(엔진)의 시동 전 점검사항으로 옳지 않은 것은?

갑. 엔진오일의 윤활방식이 자동 혼합장치일 경우 잔량을 확인한다.
을. 연료탱크의 환기구가 열려있는가를 확인한다.
병. 비상정지스위치가 RUN에 있는지 확인한다.
정. 엔진 내부의 냉각수를 확인한다.

 선외기 기관은 엔진 내부에 냉각수가 없다. 냉각수는 해당 계통에 오물이나 염분이 끼이지 않도록 장기보관 시 주기적(평상시)으로 청수를 사용하여 세정하고 확인해야 한다.

### 312  가솔린 기관에서 윤활유 압력저하가 되는 원인으로 옳지 않은 것은?

갑. 오일팬 내의 오일량 부족
을. 오일여과기 오손
병. 오일에 물이나 가솔린의 유입
정. 오일온도 하강

윤활유 압력저하의 원인으로는 윤활유량 부족 및 펌프의 고장, 윤활유관에 공기혼입 또는 여과기 파손, 윤활유 조정밸브의 파손 및 배관누설, 윤활유 온도 상승 또는 기관 회전수 저하 등이 있다.

**313** 다음 중 불꽃 점화기관에서 불꽃(스파크)을 튀기기 위하여 고전압을 발생시키는 것은?

갑. 케이블
을. 카브레터
병. 점화코일
정. 점화플러그

> 해설) 점화코일(스파크코일)은 연료를 점화하기 위해 점화플러그에 전기 스파크를 생성하는 데 필요한 수천 볼트로 배터리의 저전압을 변환하는 유도코일이다.

**314** 수상오토바이 운행 중 갑자기 출력이 떨어질 경우 점검해야 할 곳은?

갑. 냉각수의 압력을 점검한다.
을. 연료혼합비를 점검한다.
병. 물 흡입구에 이물질 부착을 점검한다.
정. 임펠러의 피치를 점검한다.

> 해설) 물 흡입부분에 이물질이 걸리거나 하면 추진력을 정확하게 만들어 낼 수가 없기 때문에 엔진의 회전수만 올라가고 앞으로 나아가는 힘을 제대로 발휘하지 못하게 된다.

**315** 다음 중 모터보트 운행 중 갑자기 선체가 심하게 떨리는 현상이 나타날 때 즉시 점검해야 하는 것이 아닌 것은?

갑. 크랭크축의 균열상태를 확인한다.
을. 프로펠러의 축계(Shaft) 굴절여부를 확인한다.
병. 프로펠러의 파손상태를 점검한다.
정. 프로펠러에 로프가 감겼는지 확인한다.

> 해설) 일차적으로 떨림의 원인을 파악하기 위해 먼저 엔진, 프로펠러, 기계를 점검한다. 이러한 현상이 지속적으로 나타나면 크랭크축의 균열이나 구조물의 변형이 초래되기도 한다.

**316** 냉각수 펌프로 주로 사용되는 원심펌프에서 호수(프라이밍)를 하는 목적은?

갑. 흡입수량을 일정하게 유지시키기 위해서
을. 송출량을 증가시키기 위해서
**병. 기동 시 흡입 측에 국부진공을 형성시키기 위해서**
정. 송출측 압력의 맥동을 줄이기 위해서

> **해설** 원심펌프는 시동할 때에 먼저 펌프 내에 물을 채워야(호수) 한다. 따라서 펌프의 설치 위치가 흡입 측 수면보다 낮은 경우에는 공기 빼기 콕(Air Vent Cock)만 있으면 되지만, 흡입측 수면보다 높으면 물을 채우기 위하여 풋밸브(Foot Valve), 호수밸브(Priming Valve) 및 공기 빼기 콕을 설치해야 한다.

**317** 추운 지역에서 냉각수 펌프를 장시간 사용하지 않을 때의 일반적인 조치로 가장 바람직한 방법은?

**갑. 반드시 물을 빼낸다.**
을. 펌프 케이싱에 그리스를 발라준다.
병. 펌프 내에 그리스를 넣어둔다.
정. 펌프를 분해하여 둔다.

> **해설** 추운 곳에서 장시간 두면 펌프케이싱 등 동파 위험이 있으므로 물을 배출하는 것이 좋다.

**318** 선외기(Outboard) 엔진에서 주로 사용하는 냉각방식은 무엇인가?

갑. 냉매가스식
을. 공랭식
병. 부동액냉각식
**정. 담수 또는 해수냉각식**

> **해설** 선외기는 해상에서 사용하는 엔진이기 때문에 해수 또는 담수로 직접 냉각한다.

정답  316 병  317 갑  318 정

**319** 수상오토바이 운항 중 기관(엔진)이 정지된 경우 즉시 점검해야 할 사항으로 옳지 않은 것은?

갑. 몸에 연결한 스톱스위치(비상정지)를 확인한다.
을. 연료잔량을 확인한다.
병. 임펠라가 로프나 기타 부유물에 걸렸는지 확인한다.
정. 엔진의 노즐 분사량을 확인한다.

> 해설: 엔진 정지 시 연료와 비상계기 점검 및 부유물이나 이물질이 선체에 끼었는지 먼저 확인하여야 한다. 엔진의 노즐 분사량 확인은 엔진 회전수 변동이 심하거나 진동이 동반될 때 점검한다.

**320** 윤활유의 기본적인 역할로서 옳지 않은 것은?

갑. 감마작용
을. 냉각작용
병. 산화작용
정. 청정작용

> 해설: 윤활유의 역할
> 감마작용, 냉각작용, 청정작용, 응력분산작용, 밀봉작용, 방식작용 등
> ※ 금속이 부식(腐蝕)되면서 녹(綠·銹)이 스는 것을 방지하는 약제를 방식제(防蝕劑) 또는 방청제(防鏽劑)라고 한다.

**321** 전기가 통하는 것은 도체, 통하지 않는 것은 부도체라고 할 때 다음 중 부도체는 몇 개인가?

① 금 속   ② 해 수
③ 전해액  ④ 백 금
⑤ 유 리   ⑥ 고 무
⑦ 운 모

갑. 3개       을. 4개
병. 5개       정. 6개

> 해설: 금속·해수·전해액·백금 등은 전기가 잘 통하는 도체이며, 유리·고무·운모는 전기가 통하지 않는 부도체이다.

**322** 다음 중 실린더 윤활의 목적으로 옳지 않은 것은?

갑. 연소가스의 누설을 방지하기 위하여
을. 과열을 방지하기 위하여
병. 마찰계수를 감소시키기 위하여
~~정~~. 연료펌프 고착을 방지시키기 위하여

> **해설** **윤활의 목적**
> - 감마작용 : 마찰을 적게 하는 것
> - 냉각작용 : 마찰에 의해 생긴 열, 바깥에서 전달되는 열(엔진의 연소열 등) 또는 금속을 절삭 시에 생기는 열 등을 흡수하여 바깥으로 보내는 것
> - 밀봉작용 : 기계의 활동 부분을 밀봉하는 것으로, 실린더 내의 연소가스가 누설되지 않게 하는 것 또는 물이나 먼지 등의 침입을 방지하는 것
> - 방청작용 : 공기 중의 산소나 물 또는 부식성 가스 등에 의해 윤활면이 녹스는 것을 방지하는 것
> - 세정작용 : 윤활부분의 불순물(연소에 의한 탄화물, 마모된 금속조각 등)을 깨끗이 하는 것
> - 역학적 분산작용 : 윤활부분에 가해진 압력을 받아 분산시켜 균일하게 하는 것

**323** 다음 중 클러치의 동력전달 방식에 따른 구분에 해당하지 않는 것은?

갑. 마찰클러치    을. 유체클러치
병. 전자클러치    ~~정~~. 감속클러치

> **해설** 클러치는 동력전달 방식에 따라 전자클러치(마그네틱 – 분말 클러치), 유체클러치, 마찰클러치로 구분한다.

**324** 내연기관의 피스톤 링(Piston Ring)이 고착되는 원인으로 옳지 않은 것은?

~~갑~~. 실린더 냉각수의 순환량이 과다할 때
을. 링과 링홈의 간격이 부적당할 때
병. 링의 장력이 부족할 때
정. 불순물이 많은 연료를 사용할 때

> **해설** 냉각수의 순환량이 과다하면 실린더의 온도는 낮아지므로 피스톤 링이 고착되는 원인과 거리가 멀다.

**325** 선체에 해초류 등이 번식할 때 커지는 저항을 무엇이라고 하는가?

갑. 조파저항      을. 마찰저항
병. 공기저항      정. 와류저항

> 해설) 마찰저항이란 선박의 진행 시 선체와 물이 접하고 있는 면에 부착력이 작용하여 진행을 방해하는 힘을 의미한다.

**326** 선체의 형상이 유선형일수록 가장 적어지는 저항을 무엇이라고 하는가?

갑. 와류저항      을. 조와저항
병. 공기저항      정. 마찰저항

> 해설) 조와저항이란 선체로부터 떨어져 나가 형성된 소용돌이로 인해 발생한 저항을 의미한다. 선체가 유선형일수록 선미에서 와류현상이 적게 발생하므로, 조와저항이 가장 적어진다.

**327** 기어(Gear)케이스에 물이 혼합되면 오일의 색깔은 어떻게 변하는가?

갑. 붉은색      을. 녹 색
병. 회 색      정. 흑 색

> 해설) 엔진 기어케이스에 물이 혼합되면 오일은 회색으로 변한다.

**328** 다음 중 가솔린 기관(엔진)이 과열되는 원인으로 옳지 않은 것은?

갑. 냉각수 취입구 막힘
을. 냉각수 펌프 임펠러의 마모
병. 윤활유 부족
정. 점화시기가 너무 빠름

정답) 325 을 326 을 327 병 328 정

> **해설** 가솔린 엔진은 열을 이용하기 때문에 과열의 위험에 항상 노출되어 있다. 따라서 냉각수 및 엔진 과부하, 온도 관련 장치 조절이 필수적이다. 그러나 점화시기의 빠름 여부는 과열 원인과는 거리가 멀다.

### 329 수상오토바이 출항 전 반드시 점검하여야 할 사항으로 옳지 않은 것은?

갑. 선체 드레인 플러그가 잠겨 있는지 확인한다.
~~을.~~ 예비 배터리가 있는 것을 확인한다.
병. 오일량을 점검한다.
정. 엔진룸 누수 여부를 확인한다.

> **해설** 출항 전 점검사항으로 배터리 충전상태를 확인해야 하지만 예비 배터리를 확보할 필요는 없다.

### 330 프로펠러 효율에 관한 설명 중 옳지 않은 것은?

갑. 일정한 전달 마력에 대해서 프로펠러의 회전수가 낮을수록 효율이 좋다.
을. 후방 경사 날개는 선체와의 간극이 크게 되므로 효율이 좋다.
병. 강도가 허용하는 한 날개 두께를 얇게 하면 효율이 좋다.
~~정.~~ 보스비가 크게 되면 일반적으로 효율이 좋다.

> **해설** 보스의 외경은 가능한 한 작을수록 효율이 좋다.

### 331 선외기 4행정기관(엔진) 진동 발생 원인이 아닌 것은?

갑. 점화플러그 작동이 불량할 때
을. 실린더 압축압력이 균일하지 않을 때
병. 연료분사밸브의 분사량이 균일하지 않을 때
~~정.~~ 냉각수펌프 임펠러가 마모되었을 때

> **해설** 냉각수펌프 임펠러 마모 시 냉각수 공급 불량에 따른 엔진과열의 원인이 되지만 진동과는 관계없다.

**정답** 329 을  330 정  331 정

**332** 수상오토바이 배기냉각시스템의 플러싱(관내 청소) 절차로 옳은 것은?

갑. 냉각수 호스연결 → 냉각수 공급 → 엔진기동 → 엔진운전(약 5분) 후 정지 → 냉각수 차단
**을. 냉각수 호스연결 → 엔진기동 → 냉각수 공급(약 5분) → 냉각수 차단 → 엔진정지**
병. 냉각수 호스연결 → 엔진기동 → 냉각수 공급(약 5분) → 엔진정지 → 냉각수 차단
정. 엔진기동 → 냉각수 호스연결 → 냉각수 공급 → 엔진기동(약 5분) → 엔진정지 → 냉각수 차단

> **해설** 수상오토바이의 배기냉각시스템 플러싱 절차
> 냉각수 호스연결 → 엔진기동 → 냉각수 공급(약 5분) → 냉각수 차단 → 엔진정지

**333** 내연기관에서 피스톤(Piston)의 주된 역할 중 가장 옳지 않은 것은?

갑. 새로운 공기(소기)를 실린더 내로 흡입 및 압축
을. 상사점과 하사점 사이의 직선 왕복운동
병. 고온고압의 폭발 가스압력을 받아 연접봉을 통해 크랭크샤프트에 회전력 발생
**정. 회전운동을 통해 외부로 동력을 전달**

> **해설** '정'은 연접봉(커넥팅로드)에 대한 설명이다. 연접봉은 피스톤의 동력을 크랭크축에 전달하고, 크랭크축이 피스톤의 왕복운동을 크랭크축 회전운동으로 바꿔 동력을 외부로 전달한다.

**334** 선외기 가솔린엔진의 연료유에 해수가 유입되었을 때 엔진에 미치는 영향으로 거리가 먼 것은?

갑. 연료유 펌프 고장원인이 된다.
을. 시동이 잘 되지 않는다.
병. 해수 유입 초기에 진동과 엔진 꺼짐 현상이 발생한다.
**정. 윤활유가 오손된다.**

> **해설** 연료유에 해수가 유입되면 엔진시동성과 연관되어 연료공급펌프 및 분사밸브 고장의 원인이 된다. 윤활유 오손과는 관련성이 없다.

**335** 모터보트 속력이 떨어지는 직접적인 원인이 아닌 것은?

갑. 수면하 선체에 조패류가 많이 붙어 있을 때
을. 선체가 수분을 흡수하여 무게가 증가했을 때
병. 선체 내부 격실에 빌지량이 많을 때
정. 냉각수 압력이 낮을 때

> 해설) 냉각수 압력은 보트속력과 관계없으며 냉각수 공급이 불량하면 엔진 온도상승의 원인이 된다.

**336** 윤활유의 취급상 주의사항으로 옳지 않은 것은?

갑. 이물질이나 물이 섞이지 않도록 한다.
을. 점도가 적당한 윤활유를 사용한다.
병. 여름에는 점도가 높은 것, 겨울에는 점도가 낮은 것을 사용한다.
정. 고온부와 저온부에서 함께 쓰는 윤활유는 온도에 따른 점도 변화가 큰 것을 사용한다.

> 해설) 윤활유는 점도지수가 높은, 즉 점도 변화가 적은 것을 사용해야 한다.

**337** 수상오토바이 출력저하 원인으로 옳지 않은 것은?

갑. 웨어링(Wear Ring) 과다 마모
을. 임펠러(Impeller) 손상
병. 냉각수 자동온도조절밸브 고장
정. 피스톤링 과다 마모

> 해설) '병'은 엔진 냉각수 온도상승의 원인으로 출력과는 관계없다. 냉각수 온도상승으로 엔진이 보호 한계온도까지 상승하면 정지(Shut Down)시키는 기능이나 알람으로 운전자에게 알려주는 기능이 보편화되어 있다.

정답  335 정  336 정  337 병

**338** 가솔린 기관의 연료가 구비해야 할 조건에 해당하지 않는 것은?

갑. 내부식성이 크고, 저장 시에 안정성이 있어야 한다.
을. 옥탄가가 높아야 한다.
병. 휘발성(기화성)이 작아야 한다.
정. 연소 시 발열량이 커야 한다.

> 해설) 가솔린 기관에서 사용되는 연료는 옥탄가가 높아야 하며, 연소 시에 발열량이 크고, 기화성이 커야 하며, 내부식성이 크고 저장 시 안전성이 있어야 한다.

**339** 선외기 프로펠러에 손상을 주는 요인으로 옳지 않은 것은?

갑. 캐비테이션(공동현상)이 발생할 때
을. 프로펠러가 공회전할 때
병. 프로펠러가 기준보다 깊게 장착되어 있을 때
정. 전기화학적인 부식이 발생할 때

> 해설) 프로펠러의 심도가 깊다는 뜻은 수면 아래에 충분히 잠겨 있다는 것으로 공회전이나 캐비테이션 등의 발생 가능성이 낮고 추진효율이 개선된다.

**340** 가솔린기관에 비해 디젤기관이 갖는 특성으로 옳은 것은?

갑. 시동이 용이하다.
을. 운전이 정숙하다.
병. 압축비가 높다.
정. 마력당 연료 소비율이 높다.

> 해설) 디젤엔진의 압축비는 압축열에 의한 압축점화 방식을 취하기 때문에 가솔린엔진에 비해 행정이 길어 2배 이상 높다.

**341** 가솔린기관 진동발생 원인으로 가장 옳지 않은 것은?

갑. 배기가스 온도가 높을 때
을. 기관이 노킹을 일으킬 때
병. 위험회전수로 운전하고 있을 때
정. 베어링 틈새가 너무 클 때

> **해설** 배기가스 온도상승은 불완전 연소와 배기밸브 누설 등이 원인이다.

## 342 윤활유의 점도에 대한 설명으로 옳은 것은?

갑. 윤활유의 온도가 올라가면 점도는 낮아진다.
을. 점도가 너무 높으면 유막이 얇아져 내부의 마찰이 감소한다.
병. 점도가 높으면 마찰이 적어 윤활계통의 순환이 개선된다.
정. 점도가 너무 낮으면 시동은 곤란해지나 출력이 올라간다.

> **해설** 윤활유는 온도가 올라가면 점도가 낮아지고 저항이 적어져서 압력도 떨어진다. 그러므로 적절한 온도가 유지되어야 하며 온도변화에 따른 점도변화가 적은 윤활유를 사용하여야 한다.

## 343 디젤기관에서 피스톤 링 플러터(Flutter) 현상의 영향으로 옳은 것은?

갑. 윤활유 소비가 감소한다.
을. 기관의 효율이 높아진다.
병. 압축압력이 높아진다.
정. 블로바이 현상이 나타난다.

> **해설** 링 플러터란 기관의 회전수가 고속이 되면 관성력이 크게 되고 링이 링 홈에서 진동을 일으켜 실린더 벽 또는 홈의 상·하면으로부터 뜨는 현상을 말한다. 링 플러터 현상 발생 시 가스 누설이 급격하게 증가하고 블로바이 현상이 나타난다.

## 344 프로펠러 축에 슬리브(Sleeve)를 씌우는 주된 이유는?

갑. 윤활을 양호하게 하기 위하여
을. 진동을 방지하기 위하여
병. 회전을 원활하게 하기 위하여
정. 축의 부식과 마모를 방지하기 위하여

> **해설** 축의 부식 예방을 위해 슬리브를 씌우거나, 프로펠러 보스 부분의 수밀을 완전히 하여 해수의 침입이 없도록 한다.

정답  342 갑  343 정  344 정

**345** 모터보트 기관(엔진) 시동불량 시 점검사항으로 옳지 않은 것은?

갑. 자동정지 스위치 확인
을. 연료유량 확인
병. 냉각수량 확인
정. 점화코일용 퓨즈(Fuse) 확인

> 해설 냉각수량은 기관(엔진) 시동성과 관련이 없고 기관(엔진) 온도와 관련 있다.

**346** 모터보트 시동 전 점검사항으로 옳지 않은 것은?

갑. 배터리 충전상태 확인
을. 연료탱크 에어벤트 개방
병. 엔진오일 및 연료유량 점검
정. 냉각수 검수구에서 냉각수 확인

> 해설 냉각수 확인은 모터보트 기관(엔진) 시동 후의 점검사항이다.

**347** 연료소모량이 많아지고, 출력이 떨어지는 직접적인 원인으로 옳은 것은?

갑. 피스톤 및 실린더 마모가 심할 때
을. 윤활유 온도가 높을 때
병. 냉각수 압력이 낮을 때
정. 연료유 공급압력이 높을 때

> 해설 피스톤 및 실린더의 마모가 심하면 연료소모량이 많아지고 출력이 떨어지게 된다.

**348** 모터보트의 전기설비 중에 설치되어 있는 퓨즈(Fuse)에 대한 설명 중 옳지 않은 것은?

갑. 전원을 과부하로부터 보호한다.
을. 부하를 과전류로부터 보호한다.
병. 과전류가 흐를 때 고온에서 녹아 전기회로를 차단한다.
정. 허용 용량 이상의 크기로 사용할 수 있다.

> 해설) 퓨즈는 전류의 허용 용량 이상의 크기로 사용할 경우 녹아서 전기회로를 차단한다.

**349** 고속 내연기관에서 알루미늄 합금 피스톤을 많이 쓰는 이유로 가장 옳은 것은?

갑. 값이 싸다.
을. 중량이 가볍다.
병. 강인하다.
정. 대량생산이 가능하다.

> 해설) 무거운 것보다 가벼운 것을 사용할수록 연료소비율이 줄어들기 때문이다.

**350** 모터보트 선외기에 과부하 운전이 장시간 지속되었을 때 기관(엔진)에 미치는 영향으로 옳지 않은 것은?

갑. 연료분사 압력이 낮아진다.
을. 피스톤 및 피스톤링의 마멸이 촉진된다.
병. 흡·배기밸브에 카본이 퇴적되어 소기효율이 떨어진다.
정. 배기가스가 배출량이 많아진다.

> 해설) 모터보트의 기관(엔진)은 간헐적인 과부하 운전을 피할 수는 없다. 그러나 과부하 운전이 지속된다면 기관(엔진)에는 치명적인 손상이 가해지므로 운용자는 가능한 과부하 운전을 피해야 한다. 연료분사 압력은 과부하 운전과 관련이 없다.

정답  348 정  349 을  350 갑

# 04 법규

**351** 수상레저사업에 이용되는 동력수상레저기구의 정기검사 기간은?

~~갑~~. 1년  을. 2년
병. 3년  정. 5년

> **해설** 안전검사(「수상레저기구의 등록 및 검사에 관한 법률」 제15조 제2항)
> 안전검사의 대상 동력수상레저기구 중 「수상레저안전법」 제37조(수상레저사업의 등록)에 따른 수상레저사업에 이용되는 동력수상레저기구는 1년마다, 그 밖의 동력수상레저기구는 5년마다 정기검사를 받아야 한다.

**352** 다음 중 수상레저사업 등록 유효기간 내 갱신신청서 제출기간으로 옳은 것은?

갑. 등록의 유효기간 종료일 당일까지
~~을~~. 등록의 유효기간 종료일 5일 전까지
병. 등록의 유효기간 종료일 10일 전까지
정. 등록의 유효기간 종료일 1개월 전까지

> **해설** 수상레저사업 등록의 갱신(「수상레저안전법」 시행규칙 제34조 제2항)
> 수상레저사업의 등록을 갱신하려는 자는 해당 수상레저사업 등록의 유효기간이 끝나는 날의 5일 전까지 수상레저사업 등록갱신 신청서에 다음의 서류를 첨부하여 관할 해양경찰서장 또는 시장·군수·구청장에게 제출해야 한다.
> • 수상레저사업 등록증
> • 수상레저사업 등록 신청 시 제출한 서류에 변경사항이 있을 경우 변경된 서류

**353** 다음 중 수상레저 일반조종면허시험 필기시험 중 법규 과목과 관련 없는 것은?

~~갑~~. 「선박안전법」  을. 「해양환경관리법」
병. 「해사안전법」  정. 「선박의 입항 및 출항 등에 관한 법률」

**정답** 351 갑  352 을  353 갑

**필기시험 과목**(「수상레저안전법」 시행령 별표2)
필기시험 중 법규 과목은 「수상레저안전법」, 「수상레저기구의 등록 및 검사에 관한 법률」, 「선박의 입항 및 출항 등에 관한 법률」, 「해사안전법」, 「해양환경관리법」, 「전파법」이 있다.

**354** 동력수상레저기구를 조종하는 중 술에 취한 상태에 있다고 인정할만한 상당한 이유가 있는 자가 관계공무원의 측정에 응하지 아니할 때의 처벌은?

갑. 1년 이하의 징역
을. 1년 이하의 징역 또는 500만원 이하의 벌금
병. 1년 이하의 징역 또는 1,000만원 이하의 벌금
정. 1,000만원 이하의 벌금

 **벌칙**(「수상레저안전법」 제61조)
다음의 어느 하나에 해당하는 자는 1년 이하의 징역 또는 1천만원 이하의 벌금에 처한다.
• 면허증을 빌리거나 빌려주거나 이를 알선한 자
• 조종면허를 받지 아니하고 동력수상레저기구를 조종한 사람
• 술에 취한 상태에서 동력수상레저기구를 조종한 사람
• 술에 취한 상태라고 인정할 만한 상당한 이유가 있는데도 관계공무원의 측정에 따르지 아니한 사람
• 약물복용 등으로 인하여 정상적으로 조종하지 못할 우려가 있는 상태에서 동력수상레저기구를 조종한 사람
• 등록 또는 변경등록을 하지 아니하고 수상레저사업을 한 자
• 수상레저사업 등록취소 후 또는 영업정지 기간에 수상레저사업을 한 자

**355** 「수상레저안전법」상 주의보가 발효된 구역에서 관할 해양경찰에게 운항신고 후 활동 가능한 수상레저기구는?

갑. 윈드서핑
을. 카 약
병. 워터슬레이드
정. 모터보트

 **기상에 따른 수상레저활동의 제한과 예외**(「수상레저안전법」 제22조, 시행령 제21조 참고)
• 누구든지 수상레저활동을 하려는 구역이 '주의보 이상의 기상특보가 발효된 경우'와 '가시거리가 0.5킬로미터 이내로 제한되는 경우'에는 수상레저활동을 하여서는 아니 된다.
• 다만, 파도 또는 바람만을 이용하는 수상레저기구의 특성을 고려하여 기상특보 중 풍랑·폭풍해일·호우·대설·강풍 주의보가 발효된 경우로서, 수상레저활동을 하기 위하여 관할 해양경찰서장 또는 특별자치시장·제주특별자치도지사·시장·군수 및 구청장에게 해양수산부령으로 정하는 기상특보활동신고서를 제출한 경우에는 그러하지 아니하다.

**356** 「수상레저안전법」상 해양경찰청장의 권한을 위임받은 관청에 대한 연결로 옳지 않은 것은?

갑. 해양경찰서장 – 면허증의 발급
을. 해양경찰서장 – 조종면허의 취소·정지처분
병. 지방해양경찰청장 – 조종면허를 받으려는 자의 수상안전교육
정. 지방해양경찰청장 – 수상레저안전관리 시행계획의 수립·시행에 필요한 지도·감독

> **해설**
> 권한의 위임(「수상레저안전법」 시행령 제36조)
> 해양경찰청장은 지방해양경찰청장이나 해양경찰서장에게 다음의 권한을 위임한다.
> • 지방해양경찰청장 : 수상레저안전관리 시행계획의 수립·시행에 필요한 지도·감독
> • 해양경찰서장 : 면허증의 갱신, 면허증의 발급 및 재발급, 조종면허의 취소 및 효력 정지

**357** 다른 수상레저기구의 진로를 횡단할 때의 운항규칙으로 적절한 방법은?

갑. 속력이 상대적으로 느린 기구가 진로를 피한다.
을. 속력이 상대적으로 빠른 기구가 진로를 피한다.
병. 다른 기구를 왼쪽에 두고 있는 기구가 진로를 피한다.
정. 다른 기구를 오른쪽에 두고 있는 기구가 진로를 피한다.

> **해설**
> 운항방법에 관한 준수사항(「수상레저안전법」 시행령 별표11)
> 다른 수상레저기구등의 진로를 횡단하는 경우에 충돌의 위험이 있을 때에는 다른 수상레저기구등을 오른쪽에 두고 있는 수상레저기구가 진로를 피해야 한다.

**358** 동력수상레저기구 소유자가 수상레저기구를 등록해야 하는 기관은?

갑. 소유자 주소지를 관할하는 시장·군수·구청장
을. 기구를 주로 매어두는 장소를 관할하는 기초자치단체장
병. 소유자 주소지를 관할하는 해양경찰서장
정. 기구를 주로 매어두는 장소를 관할하는 해양경찰서장

> **해설**
> 등록(「수상레저기구의 등록 및 검사에 관한 법률」 제6조 제1항)
> 동력수상레저기구를 취득한 자는 주소지를 관할하는 시장·군수·구청장에게 동력수상레저기구를 취득한 날부터 1개월 이내에 등록신청을 하여야 하고, 등록되지 아니한 동력수상레저기구를 운항하여서는 아니 된다.

**359** 「수상레저기구의 등록 및 검사에 관한 법률」상 동력수상레저기구 안전검사가 면제되지 않는 경우는?

갑. 시험운항허가를 받아 운항하는 동력수상레저기구
을. 검사대행기관에 안전검사를 신청한 후 입거, 상가 또는 거선의 목적으로 국내항 간을 운항하는 동력수상레저기구
병. 우수제조사업장으로 인증받은 사업장에서 제조된 동력수상레저기구로 안전검사를 신청하지 않고 운항하는 동력수상레저기구
정. 안전검사를 받는 기간 중에 시운전을 목적으로 운항하는 동력수상레저기구

> **해설**
> 안전검사의 면제(「수상레저기구의 등록 및 검사에 관한 법률」 시행규칙 제14조)
> • 법 제14조(시험운항의 허가) 제1항에 따른 시험운항허가를 받아 운항하는 경우
> • 안전검사를 실시하는 경우로서, 안전검사를 신청한 후 입거(入渠), 상가(上架) 또는 거선(擧船 : 선박을 들어 올려놓음)의 목적으로 국내항 간을 운항하는 경우
> • 안전검사를 받는 기간 중에 시운전을 목적으로 운항하는 경우

**360** 다음 중 「수상레저안전법」에 따라 조종면허의 효력을 1년 이내의 범위에서 정지시킬 수 있는 사유에 해당하는 것은?

갑. 거짓이나 그 밖의 부정한 방법으로 조종면허를 받은 경우
을. 면허증을 다른 사람에게 빌려주어 조종하게 한 경우
병. 조종면허 효력정지 기간에 조종을 한 경우
정. 술에 취한 상태에서 조종을 한 경우

> **해설**
> 을. 면허증을 다른 사람에게 빌려주어 조종하게 한 경우는 조정면허의 '정지 사유'에 해당한다.
> 조종면허의 취소 · 정지(「수상레저안전법」 제17조 제1항 참고)
> • 거짓이나 그 밖의 부정한 방법으로 조종면허를 받은 경우
> • 조종면허 효력정지 기간에 조종을 한 경우
> • 조종면허의 결격사유에 따라 조종면허를 받을 수 없는 사람에 해당된 경우(정신질환자, 마약 · 향정신성 의약품 또는 대마중독자)
> • 조종면허의 결격사유에 따라 조종면허를 받을 수 없는 사람이 조종면허를 받은 경우
> • 주취 중 조종 금지 조항을 위반하여 술에 취한 상태에서 조종을 하거나, 술에 취한 상태라고 인정할 만한 상당한 이유가 있음에도 불구하고 관계공무원의 측정에 따르지 아니한 경우
> • 조종 중 고의 또는 과실로 사람을 사상하거나 다른 사람의 재산에 중대한 손해를 입힌 경우
> • 면허증을 다른 사람에게 빌려주어 조종하게 한 경우
> • 약물의 영향으로 인하여 정상적으로 조종하지 못할 염려가 있는 상태에서 동력수상레저기구를 조종한 경우
> • 그 밖에 수상레저활동의 안전과 질서 유지를 위한 명령을 위반한 경우

**정답** 359 병  360 을

**361** 다음 중 「수상레저안전법」에 따른 수상의 정의로 옳은 것은?

갑. 기수의 수류 또는 수면
을. 바다의 수류나 수면
병. 담수의 수류 또는 수면
정. 해수면과 내수면

> **해설**
> 용어의 정의(「수상레저안전법」 제2조)
> • 수상 : 해수면과 내수면
> • 해수면 : 바다의 수류나 수면
> • 내수면 : 하천, 댐, 호수, 늪, 저수지, 그 밖에 인공으로 조성된 담수나 기수(汽水)의 수류 또는 수면

**362** 「수상레저안전법」상 수상레저기구 중 동력수상레저기구는 모두 몇 개인가?

| ① 수상오토바이 | ② 고무보트 | ③ 스쿠터 | ④ 수상스키 |
| ⑤ 호버크라프트 | ⑥ 파라세일 | ⑦ 조 정 | ⑧ 카 약 |

갑. 3개
을. 4개
병. 5개
정. 6개

> **해설**
> 동력수상레저기구의 종류(「수상레저안전법」 제2조 제4호, 시행령 제2조 제1항)
> 동력수상레저기구는 추진기관이 부착되어 있거나 추진기관을 부착하거나 분리하는 것이 수시로 가능한 수상레저기구로서 수상오토바이, 모터보트, 고무보트, 세일링요트(돛과 기관이 설치된 것), 스쿠터, 공기부양정(호버크라프트), 수륙양용기구, 그 밖에 수상레저기구와 비슷한 구조·형태·추진기관 또는 운전방식을 가진 것으로서 해양경찰청장이 정하여 고시하는 수상레저기구를 말한다.

**363** 「수상레저안전법」상 수상레저사업자 및 그 종사자의 고의 또는 과실로 사람을 사상한 경우 처분으로 가장 옳은 것은?

갑. 6월 이내의 기간을 정하여 영업의 전부 또는 일부의 정지를 명하여야 한다.
**을. 수상레저사업의 등록을 취소하거나 3개월의 범위에서 영업의 전부 또는 일부의 정지를 명할 수 있다.**
병. 수상레저사업의 등록을 취소하거나 6개월 이내의 기간을 정하여 영업의 전부 또는 일부의 정지를 명할 수 있다.
정. 수상레저사업의 등록을 취소하여야 한다.

> **해설** 수상레저사업의 등록취소 등(「수상레저안전법」 제48조 제4호)
> 수상레저사업자 또는 그 종사자의 고의 또는 과실로 사람을 사상한 경우 해양경찰서장 또는 시장·군수·구청장은 수상레저사업의 등록을 취소하거나 3개월의 범위에서 영업의 전부 또는 일부의 정지를 명할 수 있다.

**364** 「수상레저안전법」상 외국인에 대한 조종면허의 특례로 옳지 않은 것은?

갑. 수상레저활동을 하려는 외국인이 국내에서 개최되는 국제경기대회에 참가하여 수상레저기구를 조종하는 경우에는 조종면허를 받지 않아도 된다.
을. 국제경기대회 개최일 10일 전부터 국제경기대회 기간까지 특례가 적용된다.
병. 국내 수역에만 특례가 적용된다.
**정. 4개국 이상이 참여하는 국제경기대회에 특례가 적용된다.**

> **해설** 외국인에 대한 조종면허의 특례(「수상레저안전법」 시행규칙 제3조)
> 법 제6조 제1항에 따라 외국인이 국내에서 개최되는 국제경기대회에서 수상레저기구를 조종하는 경우에는 다음의 기준에 따라야 한다.
> • 수상레저기구의 종류 : 「수상레저안전법 시행령」 제2조 제1항에 따른 수상레저기구
> • 조종기간 : 국제경기대회 개최일 10일 전부터 국제경기대회 종료 후 10일까지
> • 조종지역 : 국내 수역
> • 국제경기대회의 종류 및 규모 : 2개국 이상이 참여하는 국제경기대회

**365** 다음 중 조종면허에 관한 설명 중 옳지 않은 것은?

갑. 조종면허를 받으려는 자는 해양경찰청장이 실시하는 면허시험에 합격하여야 한다.
을. 면허시험은 필기시험·실기시험으로 구분하여 실시한다.
병. 조종면허를 받으려는 자는 면허시험 응시원서를 접수한 후부터 해양경찰청장이 실시하는 수상안전교육을 받아야 한다.
**정**. 조종면허의 효력은 조종면허를 받으려는 자가 면허시험에 최종 합격할 날부터 발생한다.

> **해설** 면허증 발급(「수상레저안전법」 제15조 제2항)
> 조종면허의 효력은 면허증을 본인이나 그 대리인에게 발급한 때부터 발생한다.

**366** 「수상레저안전법」상 주취 중 조종금지에 대한 설명 중 옳지 않은 것은?

갑. 술에 취한 상태의 기준은 혈중알콜농도 0.03퍼센트 이상으로 한다.
을. 술에 취하였는지 여부를 측정한 결과에 불복하는 수상레저활동자에 대해서는 해당 수상레저활동자의 동의를 받아 혈액채취 등의 방법으로 다시 측정할 수 있다.
**병**. 술에 취한 상태에서 동력수상레저기구를 조종한 자는 1년 이하의 징역 또는 1천만원 이하의 벌금에 처하고, 조종면허의 효력을 정지할 수 있다.
정. 술에 취한 상태라고 인정할 만한 상당한 이유가 있는데도 관계공무원의 측정에 따르지 아니한 자는 1년 이하의 징역 또는 1천만원 이하의 벌금에 처하고, 조종면허를 취소하여야 한다.

> **해설** 「수상레저안전법」 제27조(주취 중 조종 금지), 제61조(벌칙)
> 술에 취한 상태에서 동력수상레저기구를 조종한 사람은 1년 이하의 징역 또는 1천만원 이하의 벌금에 처하고, 조종면허를 취소하여야 한다.

**367** 「수상레저안전법」상 면허시험 종사자의 교육시간에 관한 것이다. 박스의 (  ) 안의 수치를 합한 시간은?

> 해양경찰청장은 교육대상자별로 1년에 한 번 정기교육을 실시하며, 교육 대상자가 종사하는 기관별로 이수해야 하는 시간은 면허시험 면제교육기관과 시험 대행기관은 ( ① )시간 이상, 안전교육 위탁기관은 ( ② )시간 이상으로 한다.

갑. 30  **을**. 29
병. 28  정. 27

**정답** 365 정  366 병  367 을

**종사자에 대한 교육(「수상레저안전법」 시행규칙 제22조)**
- 면허시험 면제교육기관의 강사, 시험 대행기관의 시험관 : 21시간 이상
- 안전교육 위탁기관의 강사 : 8시간 이상

## 368 「수상레저안전법」상 옳지 않은 것은?

갑. 등록을 갱신하려는 자는 등록의 유효기간 종료일 5일 전까지 수상레저사업 등록·갱신등록 신청서를 관할 해양경찰서장 또는 시장·군수·구청장에게 제출하여야 한다.
을. 과태료의 부과·징수, 재판 및 집행 등의 절차에 관한 사항은 「질서위반행위규제법」에 따른다.
병. 내수면이란 하천, 댐, 호수, 늪, 저수지, 그 밖의 인공으로 조성된 담수나 기수의 수류 또는 수면을 말한다.
**정.** 수상레저 일반조종면허시험 필기시험 법규 과목으로는 「수상레저안전법」, 「선박의 입항 및 출항 등에 관한 법률」, 「해사안전법」, 「선박안전법」이 있다.

 **필기시험 과목(「수상레저안전법」 시행령 별표2)**
필기시험 중 법규 과목은 「수상레저안전법」, 「수상레저기구의 등록 및 검사에 관한 법률」, 「선박의 입항 및 출항 등에 관한 법률」, 「해사안전법」, 「해양환경관리법」, 「전파법」이 있다.

## 369 「수상레저안전법」상 인명안전장비의 착용에 대한 내용 중 빈칸 안에 들어갈 단어로 옳은 것은?

> 인명안전장비에 관하여 특별한 지시를 하지 아니하는 경우에는 구명조끼를 착용하며, 서프보드 또는 패들보드를 이용한 수상레저활동의 경우에는 ( ㉠ )를 착용하여야 하며, 워터슬레이드를 이용한 수상 레저활동 또는 래프팅을 할 때에는 구명조끼와 함께 ( ㉡ )를 착용하여야 한다.

**갑.** ㉠ 보드리쉬, ㉡ 안전모
을. ㉠ 구명장갑, ㉡ 드로우백
병. ㉠ 구명슈트, ㉡ 구명장갑
정. ㉠ 구명줄, ㉡ 노

 **안전장비의 착용(「수상레저안전법」 시행규칙 제23조 제1항)**
수상레저활동을 하는 사람은 관할 해양경찰서장 또는 특별자치시장·제주특별자치도지사·시장·군수 및 구청장이 안전장비에 관하여 특별한 지시를 하지 않는 경우에는 구명조끼[서프보드 또는 패들보드를 사용하여 수상레저활동을 하는 경우에는 보드리쉬(Board Leash : 서프보드 또는 패들보드와 발목을 연결하여 주는 장비)를 말한다]를 착용해야 하며, 워터슬레이드를 사용하여 수상레저활동 또는 래프팅을 할 때에는 구명조끼와 함께 안전모를 착용해야 한다.

**370** 다음 「수상레저안전법」상 면허시험의 공고내용으로 옳지 않은 것은?

갑. 면허시험의 일시 및 장소
**을. 시험 합격기준**
병. 응시자격
정. 제출서류 및 제출기한

> **해설** 면허시험의 공고(「수상레저안전법」 시행규칙 제5조)
> 해양경찰청장은 면허시험을 실시하려는 경우에는 다음의 사항을 관보 또는 일간신문에 싣거나 수상레저종합정보시스템, 지방해양경찰청 및 해양경찰서의 게시판에 게시해야 한다.
> • 면허시험의 일시 및 장소
> • 면허시험 과목
> • 응시자격
> • 제출서류 및 제출기한
> • 그 밖에 면허시험 실시를 위하여 필요한 사항

**371** 항해구역을 평수구역으로 지정받은 동력수상레저기구를 이용하여 항해구역을 연해구역 이상으로 지정받은 동력수상레저기구와 500미터 이내의 거리에서 동시에 이동하려고 할 때, 운항 신고 내용으로 옳지 않은 것은?

갑. 수상레저기구의 종류
을. 운항시간
병. 운항자의 성명 및 연락처
**정. 보험가입증명서**

> **해설** 「수상레저안전법」 시행령 제20조(운항방법 등의 준수), 시행규칙 별지 제21호
> • 운항구역을 평수구역으로 지정받은 동력수상레저기구를 사용하여 운항구역을 연해구역 이상으로 지정받은 동력수상레저기구와 500미터 이내의 거리에서 동시에 운항하기 위하여 관할 해양경찰서장에게 해양수산부령으로 정하는 운항신고서(별지 제21호)를 제출한 경우 지정된 운항구역 외의 구역도 이동이 가능하다.
> • 운항신고서 신고사항에 운항자 성명 · 생년월일 · 전화번호, 동력수상레저기구의 종류, 동력수상레저기구의 명칭, 출항 및 입항예정 일시 및 장소를 기재해야 한다.

**372** 「수상레저안전법」상 수상레저사업에 이용되는 인명구조용 장비에 대한 설명 중 옳지 않은 것은?

갑. 구명조끼는 탑승정원의 110퍼센트 이상에 해당하는 수의 구명조끼를 갖추어야 하고, 탑승정원의 10퍼센트는 소아용으로 한다.

을. 비상구조선은 비상구조선임을 표시하는 주황색 깃발을 달아야 한다.

병. 영업구역이 3해리 이상인 경우에는 수상레저기구에 사업장 또는 가까운 무선국과 연락할 수 있는 통신장비를 갖추어야 한다.

정. 탑승정원이 13명 이상인 동력수상레저기구에는 선실, 조타실 및 기관실에 각각 1개 이상의 소화기를 갖추어야 한다.

> **해설** 수상레저사업의 등록기준(「수상레저안전법」 시행규칙 별표8 제1호 마목)
> 영업구역이 2해리 이상인 경우에는 수상레저기구에 해당 사업장 또는 가까운 무선국과 연락할 수 있는 통신장비를 갖출 것

**373** 「수상레저안전법」상 수상레저사업에 이용하는 비상구조선의 수에 대한 설명으로 옳지 않은 것은?

갑. 수상레저기구가 30대 이하인 경우 1대 이상의 비상구조선을 갖춰야 한다.

을. 수상레저기구가 31대 이상 50대 이하인 경우 2대 이상의 비상구조선을 갖춰야 한다.

병. 수상레저기구가 31대 이상인 경우 30대를 초과하는 30대마다 1대씩 더한 수 이상의 비상구조선을 갖춰야 한다.

정. 수상레저기구가 51대 이상인 경우 50대를 초과하는 50대마다 1대씩 더한 수 이상의 비상구조선을 갖춰야 한다.

> **해설** 수상레저사업의 등록기준(「수상레저안전법」 시행규칙 별표8)
> 수상레저기구(래프팅에 사용되는 수상레저기구와 수상스키, 파라세일, 워터슬레이드 등 견인되는 수상레저기구는 제외한다)의 수에 따라 다음의 구분에 따른 비상구조선을 갖출 것. 다만, 케이블 수상스키 또는 케이블 웨이크보드 등 케이블을 사용하는 수상레저기구만을 갖춘 수상레저사업장의 경우에는 다른 수상레저기구가 없더라도 반드시 1대 이상의 비상구조선을 갖춰야 한다.
> • 수상레저기구가 30대 이하인 경우 : 1대 이상
> • 수상레저기구가 31대 이상 50대 이하인 경우 : 2대 이상
> • 수상레저기구가 51대 이상인 경우 : 50대를 초과하는 50대마다 1대씩 더한 수 이상

**374** 「수상레저안전법」상 해양경찰청장이 조종면허를 취소해야 하는 사유가 아닌 것은?

갑. 거짓이나 그 밖의 부정한 방법으로 조종면허를 받은 경우
을. 조종면허 효력정지 기간에 조종을 한 경우
병. 조종 중 고의 또는 과실로 사람을 사상한 경우
정. 조종면허를 받을 수 없는 사람이 조종면허를 받은 경우

 조종 중 고의 또는 과실로 사람을 사상하거나 다른 사람의 재산에 중대한 손해를 입힌 경우에는 조종면허 효력 '정지 사유'에 해당한다.

**조종면허의 취소 사유(「수상레저안전법」 제17조 제1항)**
- 거짓이나 그 밖의 부정한 방법으로 조종면허를 받은 경우
- 조종면허 효력정지 기간에 조종을 한 경우
- 조종면허의 결격사유에 따라 조종면허를 받을 수 없는 사람에 해당된 경우(정신질환자, 마약·향정신성 의약품 또는 대마중독자)
- 조종면허의 결격사유에 따라 조종면허를 받을 수 없는 사람이 조종면허를 받은 경우
- 주취 중 조종 금지 조항을 위반하여 술에 취한 상태에서 조종을 하거나, 술에 취한 상태라고 인정할 만한 상당한 이유가 있음에도 불구하고 관계공무원의 측정에 따르지 아니한 경우
- 조종 중 고의 또는 과실로 사람을 사상하거나 다른 사람의 재산에 중대한 손해를 입힌 경우
- 면허증을 다른 사람에게 빌려주어 조종하게 한 경우
- 약물의 영향으로 인하여 정상적으로 조종하지 못할 염려가 있는 상태에서 동력수상레저기구를 조종한 경우
- 그 밖에 수상레저활동의 안전과 질서 유지를 위한 명령을 위반한 경우

**375** 다음 「수상레저안전법」상 운항규칙에 대한 내용 중 빈칸 안에 들어갈 단어로 옳은 것은?

다른 수상레저기구 등과 정면으로 충돌할 위험이 있을 때에는 음성신호·수신호 등 적절한 방법으로 상대에게 이를 알리고 ( ㉠ )쪽으로 진로를 피해야 하며, 다른 수상레저기구 등의 진로를 횡단하여 충돌의 위험이 있을 때에는 다른 수상레저기구 등을 ( ㉡ )에 두고 있는 수상레저기구가 진로를 피해야 한다.

갑. ㉠ 우현, ㉡ 왼쪽
을. ㉠ 우현, ㉡ 오른쪽
병. ㉠ 좌현, ㉡ 왼쪽
정. ㉠ 좌현, ㉡ 오른쪽

 **운항방법에 관한 준수사항(「수상레저안전법」 시행령 별표11)**
- 다른 수상레저기구 등과 정면으로 충돌할 위험이 있을 때에는 음성신호·수신호 등 적절한 방법으로 상대에게 이를 알리고, 우현(뱃머리를 향하여 오른쪽에 있는 뱃전) 쪽으로 진로를 피해야 한다.
- 다른 수상레저기구 등의 진로를 횡단하는 경우에 충돌의 위험이 있을 때에는 다른 수상레저기구 등을 오른쪽에 두고 있는 수상레저기구가 진로를 피해야 한다.

**376** 「수상레저안전법」상 조종면허의 결격사유 관련 개인정보를 해양경찰청장에게 통보할 의무가 없는 사람은?

갑. 병무청장
을. 보건복지부장관
**병. 경찰서장**
정. 시장·군수·구청장

> **해설** 조종면허의 결격사유 관련 개인정보의 통보(「수상레저안전법」 제7조, 시행령 제6조)
> 개인정보를 가지고 있는 기관 중 대통령령으로 정하는 기관의 장(보건복지부장관, 병무청장, 특별시장·광역시장·특별자치시장·도지사 및 특별자치도지사 또는 시장·군수 및 자치구의 구청장, 육군참모총장, 해군참모총장, 공군참모총장 또는 해병대사령관, 정신의료기관의 장)은 조종면허의 결격사유와 관련이 있는 개인정보를 해양경찰청장에게 통보하여야 한다.

**377** 「수상레저기구의 등록 및 검사에 관한 법률」상 정원 또는 운항구역을 변경하려는 경우 받아야 하는 안전검사는?

갑. 정기검사
**을. 임시검사**
병. 신규검사
정. 중간검사

> **해설** 안전검사(「수상레저기구의 등록 및 검사에 관한 법률」 제15조 제1항)
> 동력수상레저기구의 소유자는 해양경찰청장이 실시하는 다음의 구분에 따른 검사(안전검사)를 받아야 한다.
> • 신규검사 : 등록을 하려는 경우 실시하는 검사
> • 정기검사 : 등록 이후 일정 기간마다 정기적으로 실시하는 검사
> • 임시검사 : 다음의 사항을 변경하려는 경우 실시하는 검사
>  – 정원 또는 운항구역(이 경우 정원의 변경은 해양경찰청장이 정하여 고시하는 최대승선정원의 범위 내로 한정한다)
>  – 해양수산부령으로 정하는 구조, 설비 또는 장치

**378** 동력수상레저기구 일반조종면허 실기시험 사행 시 감점사항으로 옳은 것은?

갑. 첫 번째 부이로부터 시계방향으로 진행한 경우
을. 부이로부터 3미터 이상으로 접근한 경우
병. 3개의 부이와 일직선으로 침로를 유지한 경우
정. 사행 중 갑작스러운 핸들조작으로 선회가 부자연스러운 경우

갑. 첫 번째 부표(buoy)로부터 시계방향으로 진행하지 않고 반대방향으로 진행한 경우(반대방향 진행) 감점 3점에 해당한다.
을. 부표(buoy)로부터 3미터 이내로 접근한 경우(부표 3미터 접근) 감점 9점에 해당한다.
병. 첫 번째 부표 약 30미터 전방에서 3개의 부표와 일직선으로 침로를 유지하지 못한 경우(사행진입 불량) 감점 3점에 해당한다.
정. 사행 중 갑작스런 핸들 조작으로 선회가 부자연스러운 경우(부자연스러운 선회) 감점 3점에 해당한다.

**379** 일반조종면허 실기시험 중 실격사유로 옳지 않은 것은?

갑. 3회 이상의 출발 지시에도 출발하지 못한 경우
을. 속도전환레버 및 핸들 조작 미숙 등 조종능력이 현저히 부족하다고 인정되는 경우
병. 계류장과 선수 또는 선미가 부딪힌 경우
정. 이미 감점한 점수의 합계가 합격기준에 미달함이 명백한 경우

병. 계류장과 선수 또는 선미가 부딪힌 경우는 3점 감점사항이다.
**실기시험의 실격 사유(「수상레저안전법」 시행규칙 별표1)**
다음의 어느 하나에 해당하는 경우에는 시험을 중단하고 실격으로 처리한다.
- 3회 이상 출발 불가 및 응시자 시험 포기
- 조종능력 부족으로 시험진행 곤란
- 현저한 사고위험
- 음주상태
- 시험관의 지시·통제 불응 또는 임의 시험 진행
- 중간점수 합격기준 미달

**380** 「수상레저안전법」상 동력수상레저기구끼리 알맞게 짝지어진 것은?

갑. 수상오토바이, 조정
을. 워터슬레이드, 수상자전거
병. 스쿠터, 호버크라프트
정. 모터보트, 서프보드

> **해설** 수상레저기구의 종류(「수상레저안전법」 시행령 제2조)
>
> | 동력수상레저기구 | 수상오토바이, 모터보트, 고무보트, 세일링요트(돛과 기관이 설치된 것), 스쿠터, 공기부양정(호버크라프트), 수륙양용기, 동력 조정, 동력 카약, 동력 카누, 동력 수상자전거, 동력 서프보드, 동력 웨이크보드, 수중익(水中翼)형 전동보드 |
> |---|---|
> | 무동력수상레저기구 | 수상스키(케이블 수상스키 포함), 파라세일, 조정, 카약, 카누, 워터슬레이드, 수상자전거, 서프보드, 노보트, 무동력 요트, 윈드서핑, 웨이크보드(케이블 웨이크보드 포함), 카이트보드, 공기주입형 고정식 튜브, 플라이보드, 패들보드, 리버버그, 무동력 페달형 보트, 무동력 페달형 보드 |

### 381 「수상레저안전법」상 빈칸 안에 들어갈 말로 옳은 것은?

> 면허시험에서 부정행위를 하여 시험의 중지 또는 무효의 처분을 받은 사람은 그 처분이 있는 날부터 (　　)년 간 면허시험에 응시할 수 없다.

갑. 6개월　　　　　　　　　　　　을. 1년

병. 2년　　　　　　　　　　　　정. 3년

> **해설** 부정행위자에 대한 제재(「수상레저안전법」 제11조)
> - 해양경찰청장은 면허시험에서 부정행위를 한 사람에 대하여 그 시험을 중지하게 하거나 무효로 할 수 있다.
> - 해당 시험의 중지 또는 무효의 처분을 받은 사람은 그 처분이 있는 날부터 2년간 면허시험에 응시할 수 없다.

### 382 「수상레저안전법」상 조종면허 응시원서의 제출 등에 대한 내용으로 옳지 않은 것은?

갑. 시험면제 대상은 해당함을 증명하는 서류를 제출해야 한다.

을. 응시표의 유효기간은 접수일로부터 6개월이다.

병. 면허시험의 필기시험에 합격한 경우에는 그 합격일로부터 1년까지로 한다.

정. 응시표를 잃어버렸을 경우 다시 발급받을 수 있다.

> **해설** 면허시험 응시원서의 제출 및 접수 등(「수상레저안전법」 시행규칙 제6조 제4항)
> 응시표의 유효기간은 해당 응시원서의 접수일부터 1년까지로 하며, 면허시험의 필기시험에 합격한 경우에는 그 필기시험 합격일부터 1년까지로 한다.

**정답** 381 병　382 을

**383** 수상레저 활동을 하는 사람은 수상레저기구에 동승한 사람이 사망·실종 또는 중상을 입은 경우 지체없이 사고 신고를 하여야 한다. 이때 신고를 받는 행정기관의 장으로 옳지 않은 것은?

갑. 경찰서장
을. 해양경찰서장
**병. 시장·군수·구청장**
정. 소방서장

 사고의 신고 등(「수상레저안전법」 제24조 제1항)
수상레저활동을 하는 사람은 다음의 어느 하나에 해당할 때에는 해양수산부령으로 정하는 바에 따라 지체없이 해양경찰관서, 경찰관서 또는 소방관서 등 관계 행정기관에 신고하여야 한다.
- 수상레저기구에 동승한 사람이 사고로 사망·실종 또는 중상을 입은 경우
- 충돌, 좌초 또는 그 밖에 수상레저기구의 안전운항에 영향을 미치거나 미칠 우려가 있는 사고가 발생하였을 경우

**384** 「수상레저안전법」에 규정된 수상레저활동자의 준수사항으로 옳지 않은 것은?

갑. 정원 초과 금지
**을. 과속 금지**
병. 면허증 휴대
정. 주취 중 조종 금지

 「수상레저안전법」상 수상레저활동자의 준수사항
- 제16조(면허증 휴대 등 의무) : 동력수상레저기구를 조종하는 사람은 면허증을 지니고 있어야 한다.
- 제27조(주취 중 조종 금지) : 누구든지 술에 취한 상태에서 동력수상레저기구를 조종하여서는 아니 된다.
- 제29조(정원 초과 금지) : 누구든지 그 수상레저기구의 정원을 초과하여 사람을 태우고 운항하여서는 아니 된다.

**385** 「수상레저기구의 등록 및 검사에 관한 법률」상 시험운항 허가에 대한 내용으로 옳지 않은 것은?

갑. 시험운항 구역이 내수면인 경우 관할하는 시장·군수·구청장에게 신청해야 한다.
을. 시험운항 허가 관서의 장은 시험운항을 허가하는 경우에는 시험운항 허가증을 내줘야 한다.
병. 시험운항 허가 운항구역은 출발지로부터 직선거리로 10해리 이내이다.
**정. 시험운항 허가 기간은 10일로 한다.**

 시험운항의 허가(「수상레저기구의 등록 및 검사에 관한 법률」 시행령 제11조 제3항)
시험운항 허가의 기간 및 운항구역은 다음과 같다.
- 기간 : 7일 이내(해뜨기 전 30분부터 해진 후 30분까지로 한정)
- 운항구역 : 출발지로부터 직선거리로 10해리 이내

**386** 「수상레저안전법」상 무동력수상레저기구를 이용하여 수상에서 노를 저으며 급류를 타거나 유락행위를 하는 수상레저 활동을 무엇이라고 하는가?

갑. 윈드서핑
을. 스킨스쿠버
병. 래프팅
정. 파라세일

> **해설** 용어의 정의(「수상레저안전법」 제2조 제2호)
> 래프팅이란 무동력수상레저기구를 사용하여 계곡이나 하천에서 노를 저으며 급류 또는 물의 흐름 등을 타는 수상레저활동을 말한다.

**387** 「수상레저안전법」상 정의로 옳지 않은 것은?

갑. 웨이크보드는 수상스키의 변형된 형태로 볼 수 있다.
을. 강과 바다가 만나는 부분의 기수는 해수면으로 분류된다.
병. 수면비행선은 수상레저사업장에서 수상레저기구로 이용할 수 있지만, 선박법에 따라 등록하고 선박직원법에서 정한 면허를 가지고 조종해야 한다.
정. 「수상레저안전법」상의 세일링요트는 돛과 마스트로 풍력을 이용할 수 있고, 기관(엔진)도 설치된 것을 말한다.

> **해설** 용어의 정의(「수상레저안전법」 제2조)
> • 해수면 : 바다의 수류나 수면
> • 내수면 : 하천, 댐, 호수, 늪, 저수지, 그 밖에 인공으로 조성된 담수나 기수(汽水)의 수류 또는 수면

**388** 「수상레저안전법」상에서 명시한 적용 배제 사유로 옳지 않은 것은?

갑. 「낚시관리 및 육성법」에 따른 낚시어선업 및 그 사업과 관련된 수상에서의 행위를 하는 경우
을. 「유선 및 도선사업법」에 따른 유·도선사업 및 그 사업과 관련된 수상에서의 행위를 하는 경우
병. 「관광진흥법」에 의한 유원시설업 및 그 사업과 관련된 수상에서의 행위를 하는 경우
정. 「체육시설의 설치·이용에 관한 법률」에 따른 체육시설업 및 그 사업과 관련된 수상에서의 행위를 하는 경우

> **해설** 적용 배제(「수상레저안전법」 제3조 제1항)
> • 「유선 및 도선사업법」에 따른 유·도선사업 및 그 사업과 관련된 수상에서의 행위를 하는 경우
> • 「체육시설의 설치·이용에 관한 법률」에 따른 체육시설업 및 그 사업과 관련된 수상에서의 행위를 하는 경우
> • 「낚시관리 및 육성법」에 따른 낚시어선업 및 그 사업과 관련된 수상에서의 행위를 하는 경우

**389** 다음 중 「수상레저안전법」상 수상안전교육 과목에 포함되지 않는 것은?

갑. 수상레저안전에 관한 법령
을. 수상에서의 안전을 위하여 필요한 사항
병. 수상레저기구의 사용 및 관리에 관한 사항
정. 수상환경보존에 관한 사항

수상안전교육의 과목 및 내용 등(「수상레저안전법」 시행규칙 별표5)

| 과 목 | 내 용 |
|---|---|
| 수상레저안전 관계 법령 | • 「수상레저안전법」, 「수상레저기구의 등록 및 검사에 관한 법률」, 「선박 입항 및 출항에 관한 법률」, 「해사안전법」, 「해양환경관리법」 등 수상레저안전 관계 법령에 규정된 안전 의무 및 금지 사항<br>• 법령 위반으로 인한 안전사고 및 행정처분 등의 사례 등 |
| 수상레저기구의 사용·관리 | • 수상레저기구의 구조 및 추진방식<br>• 수상레저활동 전·후 점검사항<br>• 소모성 부품의 교환 및 보관 요령<br>• 자주 발생하는 고장 및 응급조치 방법 등 |
| 수상상식 | • 해양 위험 기상의 종류와 대처방법<br>• 수상레저활동에 필요한 기초상식(휴대전화 충전상태 확인, 구명조끼 등의 안전장비 착용방법, 출항 전 기상상태 확인방법 등) |
| 수상구조 | • 구명장비의 사용법 등<br>• 조난 발생 시 또는 물에 빠진 경우 생존 요령<br>• 응급처치, 인공호흡 및 심폐소생술<br>• 위급상황 발생 시 사고 및 대처방법 |

**390** 「수상레저안전법」상 수상레저활동을 하는 사람이 지켜야 할 운항규칙으로 옳지 않은 것은?

갑. 모든 수단에 의한 적절한 경계
을. 기상특보가 예보된 구역에서의 활동 금지
병. 다른 수상레저기구와 마주치는 경우 왼쪽으로 진로변경
정. 다른 수상레저기구와 동일방향 진행 시 2미터 이내 접근 금지

운항방법 및 기구의 속도 등에 관한 준수사항(「수상레저안전법」 시행령 별표11 제1호 나목)
다른 수상레저기구등과 정면으로 충돌할 위험이 있을 때에는 음성신호·수신호 등 적절한 방법으로 상대에게 이를 알리고 우현(뱃머리를 향하여 오른쪽에 있는 뱃전) 쪽으로 진로를 피해야 한다.

**391** 다음 중 야간에 수상레저활동자가 갖추어야 할 장비로 옳지 않은 것은?

갑. 통신기기
 을. 레이더
병. 위성항법장치(GPS)
정. 등이 부착된 구명조끼

> **해설** 야간 운항장비의 세부 기준(「수상레저안전법」 시행규칙 별표7)
> 항해등, 전등, 야간 조난신호장비, 등(燈)이 부착된 구명조끼, 통신기기, 구명부환, 소화기, 자기점화등, 나침반, 위성항법장치

**392** 등록대상 동력수상레저기구의 변경등록과 관련된 설명으로 옳지 않은 것은?

갑. 소유자의 이름 또는 법인의 명칭에 변경이 있는 때에 변경등록을 하여야 한다.
을. 매매·증여 등에 따른 소유권의 변경이 있는 때에 변경등록을 하여야 한다.
병. 구조·장치를 변경하였을 경우 변경등록을 하여야 한다.
 정. 구조·장치를 변경하였을 경우 등록기관(지방자치단체)의 변경승인이 필요하다.

> **해설** 변경등록의 신청 등(「수상레저기구의 등록 및 검사에 관한 법률」 시행령 제7조 제1항)
> 동력수상레저기구의 등록 사항 중 다음의 어느 하나에 해당하는 변경이 있는 경우에는 그 소유자나 점유자는 그 변경이 발생한 날부터 30일 이내에 해양수산부령으로 정하는 바에 따라 시장·군수·구청장에게 변경등록을 신청해야 한다.
> - 매매·증여·상속 등으로 인한 소유권의 변경
> - 소유자의 성명(법인인 경우에는 법인명) 또는 주민등록번호(법인인 경우에는 법인등록번호)의 변경
> - 동력수상레저기구 명칭의 변경
> - 임시검사의 실시 사유에 해당하는 정원, 운항구역, 구조, 설비 또는 장치의 변경
> - 용도의 변경
> - 그 밖에 동력수상레저기구의 등록 사항 중 해양경찰청장이 정하여 고시하는 사항의 변경

**393** 다음 중 수상레저기구 등록대상으로 옳지 않은 것은?

갑. 총톤수 15톤인 선외기 모터보트
을. 총톤수 15톤인 세일링요트
병. 추진기관 20마력인 수상오토바이
정. 추진기관 20마력인 고무보트

> **해설**
> 「수상레저기구의 등록 및 검사에 관한 법률」 제3조(적용범위) 및 시행령 제3조(적용제외)
> 수상레저활동에 사용하거나 사용하려는 것으로서 수상오토바이, 모터보트, 고무보트, 세일링요트(돛과 기관이 설치된 것)에 해당하는 동력수상레저기구에 대하여 적용한다. 다만, 동력수상레저기구의 총톤수, 출력 등을 고려하여 다음에서 정하는 경우에는 그러하지 아니하다.
> • 모터보트의 총톤수가 20톤 이상인 경우
> • 고무보트가 다음의 어느 하나에 해당하는 경우
>   – 공기를 넣으면 부풀고 공기를 빼면 접어서 운반할 수 있는 형태인 경우
>   – 고무보트의 추진기관이 30마력 미만(출력 단위가 킬로와트인 경우에는 22킬로와트 미만을 말한다)인 경우
> • 세일링요트(돛과 기관이 설치된 것)의 총톤수가 20톤 이상인 경우

**394** 「수상레저안전법」상 수상레저사업장에서 갖춰야 할 구명조끼에 대한 설명으로 옳지 않은 것은?

갑. 승선정원만큼 갖춰야 한다.
을. 소아용은 승선정원의 10퍼센트만큼 갖추어야 한다.
병. 사업자는 이용객이 구명조끼를 착용토록 조치하여야 한다.
정. 구명자켓 또는 구명슈트를 포함한다.

> **해설**
> 인명구조용 장비 – 구명조끼(「수상레저안전법」 시행규칙 별표8 제1호 마목)
> • 「전기용품 및 생활용품 안전관리법」에 따른 안전기준이나 해양수산부장관이 정하여 고시하는 선박 또는 어선의 구명설비기준에 적합한 제품일 것
> • 수상레저기구 탑승정원의 110퍼센트 이상에 해당하는 수의 구명조끼를 갖추고, 그 탑승정원의 10퍼센트는 소아용으로 갖출 것

**395** 「수상레저안전법」상 원거리 수상레저 활동의 신고 내용 중 옳지 않은 것은?

갑. 출발항으로부터 10해리 이상 떨어진 곳에서 수상레저활동을 하려는 사람은 해양경찰관서나 경찰관서에 신고하여야 한다.

을. 수상레저활동을 하는 사람은 수상레저기구에 동승한 사람이 사고로 사망·실종 또는 중상을 입은 경우에는 지체없이 해양경찰관서, 경찰관서 또는 소방관서 등 관계 행정기관에 신고하여야 한다.

병. 원거리 수상레저활동을 하려는 사람은 원거리 수상레저활동 신고서를 해양경찰관서나 경찰관서에 제출(팩스나 정보통신망을 이용한 전자문서의 제출을 포함)하여야 한다.

정. 선박안전 조업규칙에 따라 신고를 별도로 한 경우에도 원거리 수상레저활동 신고를 하여야 한다.

> **해설** 원거리 수상레저활동의 신고(「수상레저안전법」 제23조 제1항)
> 출발항으로부터 10해리 이상 떨어진 곳에서 수상레저활동을 하려는 사람은 해양수산부령으로 정하는 바에 따라 해양경찰관서나 경찰관서에 신고하여야 한다. 다만, 「선박의 입항 및 출항 등에 관한 법률」에 따른 출입 신고를 하거나 「선박안전 조업규칙」에 따른 출항·입항 신고를 한 선박인 경우에는 그러하지 아니하다.

**396** 「수상레저안전법」상 동력수상레저기구 조종면허 중, 제1급 조종면허를 가진 사람의 감독하에 수상레저활동을 하는 경우로서 다음의 요건을 충족할 때 무면허 조종이 가능한 경우로서 옳지 않은 것은?

갑. 해당 수상레저기구에 다른 수상레저기구를 견인하고 있지 않을 경우

을. 수상레저사업장 안에서 탑승정원이 4인 이하인 수상레저기구를 조종하는 경우

병. 면허시험과 관련하여 수상레저기구를 조종하는 경우

정. 수상레저기구가 4대 이하인 경우

> **해설** 무면허조종이 허용되는 경우(「수상레저안전법」 시행규칙 제28조 제1항)
> • 제1급 동력수상레저기구 조종면허를 가진 사람이 동시에 감독하는 수상레저기구가 3대 이하인 경우
> • 해당 수상레저기구가 다른 수상레저기구를 견인하고 있지 않은 경우
> • 다음의 어느 하나에 해당하는 경우
>  - 면허시험을 위하여 수상레저기구를 조종하는 경우
>  - 수상레저사업을 등록한 자(수상레저사업자)의 사업장 안에서 탑승 정원이 4명 이하인 수상레저기구를 조종하는 경우
>  - 학교에서 실시하는 교육·훈련을 위하여 수상레저기구를 조종하는 경우
>  - 수상레저활동 관련 단체로서 해양경찰청장이 정하여 고시하는 단체가 실시하는 비영리목적의 교육·훈련을 위하여 수상레저기구를 조종하는 경우

정답 395 정  396 정

**397** 「수상레저안전법」상 무동력수상레저기구끼리 짝지어진 것으로 옳은 것은?

갑. 세일링요트, 파라세일
을. 고무보트, 노보트
병. 수상오토바이, 워터슬레이드
정. 워터슬레이드, 서프보드

> **해설** 수상레저기구의 종류(「수상레저안전법」 시행령 제2조)
>
> | 동력수상레저기구 | 수상오토바이, 모터보트, 고무보트, 세일링요트(돛과 기관이 설치된 것), 스쿠터, 공기부양정(호버크라프트), 수륙양용기구, 동력 조정, 동력 카약, 동력 카누, 동력 수상자전거, 동력 서프보드, 동력 웨이크보드, 수중익(水中翼)형 전동보드 |
> |---|---|
> | 무동력수상레저기구 | 수상스키(케이블 수상스키 포함), 파라세일, 조정, 카약, 카누, 워터슬레이드, 수상자전거, 서프보드, 노보트, 무동력 요트, 윈드서핑, 웨이크보드(케이블 웨이크보드 포함), 카이트보드, 공기주입형 고정식 튜브, 플라이보드, 패들보드, 리버버그, 무동력 페달형 보트, 무동력 페달형 보드 |

**398** 동력수상레저기구의 등록사항 중 변경사항에 해당되지 않은 것은?

갑. 소유권의 변경이 있는 때
을. 기구의 명칭에 변경이 있는 때
병. 수상레저기구의 그 본래의 기능을 상실한 때
정. 구조나 장치를 변경한 때

> **해설** 변경등록의 신청 등(「수상레저기구의 등록 및 검사에 관한 법률」 시행령 제7조 제1항)
> 동력수상레저기구의 등록 사항 중 다음의 어느 하나에 해당하는 변경이 있는 경우에는 그 소유자나 점유자는 그 변경이 발생한 날부터 30일 이내에 해양수산부령으로 정하는 바에 따라 시장·군수·구청장에게 변경등록을 신청해야 한다.
> - 매매·증여·상속 등으로 인한 소유권의 변경
> - 소유자의 성명(법인인 경우에는 법인명) 또는 주민등록번호(법인인 경우에는 법인등록번호)의 변경
> - 동력수상레저기구 명칭의 변경
> - 임시검사의 실시 사유에 해당하는 정원, 운항구역, 구조, 설비 또는 장치의 변경
> - 용도의 변경
> - 그 밖에 동력수상레저기구의 등록 사항 중 해양경찰청장이 정하여 고시하는 사항의 변경

397 정  398 병

**399** 다음 중 수상레저기구의 직권말소에 대한 설명으로 옳지 않은 것은?

갑. 1개월 이내의 기간을 정하여 소유자에게 말소등록 하도록 최고한다.
을. 말소등록을 한 때에는 소유자에게 그 사실을 통지하여야 한다.
병. 직권말소 통지를 받은 소유자는 지체없이 등록증을 파기하여야 한다.
정. 부득이한 경우는 등록증을 반납하지 않을 수 있다.

> **해설** 말소등록의 신청 등(「수상레저기구의 등록 및 검사에 관한 법률」 시행규칙 제6조 제4항)
> 직권으로 말소등록을 한 시장·군수·구청장은 해당 동력수상레저기구의 소유자에게 그 사실을 통지해야 하며, 그 통지를 받은 소유자는 사고·천재지변 등의 부득이한 사유가 있는 경우를 제외하고는 지체 없이 등록증을 반납해야 한다.

**400** 동력수상레저기구 등록·검사 대상에 대한 설명으로 가장 옳지 않은 것은?

갑. 등록대상과 안전검사 대상은 동일하다.
을. 무동력 요트는 등록 및 검사에서 제외된다.
병. 모든 수상오토바이는 등록·검사 대상에 포함된다.
정. 책임보험가입 대상과 등록대상은 동일하다.

> **해설** 수상레저사업에 이용되는 수상레저기구는 등록 대상에 관계없이 보험 가입이 필요하다(수상레저안전법 시행령 제30조 참고).

**401** 「수상레저안전법」상 등록대상 동력수상레저기구의 보험가입 기간으로 가장 옳은 것은?

갑. 소유자의 필요시에 가입
을. 등록 후 1년까지만 가입
병. 등록기간 동안 계속하여 가입
정. 사업등록에 이용할 경우에만 가입

> **해설** 동력수상레저기구 소유자의 보험 등의 가입(「수상레저안전법」 시행령 제30조)
> 등록대상 동력수상레저기구의 소유자는 다음의 요건을 모두 갖춘 보험이나 공제(보험)에 가입해야 한다.
> • 가입기간 : 동력수상레저기구의 등록기간 동안 계속하여 가입할 것
> • 가입금액 : 「자동차손해배상 보장법」 시행령 제3조 제1항에 따른 금액 이상으로 할 것

**402** 다음 중 「수상레저안전법」상 등록대상 동력수상레저기구의 등록절차로 옳은 것은?

갑. 안전검사 – 등록 – 보험가입(필수)
을. 안전검사 – 등록 – 보험가입(선택)
병. 등록 – 안전검사 – 보험가입(선택)
**정. 안전검사 – 보험가입(필수) – 등록**

> **해설**
> '안전검사 신청 → 보험가입 → 등록신청 → 등록증 및 등록번호판 교부' 순으로 등록절차를 정리할 수 있다.

**403** 「수상레저안전법」상 수상레저사업자가 영업구역 안에서 금지사항으로 옳지 않은 것은?

갑. 영업구역을 벗어나 영업하는 행위
**을. 보호자를 동반한 14세 미만자를 수상레저기구에 태우는 행위**
병. 수상레저기구에 정원을 초과하여 태우는 행위
정. 수상레저기구 안으로 주류를 반입토록 하는 행위

> **해설**
> **사업자의 안전점검 등 조치(「수상레저안전법」 제44조 제2항)**
> 수상레저사업자와 그 종사자는 영업구역에서 다음의 행위를 하여서는 아니 된다.
> • 14세 미만인 사람(보호자를 동반하지 아니한 사람으로 한정), 술에 취한 사람 또는 정신질환자를 수상레저기구에 태우거나 이들에게 수상레저기구를 빌려주는 행위
> • 수상레저기구의 정원을 초과하여 태우는 행위
> • 수상레저기구 안에서 술을 판매·제공하거나 수상레저기구 이용자가 수상레저기구 안으로 이를 반입하도록 하는 행위
> • 영업구역을 벗어나 영업을 하는 행위
> • 수상레저활동시간 외에 영업을 하는 행위
> • 폭발물·인화물질 등의 위험물을 이용자가 타고 있는 수상레저기구로 반입·운송하는 행위
> • 안전검사를 받지 아니한 동력수상레저기구를 영업에 사용하는 행위
> • 비상구조선을 그 목적과 다르게 사용하는 행위

**404** 「수상레저안전법」상 수상레저사업 등록 시 영업구역이 2개 이상의 해양경찰서 관할 또는 시·군·구에 걸쳐있는 경우 사업등록은 어느 관청에서 해야 하는가?

갑. 수상레저사업장 소재지를 관할하는 관청
을. 수상레저사업장 주소지를 관할하는 관청
병. 영업구역이 중복되는 관청 간에 상호 협의하여 결정
**정. 수상레저기구를 주로 매어두는 장소를 관할하는 관청**

**수상레저사업의 등록 등(「수상레저안전법」 제37조 제1항 제3호)**
영업구역이 둘 이상의 해양경찰서장 또는 시장·군수·구청장의 관할 지역에 걸쳐있는 경우, 수상레저사업에 사용되는 수상레저기구를 주로 매어두는 장소를 관할하는 해양경찰서장 또는 시장·군수·구청장에게 수상레저사업의 등록을 하여야 한다.

**405** 「수상레저안전법」상 수상레저활동 안전을 위한 안전점검에 대한 설명으로 옳지 않은 것은?

갑. 기간을 정하여 당해 수상레저기구 사용정지를 명할 수 있다
을. 수상레저사업자에 대한 정비 및 원상복구 명령은 구두로 한다.
병. 수상레저기구 및 선착장 등 수상레저 시설에 대한 안전점검을 실시한다.
정. 점검결과에 따라 정비 또는 원상복구를 명할 수 있다.

 **정비 및 원상복구의 명령(「수상레저안전법」 시행규칙 제37조 제1항)**
수상레저활동 안전점검 결과에 대한 정비 또는 원상복구의 명령은 별지 제30호 서식의 정비 및 원상복구 명령서로 한다.

**406** 「수상레저안전법」상 인명안전장비의 설명으로 옳지 않은 것은?

갑. 서프보드 이용자들은 구명조끼 대신 보드리쉬(리쉬코드)를 착용할 수 있다.
을. 구명조끼 대신에 부력 있는 슈트를 착용해서는 안 된다.
병. 래프팅을 할 때는 구명조끼와 함께 안전모(헬멧) 착용해야 한다.
정. 해양경찰서장 또는 시·군·구청장이 안전장비의 착용기준을 조정한 때에는 수상레저 활동자가 보기 쉬운 장소에 그 사실을 게시하여야 한다.

 갑. 서프보드 이용자들은 보드리쉬를 착용하여야 한다.
**안전장비의 착용(「수상레저안전법」 시행규칙 제23조 제1항)**
수상레저활동을 하는 사람은 법 제20조에 따라 관할 해양경찰서장 또는 특별자치시장·제주특별자치도지사·시장·군수 및 구청장이 안전장비에 관하여 특별한 지시를 하지 않는 경우에는 구명조끼[서프보드 또는 패들보드를 사용하여 수상레저활동을 하는 경우에는 보드리쉬(Board Leash : 서프보드 또는 패들보드와 발목을 연결하여 주는 장비)를 말한다]를 착용해야 하며, 워터슬레이드를 사용하여 수상레저활동 또는 래프팅을 할 때에는 구명조끼와 함께 안전모를 착용해야 한다.

**407** 「수상레저안전법」상 야간 수상레저활동 시 갖춰야 할 장비로 올바르게 나열된 것은?

갑. 항해등, 나침반, 전등, 자동정지줄
을. 소화기, 통신기기, EPIRB, 위성항법장치(GPS)
**병. 야간 조난신호장비, 자기점화등, 위성항법장치(GPS), 구명부환**
정. 등이 부착된 구명조끼, 구명부환, 나침반, EPIRB

> **해설** 야간 운항장비의 세부 기준(「수상레저안전법」 시행규칙 별표7)
> 항해등, 전등, 야간 조난신호장비, 등(燈)이 부착된 구명조끼, 통신기기, 구명부환, 소화기, 자기점화등, 나침반, 위성항법장치

**408** 「수상레저안전법」의 제정 목적으로 가장 적절하지 않은 것은?

갑. 수상레저사업의 건전한 발전을 도모
을. 수상레저활동의 안전을 확보
**병. 수상레저활동으로 인한 사상자의 구조**
정. 수상레저활동의 질서를 확보

> **해설** 목적(「수상레저안전법」 제1조)
> 이 법은 수상레저활동의 안전과 질서를 확보하고 수상레저사업의 건전한 발전을 도모함을 목적으로 한다.

**409** 「수상레저안전법」상 동력수상레저기구 조종면허 중, 제2급 조종면허를 취득한 자가 제1급 조종면허를 취득한 경우 조종면허의 효력관계를 올바르게 설명한 것은?

갑. 제1급과 제2급 모두 유효하다.
**을. 제2급 조종면허의 효력은 상실된다.**
병. 제1급 조종면허의 효력은 상실된다.
정. 제1급과 제2급 조종면허 모두 유효하며, 각각의 갱신기간에 맞게 갱신만 하면 된다.

> **해설** 조종면허(「수상레저안전법」 제5조 제3항)
> 일반조종면허의 경우 제2급 조종면허를 받은 사람이 제1급 조종면허를 받은 때에는 제2급 조종면허의 효력은 상실된다.

**410** 다음 중 「수상레저안전법」상 동력수상레저기구 조종면허의 종류로 옳지 않은 것은?

갑. 제1급 조종면허
을. 제2급 조종면허
병. 소형선박 조종면허
정. 요트조종면허

 조종면허(「수상레저안전법」 제5조 제2항)
동력수상레저기구 조종면허의 종류에는 일반조종면허(제1급 조종면허, 제2급 조종면허), 요트조종면허가 있다.

**411** 「수상레저안전법」상 수상레저 활동자가 착용하여야 할 인명안전장비 종류를 조정할 수 있는 권한이 없는 자는?

갑. 해양경찰서장
을. 경찰서장
병. 구청장
정. 시장·군수

 안전장비의 착용(「수상레저안전법」 시행규칙 제23조 제2항)
관할 해양경찰서장 또는 시장·군수·구청장은 수상레저활동의 형태, 수상레저기구의 종류 및 날씨 등을 고려하여 수상레저활동을 하는 사람이 착용해야 하는 구명조끼·구명복 또는 안전모 등의 인명안전장비의 종류를 특정하여 착용 등의 지시를 할 수 있다.

**412** 다음 중 「수상레저안전법」에 규정된 수상레저기구로 옳지 않은 것은?

갑. 스쿠터
을. 관광잠수정
병. 조정
정. 호버크라프트

 수상레저기구의 종류(「수상레저안전법」 시행령 제2조)

| 동력수상레저기구 | 수상오토바이, 모터보트, 고무보트, 세일링요트(돛과 기관이 설치된 것), 스쿠터, 공기부양정(호버크라프트), 수륙양용기구, 동력 조정, 동력 카약, 동력 카누, 동력 수상자전거, 동력 서프보드, 동력 웨이크보드, 수중익(水中翼)형 전동보드 |
|---|---|
| 무동력수상레저기구 | 수상스키(케이블 수상스키 포함), 파라세일, 조정, 카약, 카누, 워터슬레이드, 수상자전거, 서프보드, 노보트, 무동력 요트, 윈드서핑, 웨이크보드(케이블 웨이크보드 포함), 카이트보드, 공기주입형 고정식 튜브, 플라이보드, 패들보드, 리버버그, 무동력 페달형 보트, 무동력 페달형 보드 |

정답  410 병  411 을  412 을

**413** 「수상레저안전법」상 제1급 조종면허를 받을 수 있는 나이의 기준으로 옳은 것은?

갑. 14세 이상
을. 16세 이상
**병. 18세 이상**
정. 19세 이상

> **해설** 조종면허의 결격사유 등(「수상레저안전법」 제7조 제1항)
> 14세 미만(제1급 조종면허의 경우에는 18세 미만)인 사람은 조종면허를 받을 수 없다.

**414** 「수상레저안전법」상 일정한 거리 이상에서 수상레저활동을 하고자 하는 자는 해양경찰관서에 신고하여야 한다. 신고 대상으로 옳은 것은?

갑. 해안으로부터 5해리 이상
을. 출발항으로부터 5해리 이상
병. 해안으로부터 10해리 이상
**정. 출발항으로부터 10해리 이상**

> **해설** 원거리 수상레저활동의 신고(「수상레저안전법」 제23조 제1항)
> 출발항으로부터 10해리 이상 떨어진 곳에서 수상레저활동을 하려는 사람은 해양수산부령으로 정하는 바에 따라 해양경찰관서나 경찰관서에 신고하여야 한다. 다만, 「선박의 입항 및 출항 등에 관한 법률」에 따른 출입 신고를 하거나 「선박안전 조업규칙」에 따른 출항·입항 신고를 한 선박인 경우에는 그러하지 아니하다.

**415** 등록대상 수상레저기구를 보험에 가입하지 않았을 경우 「수상레저안전법」상 과태료의 부과 기준은 얼마인가?

갑. 30만원
**을. 10일 이내 1만원, 10일 초과 시 1일당 1만원 추가, 최대 30만원까지**
병. 10일 이내 5만원, 10일 초과 시 1일당 1만원 추가, 최대 50만원까지
정. 50만원

> **해설** 과태료의 부과기준(「수상레저안전법」 시행령 별표14)
> 등록대상 동력수상레저기구의 소유자가 법 제49조 제1항을 위반하여 보험등에 가입하지 않은 경우
> • 위반기간이 10일 이하인 경우 : 1만원
> • 위반기간이 10일을 초과하는 경우 : 위반일수에 1만원을 곱한 금액(이 경우 부과금액은 30만원을 초과할 수 없음)

413 병  414 정  415 을

**416** 땅콩보트, 바나나보트, 플라잉피쉬 등과 같은 튜브형 기구로서 동력수상레저기구에 의해 견인되는 형태의 기구는?

갑. 에어바운스(Air Bounce)
을. 튜브체이싱(Tube Chasing)
병. 워터슬레이드(Water Sled)
정. 워터바운스(Water Bounce)

> **해설** 땅콩보트, 바나나보트, 플라잉피쉬 등과 같은 튜브형 기구로서 동력수상레저기구에 의해 견인되는 형태의 기구는 워터슬레이드(Water Sled)이다.

**417** 「수상레저안전법」상 동력수상레저기구 조종면허의 효력발생 시기는?

갑. 수상 안전교육을 이수한 때
을. 필기시험 합격일로부터 14일 이후
병. 면허시험에 최종 합격한 날
정. 동력수상레저기구 조종면허증을 본인 또는 대리인에게 발급한 때부터

> **해설** 면허증 발급(「수상레저안전법」 제15조 제2항)
> 조종면허의 효력은 제1항에 따라 면허증을 본인이나 그 대리인에게 발급한 때부터 발생한다.

**418** 다음 중 풍력을 이용하는 수상레저기구로 옳지 않은 것은?

갑. 케이블 웨이크보드(Cable Wake-Board)
을. 카이트보드(Kite-Board)
병. 윈드서핑(Wind Surfing)
정. 딩기요트(Dingy Yacht)

> **해설** 케이블 웨이크보드(Cable Wake-Board)는 보트 대신 미리 설치되어 있는 케이블에 웨이크보드를 연결하여 즐기는 스포츠로, 풍력이 아닌 전기를 사용한다(「수상레저안전법」 시행령 제2조 참고).

**정답** 416 병  417 정  418 갑

**419** 「수상레저안전법」상 동력수상레저기구 조종면허를 가진 자와 동승하여 무면허로 조종할 경우 면허를 소지한 사람의 요건으로 옳지 않은 것은?

갑. 제1급 일반조종면허를 소지할 것
을. 술에 취한 상태가 아닐 것
병. 약물을 복용한 상태가 아닐 것
정. 면허 취득 후 2년이 경과한 사람일 것

> **해설** 무면허조종이 허용되는 경우(「수상레저안전법」 시행규칙 제28조 제2항)
> 제1급 동력수상레저기구 조종면허 또는 요트조종면허를 가진 사람과 함께 탑승하여 조종하는 경우를 말한다. 다만, 면허를 가진 사람이 술에 취한 상태나 약물복용 상태에서 탑승하는 경우는 제외한다.

**420** 다음 중 「수상레저안전법」상 동력수상레저기구 조종면허를 받아야 조종할 수 있는 동력수상레저기구의 추진기관 최대출력 기준으로 올바른 것은?

갑. 3마력 이상
을. 5마력 이상
병. 10마력 이상
정. 50마력 이상

> **해설** 조종면허 대상 및 기준(「수상레저안전법」 시행령 제4조 제1항)
> 동력수상레저기구를 조종하는 사람이 동력수상레저기구 조종면허를 받아야 하는 동력수상레저기구는 추진기관의 최대 출력이 5마력 이상(출력 단위가 킬로와트인 경우에는 3.75킬로와트 이상을 말한다)인 동력수상레저기구로 한다.

**421** 「수상레저안전법」상 수상레저활동 금지구역에서 수상레저기구를 운항한 사람에 대한 과태료 부과기준은 얼마인가?

갑. 30만원
을. 40만원
병. 60만원
정. 100만원

> **해설** 과태료의 부과기준(「수상레저안전법」 시행령 별표14 제2호 카목)
> 수상레저활동 금지구역에서 수상레저활동을 한 경우 60만원의 과태료가 부과된다.

**422** 「수상레저안전법」에 대한 설명으로 옳지 않은 것은?

갑. 수상레저활동은 수상에서 수상레저기구를 이용하여 취미·오락·체육·교육 등의 목적으로 이루어지는 활동이다.
을. 「수상레저안전법」에서 정한 래프팅(Rafting)이란 무동력수상레저기구를 이용하여 계곡이나 하천에서 노를 저으며 급류 또는 물의 흐름을 타는 수상레저활동을 말한다.
병. 동력수상레저기구의 기관이 5마력 이상이면 동력수상레저기구 조종면허가 필요하다.
**정.** 선박법에 따라 항만청에 등록된 선박으로 레저활동을 하는 것은 수상레저기구로 볼 수 없다.

> **해설** 용어의 정의(「수상레저안전법」 제2조 제3호)
> "수상레저기구"란 수상레저활동에 사용되는 선박이나 기구로서 동력수상레저기구와 무동력수상레저기구로 구분된다.

**423** 「수상레저안전법」의 제정 목적으로 가장 옳지 않은 것은?

갑. 수상레저사업의 건전한 발전을 도모
을. 수상레저활동의 안전을 확보
**병.** 수상레저활동으로 인한 사상자의 구조
정. 수상레저활동의 질서를 확보

> **해설** 목적(「수상레저안전법」 제1조)
> 이 법은 수상레저활동의 안전과 질서를 확보하고 수상레저사업의 건전한 발전을 도모함을 목적으로 한다.

**424** 다음 중 수상레저기구 등록번호판에 관한 설명으로 옳은 것은?

갑. 뒷면에만 부착한다.
을. 앞면과 뒷면에 부착한다.
**병.** 옆면과 뒷면에 부착한다.
정. 번호판은 규격에 맞지 않아도 된다.

> **해설** 등록번호판의 부착(「수상레저기구의 등록 및 검사에 관한 법률」 시행규칙 제9조)
> 동력수상레저기구 소유자는 발급받은 동력수상레저기구 등록번호판 2개를 동력수상레저기구의 옆면과 뒷면에 각각 견고하게 부착해야 한다. 다만, 동력수상레저기구 구조의 특성상 뒷면에 부착하기 곤란한 경우에는 다른 면에 부착할 수 있다.

정답  422 정  423 병  424 병

**425** 「수상레저안전법」상 수상안전교육에 관한 내용으로 옳지 않은 것은?

갑. 안전교육 대상자는 동력수상레저기구 조종면허를 받고자 하는 자 또는 갱신하고자 하는 자이다.
을. 수상안전교육 시기는 동력수상레저기구 조종면허를 받으려는 자는 조종면허시험 응시원서를 접수한 후부터, 동력수상레저기구 조종면허를 갱신하려는 자는 조종면허 갱신기간 이내이다.
병. 수상안전교육 내용은 수상안전에 관한 법령, 수상레저기구의 사용과 관리에 관한 사항, 수상상식 및 수상구조, 그 밖의 수상안전을 위하여 필요한 사항이다.
정. 수상안전교육 시간은 3시간이고, 최초 면허시험 합격 전의 안전교육 유효기간은 5개월이다.

> 해설
> **수상안전교육(「수상레저안전법」 제13조 제1항)**
> 조종면허를 받으려는 사람은 면허시험 응시원서를 접수한 후부터, 면허증을 갱신하려는 사람은 면허증 갱신 기간 이내에 각각 해양경찰청장이 실시하는 다음의 수상안전교육을 받아야 한다. 다만, 최초 면허시험 합격 전의 안전교육의 유효기간은 6개월로 하며, 대통령령으로 정하는 사람에 대해서는 안전교육을 면제할 수 있다.
> • 수상안전에 관한 법령
> • 수상레저기구의 사용과 관리에 관한 사항
> • 그 밖에 수상안전을 위하여 필요한 사항

**426** 「수상레저안전법」상 원거리 수상레저활동 관련 설명으로 옳지 않은 것은?

갑. 출발항으로부터 10해리 이상 떨어진 곳에서 활동할 경우 신고하여야 한다.
을. 선박안전 조업규칙에 의한 신고를 별도로 한 경우에는 원거리 수상레저활동 신고의무의 예외로 본다.
병. 출발항으로부터 5해리 이상 떨어진 곳에서 활동할 경우 신고하여야 한다.
정. 원거리 수상레저활동은 해양경찰관서 또는 경찰관서에 신고한다.

> 해설
> **원거리 수상레저활동의 신고(「수상레저안전법」 제23조 제1항)**
> 출발항으로부터 10해리 이상 떨어진 곳에서 수상레저활동을 하려는 사람은 해양수산부령으로 정하는 바에 따라 해양경찰관서나 경찰관서에 신고하여야 한다. 다만, 출입 신고를 하거나 출항·입항 신고를 한 선박인 경우에는 그러하지 아니하다.

**427** 「수상레저안전법」상 수상레저사업장에 비치하는 비상구조선에 대한 설명으로 옳지 않은 것은?

갑. 비상구조선임을 표시하는 주황색 깃발을 달아야 한다.
을. 비상구조선은 30미터 이상의 구명줄을 갖추어야 한다.
병. 비상구조선은 탑승정원이 4명 이상, 속도가 시속 30노트 이상이어야 한다.
정. 망원경, 호루라기 1개 이상을 갖추어야 한다.

> **해설** 수상레저사업의 등록기준(「수상레저안전법」 시행규칙 별표8 제1항 바목)
> 탑승정원이 3명 이상이고 속도가 20노트 이상이어야 하며 다음의 장비를 모두 갖추어야 한다.
> - 망원경 1개 이상
> - 구명부환 또는 레스큐 튜브 2개 이상
> - 호루라기 1개 이상
> - 30미터 이상의 구명줄

**428** 「수상레저안전법」상 동력수상레저기구 조종면허의 종류와 기준을 바르게 나열한 것은?

갑. 제1급 조종면허 – 요트를 포함한 동력수상레저기구를 조종하는 자
**을. 제1급 조종면허 – 수상레저사업자 또는 종사자**
병. 제2급 조종면허 – 수상레저사업자 및 조종면허시험대행기관 시험관
정. 제2급 조종면허 – 조종면허시험대행기관 시험관

> **해설** 조종면허의 발급대상(「수상레저안전법」 시행령 제4조 제2항 참고)
>
> | 일반조종면허 | • 제1급 조종면허 : 수상레저사업의 종사자 및 시험대행기관의 시험관<br>• 제2급 조종면허 : 조종면허를 받아야 하는 동력수상레저기구(세일링요트는 제외)를 조종하려는 사람 |
> |---|---|
> | 요트조종면허 | • 세일링요트를 조종하려는 사람 |

**429** 다음 중 수상레저 사업등록 시 구비서류로 옳지 않은 것은?

갑. 수상레저기구 및 인명구조용 장비 명세서
**을. 수상레저기구 수리업체 명부**
병. 시설기준 명세서
정. 영업구역에 관한 도면

> **해설** 수상레저사업의 등록신청 등(「수상레저안전법」 시행규칙 제32조 제2항)
> 수상레저사업을 경영하려는 자는 수상레저사업 등록 신청서에 다음의 서류를 첨부하여 관할 해양경찰서장 또는 시장·군수·구청장에게 제출해야 한다.
> - 영업구역에 관한 도면
> - 시설기준 명세서
> - 수상레저사업자와 종사자의 명단 및 해당 면허증 사본(면허증 사본의 경우 수상레저종합정보시스템으로 확인이 가능한 경우는 제외)
> - 수상레저기구 및 인명구조용 장비 명세서
> - 인명구조요원 또는 래프팅가이드의 명단과 해당 자격증 사본
> - 공유수면등의 점용 또는 사용 등에 관한 허가서 사본

**430** 「수상레저안전법」상 수상레저사업장에서 금지되는 행위가 아닌 것은?

 갑. 15세인 자를 보호자 없이 태우는 행위
을. 술에 취한 자를 태우는 행위
병. 정신질환자를 태우는 행위
정. 수상레저기구 내에서 주류제공 행위

> **해설 사업자의 안전점검 등 조치(「수상레저안전법」 제44조 제2항)**
> 수상레저사업자와 그 종사자는 영업구역에서 다음의 행위를 하여서는 아니 된다.
> - 14세 미만인 사람(보호자를 동반하지 아니한 사람으로 한정한다), 술에 취한 사람 또는 정신질환자를 수상레저기구에 태우거나 이들에게 수상레저기구를 빌려주는 행위
> - 정원을 초과하여 태우는 행위
> - 수상레저기구 안에서 술을 판매·제공하거나 수상레저기구 안으로 이를 반입하도록 하는 행위
> - 영업구역을 벗어나 영업을 하는 행위
> - 수상레저활동시간 외에 영업을 하는 행위
> - 폭발물·인화물질 등의 위험물을 이용자가 타고 있는 수상레저기구로 반입·운송하는 행위
> - 안전검사를 받지 아니한 동력수상레저기구를 영업에 사용하는 행위
> - 비상구조선을 목적과 다르게 사용하는 행위

**431** 다음 중 「수상레저안전법」을 위반한 사람에 대한 과태료 부과 권한이 없는 사람은 누구인가?

갑. 통영시장
 을. 영도소방서장
병. 해운대구청장
정. 속초해양경찰서장

> **해설 과태료(「수상레저안전법」 제64조 제3항)**
> 과태료는 대통령령으로 정하는 바에 따라 해수면의 경우에는 해양경찰청장, 지방해양경찰청장 또는 해양경찰서장이, 내수면의 경우에는 시장·군수·구청장이 부과·징수한다.

**432** 다음 중 「수상레저안전법」상 동력수상레저기구 조종면허 종별 합격기준으로 옳지 않은 것은?

갑. 제1급 조종면허 – 필기 70점, 실기 70점
을. 제1급 조종면허 – 필기 70점, 실기 80점
병. 제2급 조종면허 – 필기 60점, 실기 60점
정. 요트조종면허 – 필기 70점, 실기 60점

> **해설** 필기시험 · 실기시험의 합격기준

| 필기시험 | 「수상레저안전법」 시행령 제8조 제3항<br>• 일반조종면허 : 100점을 만점으로 하여 제1급 조종면허는 70점 이상, 제2급 조종면허는 60점 이상일 것<br>• 요트조종면허 : 100점을 만점으로 하여 70점 이상일 것 |
|---|---|
| 실기시험 | 「수상레저안전법」 시행령 제9조 제2항<br>• 일반조종면허 : 100점을 만점으로 하여 제1급 조종면허는 80점 이상, 제2급 조종면허는 60점 이상일 것<br>• 요트조종면허 : 100점을 만점으로 하여 60점 이상일 것 |

**433** 다음 중 「수상레저안전법」상 동력수상레저기구 조종면허 중 제2급 조종면허의 필기 또는 실기시험 면제대상으로 옳지 않은 사람은?

 갑. 해양경찰관서에서 1년 이상 수난구조업무에 종사한 경력이 있는 사람
을. 소형선박조종사 면허를 가진 사람
병. 대한체육회 가맹 경기단체에서 동력수상레저기구 선수로 등록된 사람
정. 「선박직원법」에 따라 운항사 면허를 취득한 사람

> **해설** 면허시험의 면제(「수상레저안전법」 제9조 제1항)
> 해양경찰청장은 다음의 어느 하나에 해당하는 사람에 대하여 면허시험 과목의 전부 또는 일부를 면제할 수 있다. 다만, 제5호에 해당하는 때에는 면허시험(제2급 조종면허와 요트조종면허에 한정) 과목의 전부를 면제한다.
> 1. 대통령령으로 정하는 체육 관련 단체에 동력수상레저기구의 선수로 등록된 사람
> 2. 다음의 요건을 모두 갖춘 사람
>    • 「고등교육법」에 따른 학교에서 대통령령으로 정하는 동력수상레저기구 관련 학과를 졸업하였을 것 (법령에 따라 이와 같은 수준의 학력이 있다고 인정되는 경우를 포함)
>    • 해당 면허와 관련된 동력수상레저기구에 관한 과목을 이수하였을 것
> 3. 해기사 면허 중 대통령령(항해사·기관사·운항사·수면비행선박 조종사 또는 소형선박 조종사의 면허)으로 정하는 면허를 가진 사람
> 4. 한국해양소년단연맹 또는 경기단체에서 동력수상레저기구의 사용 등에 관한 교육·훈련업무에 1년 이상 종사한 사람으로서 해당 단체의 장의 추천을 받은 사람
> 5. 해양경찰청장이 지정·고시하는 기관이나 단체(면허시험 면제교육기관)에서 실시하는 교육을 이수한 사람
> 6. 제1급 조종면허 필기시험에 합격한 후 제2급 조종면허 실기시험으로 변경하여 응시하려는 사람

**정답** 433 갑

**434** 다음 중 동력수상레저기구를 등록할 때 등록신청서에 첨부하여 제출하여야 할 서류로 옳지 않은 것은?

갑. 안전검사증(사본)
을. 등록할 수상레저기구의 사진
병. 보험가입증명서
정. 등록자의 경력증명서

**등록의 신청 등**(「수상레저기구의 등록 및 검사에 관한 법률」 시행령 제4조 제1항)
동력수상레저기구를 등록하려는 자는 해양수산부령으로 정하는 등록신청서에 다음의 서류를 첨부하여 주소지를 관할하는 특별자치시장·제주특별자치도지사·시장·군수 및 구청장에게 제출해야 한다.
• 동력수상레저기구 또는 추진기관의 양도증명서, 제조증명서, 수입신고필증, 매매계약서 등 등록의 원인을 증명하는 서류
• 동력수상레저기구를 공동으로 소유하고 있는 경우 공동소유자의 대표자 및 공동소유자별 지분비율이 기재된 서류
• 등록의 원인에 대하여 제3자의 동의 또는 승낙이 필요한 경우에는 동의 또는 승낙을 받은 사실을 증명하는 서류(등록신청서에 제3자가 동의하거나 승낙한 뜻을 적고 서명하거나 날인한 경우는 제외)
• 안전검사증 사본(수상레저종합정보시스템으로 확인이 가능한 경우는 제외)
• 보험이나 공제에 가입한 사실을 증명하는 서류
• 등록하려는 동력수상레저기구의 앞면·뒷면 및 왼쪽면·오른쪽면의 사진 각 1장

**435** 「수상레저안전법」상 정원을 초과하여 사람을 태우고 수상레저기구를 조종한 경우 과태료 부과 기준은?

갑. 50만원
을. 60만원
병. 70만원
정. 100만원

**과태료의 부과기준**(「수상레저안전법」 시행령 별표14 제2호 차목)
정원을 초과하여 사람을 태우고 수상레저기구를 조종한 경우 60만원의 과태료를 과한다.

**436** 「수상레저안전법」에 의한 운항규칙으로 옳지 않은 것은?

갑. 다이빙대, 교량으로부터 20미터 이내의 구역에서는 10노트 이하로 운항해야 한다.
을. 등록대상 동력수상레저기구의 경우에는 안전검사증에 지정된 항해구역을 준수해야 한다.
병. 기상특보 중 경보가 발효된 구역에서도 관할 해양경찰관서에 그 운항신고를 하면 파도 또는 바람만을 이용하여 활동이 가능한 수상레저기구를 이용할 수 있다.
정. 안개 등으로 시정이 0.5킬로미터 이내로 제한되는 경우에는 레이더 및 초단파(VHF) 통신설비를 갖추지 아니한 수상레저기구는 운항해서는 안 된다.

**기상에 따른 수상레저활동의 제한(「수상레저안전법」 제22조, 시행령 제21조)**
누구든지 수상레저활동을 하려는 구역이 주의보 이상의 기상특보가 발효된 경우와 가시거리가 0.5킬로미터 이내로 제한되는 경우에는 수상레저활동을 하여서는 아니 된다. 다만, 파도 또는 바람만을 이용하는 수상레저기구의 특성을 고려하여 기상특보 중 풍랑·폭풍해일·호우·대설·강풍 주의보가 발효된 경우로서 수상레저활동을 하기 위하여 관할 해양경찰서장 또는 특별자치시장·제주특별자치도지사·시장·군수 및 구청장에게 해양수산부령으로 정하는 기상특보활동신고서를 제출한 경우에는 그러하지 아니하다.

**437** 동력수상레저기구 조종면허 시험 중 부정행위자에 대한 제재조치로서 옳지 않은 것은?

갑. 당해 시험을 중지시킬 수 있다.
을. 당해 시험을 무효로 할 수 있다.
병. 공무집행방해가 인정될 경우 형사처벌을 받을 수 있다.
정. 1년간 동력수상레저기구조종면허 시험에 응시할 수 없다.

**부정행위자에 대한 제재(「수상레저안전법」 제11조)**
- 해양경찰청장은 면허시험에서 부정행위를 한 사람에 대하여 그 시험을 중지하게 하거나 무효로 할 수 있다.
- 시험의 중지 또는 무효의 처분을 받은 사람은 그 처분이 있는 날부터 2년간 면허시험에 응시할 수 없다.

**438** 다음 중 「수상레저안전법」상 동력수상레저기구 조종면허를 받을 수 없는 경우로 옳지 않은 것은?

갑. 무면허 조종으로 단속된 날부터 1년이 지난 자
을. 동력수상레저기구 조종면허가 취소된 날부터 1년이 지나지 아니한 자
병. 정신질환자 중 수상레저활동을 수행할 수 없다고 정하는 자
정. 마약중독자 중 수상레저활동을 수행할 수 없다고 정하는 자

**조종면허의 결격사유 등(「수상레저안전법」 제7조 제1항)**
- 14세 미만(제1급 조종면허의 경우에는 18세 미만)인 사람. 다만, 대통령령으로 정하는 체육 관련 단체에 동력수상레저기구의 선수로 등록된 사람은 제외한다.
- 정신질환자 중 수상레저활동을 할 수 없다고 인정되어 대통령령으로 정하는 사람
- 마약·향정신성의약품 또는 대마 중독자 중 수상레저활동을 할 수 없다고 인정되어 대통령령으로 정하는 사람
- 조종면허가 취소된 날부터 1년이 지나지 아니한 사람
- 조종면허를 받지 아니하고 동력수상레저기구를 조종한 사람으로서 그 위반한 날부터 1년(사람을 사상한 후 구호 등 필요한 조치를 하지 아니하고 달아난 사람은 이를 위반한 날부터 4년)이 지나지 아니한 사람

**439** 「수상레저안전법」상 수상레저사업장에 대한 안전점검 항목으로 가장 옳지 않은 것은?

갑. 수상레저기구의 형식승인 여부
을. 수상레저기구의 안전성
병. 사업장 시설·장비 등이 등록기준에 적합한지의 여부
정. 인명구조요원 및 래프팅가이드의 자격·배치기준 적합여부

> **해설** 안전점검의 대상 및 항목(「수상레저안전법」 시행령 제25조 제1항)
> • 수상레저기구의 안전성(안전검사의 대상이 되는 동력수상레저기구는 제외)
> • 수상레저사업의 사업장에 설치된 시설·장비 등이 등록기준에 적합한지 여부
> • 수상레저사업자와 그 종사자의 조치 의무
> • 인명구조요원이나 래프팅가이드의 자격 및 배치기준 준수 의무
> • 수상레저사업자와 그 종사자의 행위제한 등의 준수 의무

**440** 다음 중 빈칸 안에 들어갈 말로 옳은 것은?

> 시·군·구청장은 민사집행법에 따라 ( )으로부터 압류등록의 촉탁이 있거나 국세징수법이나 지방세징수법에 따라 행정관청으로부터 압류등록의 촉탁이 있는 경우에는 해당 등록원부에 압류등록을 하고 소유자 및 이해관계자 등에게 통지하여야 한다.

갑. 해양수산부            을. 경찰청
병. 법원                  정. 해양경찰청

> **해설** 압류등록 등(「수상레저기구의 등록 및 검사에 관한 법률」 제12조 제1항)
> 시장·군수·구청장은 법원으로부터 압류등록의 촉탁이 있거나 행정관청으로부터 압류등록의 촉탁이 있는 경우에는 해당 등록원부에 압류등록을 하고 소유자 및 이해관계자 등에게 통지하여야 한다.

**441** 「수상레저안전법」상 동력수상레저기구 조종면허 응시표의 유효기간으로 옳은 것은?

갑. 접수일부터 6개월           을. 접수일부터 1년
병. 필기시험 합격일부터 6개월   정. 필기시험 합격일부터 2년

> **해설** 면허시험 응시원서의 제출 및 접수 등(「수상레저안전법」 시행규칙 제6조 제4항)
> 응시표의 유효기간은 해당 응시원서의 접수일부터 1년까지로 하며, 면허시험의 필기시험에 합격한 경우에는 그 필기시험 합격일부터 1년까지로 한다.

정답  439 갑  440 병  441 을

**442** 다음 중 동력수상레저기구 등록에 대한 설명으로 옳지 않은 것은?

갑. 등록신청은 주소지를 관할하는 시장·군수·구청장 또는 해경서장에게 한다.
을. 등록대상 기구는 모터보트·세일링요트(20톤 미만), 고무보트(30마력 이상), 수상오토바이이다.
병. 기구를 소유한 날로부터 1개월 이내에 등록신청해야 한다.
정. 소유한 날로부터 1개월 이내 등록을 하지 않은 경우 100만원 과태료 처분 대상이다.

**등록(「수상레저기구의 등록 및 검사에 관한 법률」 제6조 제1항)**
동력수상레저기구(등록된 선박은 제외)를 취득한 자는 주소지를 관할하는 시장·군수·구청장에게 동력수상레저기구를 취득한 날부터 1개월 이내에 등록신청을 하여야 하고, 등록되지 아니한 동력수상레저기구를 운항하여서는 아니 된다.

**443** 「수상레저안전법」상 최초 동력수상레저기구 조종면허 시험합격 전 수상안전교육을 받은 경우 그 유효 기간은?

갑. 1개월  을. 3개월
병. 6개월  정. 1년

**수상안전교육(「수상레저안전법」 제13조 제1항)**
조종면허를 받으려는 사람은 면허시험 응시원서를 접수한 후부터, 면허증을 갱신하려는 사람은 면허증 갱신 기간 이내에 각각 해양경찰청장이 실시하는 수상안전교육을 받아야 한다. 다만, 최초 면허시험 합격 전의 안전교육의 유효기간은 6개월로 하며, 대통령령으로 정하는 사람에 대해서는 안전교육을 면제할 수 있다.

**444** 등록대상 동력수상레저기구에 대한 안전검사의 종류로 옳지 않은 것은?

갑. 신규검사  을. 정기검사
병. 임시검사  정. 중간검사

**안전검사(「수상레저기구의 등록 및 검사에 관한 법률」 제15조 제1항)**
동력수상레저기구의 소유자는 해양경찰청장이 실시하는 다음의 구분에 따른 검사(안전검사)를 받아야 한다.
• 신규검사 : 등록을 하려는 경우 실시하는 검사
• 정기검사 : 등록 이후 일정 기간마다 정기적으로 실시하는 검사
• 임시검사 : 다음의 사항을 변경하려는 경우 실시하는 검사
  - 정원 또는 운항구역(이 경우 정원의 변경은 해양경찰청장이 정하여 고시하는 최대승선정원의 범위 내로 한정한다)
  - 해양수산부령으로 정하는 구조, 설비 또는 장치

**445** 「수상레저안전법」상 동력수상레저기구를 이용한 범죄의 종류로 옳지 않은 것은?

갑. 살인·사체유기 또는 방화
을. 강도·강간 또는 강제추행
병. 방수방해 또는 수리방해
정. 약취·유인 또는 감금

> **해설** 동력수상레저기구를 사용한 범죄의 종류(「수상레저안전법」 시행규칙 제19조)
> 동력수상레저기구를 사용하여 살인 또는 강도 등 해양수산부령으로 정하는 범죄행위란 다음의 어느 하나에 해당하는 범죄행위를 말한다.
> • 「국가보안법」 제4조부터 제9조까지 및 제12조 제1항을 위반한 범죄행위
> • 「형법」 등을 위반한 다음의 범죄행위
>   - 살인·사체유기 또는 방화
>   - 강도·강간 또는 강제추행
>   - 약취·유인 또는 감금
>   - 상습절도(절취한 물건을 운반한 경우로 한정한다)

**446** 다음 중 「수상레저안전법」상 동력수상레저기구 조종면허 결격사유의 내용으로 옳지 않은 것은?

갑. 정신질환자(치매, 조현병, 조현정동장애, 양극성 정동장애, 재발성 우울장애, 알코올 중독)로서 전문의가 정상적으로 수상레저활동을 수행할 수 있다고 인정하는 자는 동력수상레저기구 조종면허 시험응시가 가능하다.
을. 부정행위로 인해 해당 시험의 중지 또는 무효처분을 받은 자는 그 시험 시행일로부터 2년간 면허 시험에 응시할 수 없다.
병. 동력수상레저기구 조종면허를 받지 아니하고 동력수상레저기구를 조종한 자로서, 사람을 사상한 후 구호조치 등 필요한 조치를 하지 아니하고 도주한 자는 4년이 경과되어야 동력수상레저기구 조종 면허시험 응시가 가능하다.
정. 동력수상레저기구 조종면허가 취소된 날부터 2년이 경과되지 아니한 자는 동력수상레저기구 조종면허 시험응시가 불가하다.

> **해설** 조종면허의 결격사유 등(「수상레저안전법」 제7조 제1항)
> • 14세 미만(제1급 조종면허의 경우에는 18세 미만)인 사람. 다만, 대통령령으로 정하는 체육 관련 단체에 동력수상레저기구의 선수로 등록된 자는 제외
> • 정신질환자 중 수상레저활동을 할 수 없다고 인정되어 대통령령으로 정하는 사람
> • 마약·향정신성의약품 또는 대마 중독자 중 수상레저활동을 할 수 없다고 인정되어 대통령령으로 정하는 사람
> • 조종면허가 취소된 날부터 1년이 지나지 아니한 사람
> • 조종면허를 받지 아니하고 동력수상레저기구를 조종한 사람으로서 그 위반한 날부터 1년(사람을 사상한 후 구호 등 필요한 조치를 하지 아니하고 달아난 사람은 이를 위반한 날부터 4년)이 지나지 아니한 사람

445 병  446 정

**447** 「수상레저안전법」상 수상안전교육의 면제사유로 옳지 않은 것은?

갑. 동력수상레저기구 조종면허증을 갱신 기간의 시작일로부터 소급하여 6개월 이내에 수상안전교육을 받은 경우

을. 동력수상레저기구 조종면허증을 갱신 기간의 시작일로부터 소급하여 6개월 이내에 기초안전교육 또는 상급안전교육을 받은 경우

병. 동력수상레저기구 조종면허증을 갱신 기간의 마지막 날로부터 소급하여 6개월 이내에 종사자 교육을 받은 사람

정. 면허시험 면제교육기관에서 교육을 이수하여 제1급 조종면허 또는 요트조종면허시험 과목의 전부를 면제받은 사람

> **해설** 수상안전교육의 면제대상(「수상레저안전법」 시행령 제14조)
> - 면허시험 응시원서를 접수한 날 또는 면허증 갱신 기간의 시작일부터 소급하여 6개월 이내에 다음의 어느 하나에 해당하는 교육을 받은 사람
>   - 수상안전교육
>   - 기초안전교육 또는 상급안전교육
> - 면허시험 면제교육기관에서 실시하는 교육을 이수한 사람에 해당하여 제2급 조종면허 또는 요트조종면허시험 과목의 전부를 면제받은 사람
> - 면허증 갱신 기간의 마지막 날부터 소급하여 6개월 이내에 종사자 교육을 받은 사람
> ※ 문제 오류로 보기 일부를 수정하였다.

**448** 「수상레저안전법」상 수상레저활동이 금지되는 기상특보의 종류로 옳지 않은 것은?

갑. 태풍주의보

을. 폭풍주의보

병. 대설주의보

정. 풍랑주의보

> **해설** 기상에 따른 수상레저활동의 제한(「수상레저안전법」 제22조)
> 누구든지 수상레저활동을 하려는 구역이 다음의 어느 하나에 해당하는 경우에는 수상레저활동을 하여서는 아니 된다. 다만, 파도 또는 바람만을 이용하는 수상레저기구의 특성을 고려하여 대통령령으로 정하는 경우에는 그러하지 아니하다.
> - 태풍·풍랑·폭풍해일·호우·대설·강풍과 관련된 주의보 이상의 기상특보가 발효된 경우
> - 안개 등으로 가시거리가 0.5킬로미터 이내로 제한되는 경우

**449** 다음 중 등록된 수상레저기구가 존재하는지 여부가 분명하지 않은 경우 말소등록을 신청해야 할 기한으로 옳은 것은?

갑. 1개월
**을. 3개월**
병. 6개월
정. 12개월

>   말소등록(「수상레저기구의 등록 및 검사에 관한 법률」 제10조 제1항)
> 소유자는 등록된 동력수상레저기구가 다음의 어느 하나에 해당하는 경우에는 해양수산부령으로 정하는 바에 따라 등록증 및 등록번호판을 반납하고 시장·군수·구청장에게 말소등록을 신청하여야 한다. 다만, 등록증 및 등록번호판을 분실 등의 사유로 반납할 수 없는 경우에는 그 사유서를 제출하고 등록증 및 등록번호판을 반납하지 아니할 수 있다.
> • 동력수상레저기구가 멸실되거나 수상사고 등으로 본래의 기능을 상실한 경우
> • 동력수상레저기구의 존재 여부가 3개월간 분명하지 아니한 경우
> • 총톤수·추진기관의 변경 등 해양수산부령으로 정하는 사유로 동력수상레저기구에서 제외된 경우
> • 동력수상레저기구를 수출하는 경우
> • 수상레저활동 외의 목적으로 사용하게 된 경우

**450** 「수상레저안전법」상 동력수상레저기구 조종면허증의 갱신기간으로 옳은 것은?

갑. 면허증 발급일로부터 5년이 되는 날부터 3개월 이내
을. 면허증 발급일로부터 5년이 되는 날부터 6개월 이내
병. 면허증 발급일로부터 7년이 되는 날부터 3개월 이내
**정. 면허증 발급일로부터 7년이 되는 날부터 6개월 이내**

> 조종면허의 갱신 등(「수상레저안전법」 제12조 제1항)
> 조종면허를 받은 사람은 다음에 따른 동력수상레저기구 조종면허증 갱신 기간 이내에 해양경찰청장으로부터 면허증을 갱신하여야 한다. 다만, 면허증을 갱신하려는 사람이 군복무 등 대통령령으로 정하는 사유로 인하여 그 기간 이내에 면허증을 갱신할 수 없는 경우에는 대통령령으로 정하는 바에 따라 갱신을 미리 하거나 연기할 수 있다.
> 1. 최초의 면허증 갱신 기간은 면허증 발급일부터 기산하여 7년이 되는 날부터 6개월 이내
> 2. 제1호 외의 면허증 갱신 기간은 직전의 면허증 갱신 기간이 시작되는 날부터 기산하여 7년이 되는 날부터 6개월 이내

**451** 다음 중 「수상레저안전법」상 수상레저사업장에서 금지되는 행위로 옳지 않은 것은?

갑. 정원을 초과하여 탑승시키는 행위
을. 14세 미만인 사람을 보호자 없이 탑승시키는 행위
병. 알코올 중독자에게 기구를 대여하는 행위
정. 허가 없이 일몰 30분 이후 영업행위

> **해설** 사업자의 안전점검 등 조치(「수상레저안전법」 제44조 제2항)
> 수상레저사업자와 그 종사자는 영업구역에서 다음의 행위를 하여서는 아니 된다.
> - 14세 미만인 사람(보호자를 동반하지 아니한 사람으로 한정한다), 술에 취한 사람 또는 정신질환자를 수상레저기구에 태우거나 이들에게 수상레저기구를 빌려주는 행위
> - 수상레저기구의 정원을 초과하여 태우는 행위
> - 수상레저기구 안에서 술을 판매·제공하거나 수상레저기구 이용자가 수상레저기구 안으로 이를 반입하도록 하는 행위
> - 영업구역을 벗어나 영업을 하는 행위
> - 수상레저활동시간 외에 영업을 하는 행위
> - 대통령령으로 정하는 폭발물·인화물질 등의 위험물을 이용자가 타고 있는 수상레저기구로 반입·운송하는 행위
> - 「수상레저기구의 등록 및 검사에 관한 법률」에 따른 안전검사를 받지 아니한 동력수상레저기구를 영업에 사용하는 행위
> - 비상구조선을 그 목적과 다르게 사용하는 행위

**452** 다음 중 「수상레저안전법」상 수상레저활동의 안전을 위해 행하는 시정명령 행정조치의 형태에 해당되지 않는 것은?

갑. 탑승인원의 제한 또는 조종자 교체
을. 수상레저활동의 일시정지
병. 수상레저기구의 개선 및 교체
정. 동력수상레저기구 조종면허의 효력정지

> **해설** 시정명령(「수상레저안전법」 제31조)
> 해양경찰서장 또는 시장·군수·구청장은 수상레저활동의 안전을 위하여 필요하다고 인정하면 수상레저활동을 하는 사람 또는 수상레저활동을 하려는 사람에게 다음의 사항을 명할 수 있다. 다만, 수상레저활동을 하려는 사람에 대한 시정명령은 사고의 발생이 명백히 예견되는 경우로 한정한다.
> - 수상레저기구의 탑승(수상레저기구에 의하여 밀리거나 끌리는 경우를 포함) 인원의 제한 또는 조종자의 교체
> - 수상레저활동의 일시정지
> - 수상레저기구의 개선 및 교체

정답  451 병  452 정

**453** 「수상레저안전법」상 동력수상레저기구에 포함되지 않는 것은?

갑. 수상오토바이
을. 스쿠터
병. 호버크라프트
정. 워터슬레이드

 워터슬레이드는 무동력수상레저기구이다(「수상레저안전법」 시행령 제2조 참고).

**454** 「수상레저안전법」상 수상레저사업 등록에 관한 내용 중 옳지 않은 것은?

갑. 수상레저사업의 등록 유효기간은 10년으로 하되, 10년 미만으로 영업하려는 경우에는 해당 영업기간을 등록 유효기간으로 한다.
을. 해양경찰서장 또는 시장·군수·구청장은 등록의 유효기간 종료일 1개월 전까지 해당 수상레저사업자에게 수상레저사업 등록을 갱신할 것을 알려야 한다.
병. 해양경찰서장 또는 시장·군수·구청장은 변경등록의 신청을 받은 경우에는 변경되는 사항에 대하여 사실 관계를 확인한 후 등록사항을 변경하여 적거나 다시 작성한 수상레저사업 등록증을 신청인에게 발급하여야 한다.
정. 등록을 갱신하려는 자는 등록의 유효기간 종료일 3일 전까지 수상레저사업 등록·갱신등록 신청서(전자문서로 된 신청서를 포함한다)를 관할 해양경찰서장 또는 시장·군수·구청장에게 제출하여야 한다.

 수상레저사업 등록의 갱신(「수상레저안전법」 시행규칙 제34조 제2항)
수상레저사업의 등록을 갱신하려는 자는 해당 수상레저사업 등록의 유효기간이 끝나는 날의 5일 전까지 수상레저사업 등록갱신 신청서에 해당 서류를 첨부하여 관할 해양경찰서장 또는 시장·군수·구청장에게 제출해야 한다.

**455** 「수상레저안전법」상 동력수상레저기구 조종면허 시험 중, 항해사·기관사·운항사 또는 소형선박 조종사의 면허를 가진 자가 면제받을 수 있는 사항으로 옳은 것은?

갑. 제1급 조종면허 및 제2급 조종면허 실기시험
을. 제2급 조종면허 실기시험
병. 제1급 조종면허 및 제2급 조종면허 필기시험
정. 제2급 조종면허 필기시험

면허시험 과목의 면제 기준(「수상레저안전법」 시행령 별표4)
항해사·기관사·운항사·수면비행선박 조종사 또는 소형선박 조종사의 면허를 가진 자(법 제9조 제1항 제3호, 시행령 제10조 제3항)는 제2급 조종면허 필기시험을 면제받을 수 있다.

**456** 「수상레저안전법」상 수상레저사업장의 구명조끼 보유기준으로 가장 옳지 않은 것은?

~~갑~~. 구명조끼는 5년마다 교체하여야 한다.
을. 탑승정원의 110퍼센트에 해당하는 구명조끼를 갖추어야 한다.
병. 탑승정원의 10퍼센트는 소아용 구명조끼를 갖추어야 한다.
정. 구명조끼는 전기용품 및 생활용품 안전관리법(구. 품질경영 및 공산품안전관리법)에 따른 안전기준이나 해양수산부장관이 정하여 고시하는 선박 또는 어선의 구명설비기준에 적합한 제품이어야 한다.

> **해설** 인명구조용 장비 – 구명조끼(「수상레저안전법」 시행규칙 별표8 제1호 마목)
> • 「전기용품 및 생활용품 안전관리법」에 따른 안전기준이나 해양수산부장관이 정하여 고시하는 선박 또는 어선의 구명설비기준에 적합한 제품일 것
> • 수상레저기구 탑승정원의 110퍼센트 이상에 해당하는 수의 구명조끼를 갖추고, 그 탑승정원의 10퍼센트는 소아용으로 갖출 것

**457** 「수상레저안전법」상 수상레저사업 등록의 결격사유로 옳지 않은 것은?

갑. 수상레저사업 등록이 취소되고 2년이 경과되지 않은 자
을. 금고 이상의 형의 집행유예 선고를 받고 그 기간 중에 있는 자
병. 미성년자, 피성년후견인, 피한정후견인
. 금고 이상의 형 집행이 종료 후 3년이 경과되지 않은 자

> **해설** 수상레저사업 등록의 결격사유(「수상레저안전법」 제39조)
> • 미성년자, 피성년후견인, 피한정후견인
> • 이 법을 위반하여 징역 이상의 실형(實刑)을 선고받고 그 집행이 끝나거나 집행이 면제된 날부터 2년이 지나지 아니한 사람
> • 이 법을 위반하여 징역 이상의 형의 집행유예를 선고받고 그 유예기간 중에 있는 사람
> • 등록이 취소된 날부터 2년이 지나지 아니한 자

정답  456 갑  457 정

**458** 「수상레저안전법」상 동력수상레저기구 조종면허를 취소하거나 효력을 정지하여야 하는 경우에 해당하지 않는 것은?

갑. 부정한 방법으로 면허를 받은 경우
을. 혈중 알코올농도 0.03이상의 술에 취한 상태에서 조종한 경우
병. 조종 중 고의 또는 과실로 사람을 사상한 때
정. 수상레저사업이 취소된 때

> **해설 조종면허의 취소·정지(「수상레저안전법」 제17조 제1항)**
> 해양경찰청장은 조종면허를 받은 사람이 다음의 어느 하나에 해당하는 경우에는 해양수산부령으로 정하는 바에 따라 조종면허를 취소하거나 1년의 범위에서 기간을 정하여 그 조종면허의 효력을 정지할 수 있다. 다만, 제1호, 제2호 또는 제4호부터 제6호까지에 해당하면 조종면허를 취소하여야 한다.
> 1. 거짓이나 그 밖의 부정한 방법으로 조종면허를 받은 경우
> 2. 조종면허 효력정지 기간에 조종을 한 경우
> 3. 조종면허를 받은 사람이 동력수상레저기구를 사용하여 살인 또는 강도 등 해양수산부령으로 정하는 범죄행위를 한 경우
> 4. 조종면허를 받을 수 없는 사람에 해당된 경우(정신질환자, 마약·향정신성의약품 또는 대마 중독자)
> 5. 조종면허의 결격사유 등에 따라 조종면허를 받을 수 없는 사람이 조종면허를 받은 경우
> 6. 주취 중 조종 금지 조항을 위반하여 술에 취한 상태에서 조종을 하거나, 술에 취한 상태라고 인정할만한 상당한 이유가 있음에도 불구하고 관계공무원의 측정에 따르지 아니한 경우
> 7. 조종 중 고의 또는 과실로 사람을 사상하거나 다른 사람의 재산에 중대한 손해를 입힌 경우
> 8. 면허증을 다른 사람에게 빌려주어 조종하게 한 경우
> 9. 약물복용 등의 상태에서 조종 금지 조항을 위반하여 약물의 영향으로 인하여 정상적으로 조종하지 못할 염려가 있는 상태에서 동력수상레저기구를 조종한 경우
> 10. 그 밖에 이 법 또는 이 법에 따른 수상레저활동의 안전과 질서 유지를 위한 명령을 위반한 경우

**459** 다음 중 수상레저기구의 정기검사를 받아야 하는 기간으로 올바른 것은?

갑. 검사유효기간 만료일을 기준으로 하여 전후 각각 10일 이내로 한다.
을. 검사유효기간 만료일을 기준으로 하여 전후 각각 30일 이내로 한다.
병. 검사유효기간 만료일을 기준으로 하여 전후 각각 60일 이내로 한다.
정. 검사유효기간 만료일을 기준으로 하여 전후 각각 90일 이내로 한다.

> **해설 안전검사의 대상 및 실시 시기 등(「수상레저기구의 등록 및 검사에 관한 법률」 시행규칙 제11조 제2항)**
> 정기검사를 받아야 하는 기간은 정기검사의 유효기간 만료일 전후 각각 30일 이내의 기간으로 하며, 해당 검사기간 내에 정기검사에 합격한 경우에는 검사유효기간 만료일에 정기검사를 받은 것으로 본다. 다만, 동력수상레저기구 소유자가 요청하는 경우에는 검사유효기간 만료일 전 30일이 되기 전에 정기검사를 받을 수 있다.

458 정  459 을  **정답**

**460** 「수상레저안전법」상 풍랑·폭풍해일·호우·대설·강풍 주의보가 발효된 구역에서 관할 해양경찰서장 또는 시장·군수·구청장에게 기상특보활동신고서를 제출한 경우 활동 가능한 수상레저기구는?

갑. 워터슬레이드  
**을. 윈드서핑**  
병. 카 약  
정. 모터보트

> **해설**  
> 기상에 따른 수상레저활동의 제한(「수상레저안전법」 제22조, 시행령 제21조)  
> 누구든지 수상레저활동을 하려는 구역이 주의보 이상의 기상특보가 발효된 경우와 가시거리가 0.5킬로미터 이내로 제한되는 경우에는 수상레저활동을 하여서는 아니 된다. 다만, 파도 또는 바람만을 이용하는 수상레저기구의 특성을 고려하여 기상특보 중 풍랑·폭풍해일·호우·대설·강풍 주의보가 발효된 경우로서 수상레저활동을 하기 위하여 관할 해양경찰서장 또는 특별자치시장·제주특별자치도지사·시장·군수 및 구청장에게 해양수산부령으로 정하는 기상특보활동신고서를 제출한 경우에는 그러하지 아니하다.

**461** 「수상레저안전법」상 제2급 조종면허를 받을 수 있는 나이의 기준으로 옳은 것은?

갑. 13세 이상  
**을. 14세 이상**  
병. 15세 이상  
정. 16세 이상

> **해설**  
> 14세 미만인 사람은 조종면허를 받을 수 없다(「수상레저안전법」 제7조 제1항 제1호 참고).

**462** 「수상레저안전법」상 수상레저기구에 동승한 사람이 사망하거나 실종된 경우, 해양경찰관서에 신고할 내용으로 옳지 않은 것은?

갑. 사고 발생 장소
을. 수상레저기구 종류  
병. 사고자 인적사항  
**정. 레저기구의 엔진상태**

> **해설**  
> 사고의 신고(「수상레저안전법」 시행규칙 제27조)  
> 사고를 신고하려는 사람은 다음의 사항을 전화·팩스 또는 휴대전화 문자메시지 등의 방법으로 신고해야 한다.
> - 사고 발생 일시 및 장소
> - 사고가 발생한 수상레저기구의 종류
> - 사고자 및 조종자의 인적사항
> - 피해상황 및 조치사항

**463** 「수상레저안전법」상 해양경찰서장 또는 시장·군수·구청장이 영업구역 또는 영업시간의 제한이나 영업의 일시정지를 명할 수 있는 경우로 옳지 않은 것은?

~~갑~~. 사업장에 대한 안전점검을 하려고 할 때
을. 기상·수상 상태가 악화된 때
병. 수상사고가 발생한 때
정. 부유물질 등 장애물이 발생한 경우

> **해설** 영업의 제한 등(「수상레저안전법」 제46조 제1항)
> 해양경찰서장 또는 시장·군수·구청장은 다음의 어느 하나에 해당하는 경우에는 수상레저사업자에게 영업구역이나 시간의 제한 또는 영업의 일시정지를 명할 수 있다.
> • 기상·수상 상태가 악화된 경우
> • 수상사고가 발생한 경우
> • 유류·화학물질 등의 유출 또는 녹조·적조 등의 발생으로 수질이 오염된 경우
> • 부유물질 등 장애물이 발생한 경우
> • 사람의 신체나 생명에 피해를 줄 수 있는 유해생물이 발생한 경우
> • 그 밖에 대통령령으로 정하는 사유가 발생한 경우

**464** 「수상레저안전법」상 수상레저사업의 휴업 또는 폐업 시 며칠 전까지 등록관청에 신고하여야 하는가?

갑. 1일
~~을~~. 3일
병. 5일
정. 10일

> **해설** 휴업 등의 신고(「수상레저안전법」 시행규칙 제35조 제1항)
> 수상레저사업의 휴업 또는 폐업 신고를 하려는 자는 수상레저사업 휴업·폐업 신고서에 수상레저사업 등록증 원본을 첨부하여 휴업 또는 폐업하기 3일 전까지 해양경찰서장 또는 시장·군수·구청장에게 제출해야 한다. 다만, 재해나 그 밖의 부득이한 사유로 본문에 따른 기간 내에 제출할 수 없는 경우에는 휴업 또는 폐업하는 날까지 제출할 수 있다.

**465** 다음 중 「수상레저안전법」상 수상레저사업 취소사유로 옳은 것은?

갑. 종사자의 과실로 사람을 사망하게 한 때
~~을~~. 거짓이나 그 밖의 부정한 방법으로 수상레저사업을 등록한 때
병. 보험에 가입하지 않고 영업 중인 때
정. 이용요금 변경 신고를 하지 아니하고 영업을 계속한 때

**수상레저사업의 등록 취소사유(「수상레저안전법」 제48조)**
- 거짓이나 그 밖의 부정한 방법으로 등록을 한 경우
- 수상레저사업 등록의 결격사유의 어느 하나에 해당하게 된 경우
- 공유수면의 점용 또는 사용 허가기간 만료 이후에도 사업을 계속하는 경우
- 수상레저사업자 또는 그 종사자의 고의 또는 과실로 사람을 사상한 경우
- 수상레저사업자가 규정을 위반한 수상레저기구를 수상레저사업에 이용한 경우
- 변경등록을 하지 아니한 경우

**466** 「수상레저안전법」상 수상레저기구사업 영업구역이 내수면인 경우 수상레저사업 등록기관으로 옳은 것은?

갑. 해양경찰서장
을. 해양경찰청장
병. 광역시장·도지사
정. 시장·군수·구청장

 **수상레저사업의 등록 등(「수상레저안전법」 제37조 제1항)**
수상레저기구를 빌려주는 사업 또는 수상레저활동을 하는 사람을 수상레저기구에 태우는 사업을 경영하려는 자는 하천이나 그 밖의 공유수면의 점용 또는 사용의 허가 등에 관한 사항을 다음의 구분에 따른 자에게 등록을 하여야 한다. 이 경우 수상레저기구를 빌려 주는 사업을 경영하려는 수상레저사업자에게는 해양수산부령으로 정하는 바에 따라 등록기준을 완화할 수 있다.
- 영업구역이 해수면인 경우 : 해당 지역을 관할하는 해양경찰서장
- 영업구역이 내수면인 경우 : 해당 지역을 관할하는 시장·군수·구청장
- 영업구역이 둘 이상의 해양경찰서장 또는 시장·군수·구청장의 관할 지역에 걸쳐있는 경우 : 수상레저사업에 사용되는 수상레저기구를 주로 매어두는 장소를 관할하는 해양경찰서장 또는 시장·군수·구청장

**467** 「수상레저안전법」상 수상안전교육 내용으로 옳지 않은 것은?

갑. 수상레저기구의 사용과 관리에 관한 사항
을. 수상안전에 관한 법령
병. 수상구조
정. 오염방지

 **수상안전교육(「수상레저안전법」 제13조 제1항)**
조종면허를 받으려는 사람은 면허시험 응시원서를 접수한 후부터, 면허증을 갱신하려는 사람은 면허증 갱신 기간 이내에 각각 해양경찰청장이 실시하는 다음의 수상안전교육을 받아야 한다. 다만, 최초 면허시험 합격 전의 안전교육의 유효기간은 6개월로 하며, 대통령령으로 정하는 사람에 대해서는 안전교육을 면제할 수 있다.
- 수상안전에 관한 법령
- 수상레저기구의 사용과 관리에 관한 사항
- 그 밖에 수상안전을 위하여 필요한 사항

**468** 「수상레저안전법」상 조종면허를 받은 사람이 지켜야 할 의무로 옳은 것은?

갑. 면허증은 언제나 소지하고 있어야 한다.
을. 면허증을 필요에 따라 타인에게 빌려주어도 된다.
병. 주소가 변경된 때에는 지체없이 변경하여야 한다.
정. 관계 공무원이 면허증 제시를 요구하면 면허증을 내보여야 한다.

 면허증 휴대 등 의무(「수상레저안전법」 제16조)
• 동력수상레저기구를 조종하는 사람은 면허증을 지니고 있어야 한다.
• 조종자는 조종 중에 관계 공무원이 면허증의 제시를 요구하면 면허증을 내보여야 한다.
• 누구든지 면허증을 빌리거나 빌려주거나 이를 알선하는 행위를 하여서는 아니 된다.

**469** 다음 중 빈칸 안에 들어갈 알맞은 수는?

수상레저사업 등록기준상 탑승정원 (　　)명 이상인 동력수상레저기구에는 선실, 조타실, 기관실에 각각 (　　)개 이상의 소화기를 갖추어야 한다.

갑. 3, 1　　　　　　　　　을. 10, 2
병. 13, 1　　　　　　　　정. 5, 1

 인명구조용 장비 – 소화기(「수상레저안전법」 시행규칙 별표8)
• 탑승 정원이 13명 이상인 동력수상레저기구에는 선실, 조타실(操舵室) 및 기관실에 각 1개 이상의 소화기를 갖출 것
• 탑승 정원이 4명 이상인 동력수상레저기구(수상오토바이는 제외)에는 1개 이상의 소화기를 갖출 것

**470** 다음 중 빈칸 안에 들어갈 알맞은 수는?

「수상레저안전법」상 영업구역이 (　　)해리 이상인 경우에는 수상레저기구에 사업장 또는 가까운 무선국과 연락할 수 있는 통신장비를 갖추어야 한다.

갑. 1　　　　　　　　　　을. 2
병. 3　　　　　　　　　　정. 4

 인명구조용 장비 – 통신장비(「수상레저안전법」 시행규칙 별표8 제1호 마목)
영업구역이 2해리 이상인 경우에는 수상레저기구에 사업장 또는 가까운 무선국과 연락할 수 있는 통신장비를 갖추어야 한다.

**471** 동력수상레저기구 조종면허 중 제1급 조종면허 시험의 합격기준으로 올바르게 연결된 것은?

갑. 필기 - 60점, 실기 - 70점
을. 필기 - 70점, 실기 - 70점
병. 필기 - 70점, 실기 - 80점
정. 필기 - 60점, 실기 - 80점

**해설** 조종면허 시험 합격기준(「수상레저안전법」 시행령 제8조 및 제9조)

| 구 분 | | 필 기 | 실 기 |
|---|---|---|---|
| 일반조종면허 | 1급 | 70점 이상 | 80점 이상 |
| | 2급 | 60점 이상 | 60점 이상 |
| 요트조종면허 | | 70점 이상 | 60점 이상 |

**472** 다음 중 「수상레저안전법」상 수상레저사업자의 보험가입에 대한 설명으로 옳지 않은 것은?

갑. 수상레저사업자는 보험 가입기간을 사업기간 동안 계속하여 가입해야 한다.
을. 가입대상은 수상레저사업자의 사업에 사용하거나 사용하려는 모든 수상레저기구가 대상이다.
병. 「자동차손해배상 보장법」 시행령 제3조 제1항에 따른 금액 이상으로 보험에 가입을 하여야 한다.
정. 휴업, 폐업 및 재개업을 수시로 하기 때문에 휴업·폐업 시에도 계속하여 가입을 하여야 한다.

**해설** 수상레저사업자의 보험 등의 가입(「수상레저안전법」 시행령 제31조)
수상레저사업자는 다음의 요건을 모두 갖춘 보험등에 가입해야 한다.
- 가입기간 : 수상레저사업자의 사업기간 동안 계속하여 가입할 것
- 피보험자 또는 피공제자 : 수상레저사업에 종사하는 사람이나 수상레저기구 이용자를 피보험자나 피공제자로 할 것
- 가입금액 : 「자동차손해배상 보장법」 시행령 제3조 제1항에 따른 금액 이상으로 할 것

**473** 「수상레저안전법」상 수상레저사업장의 시설기준으로 옳지 않은 것은?

갑. 노 또는 상앗대가 있는 수상레저기구는 그 수의 10퍼센트에 해당하는 수의 예비용 노 또는 상앗대를 갖추어야 한다.

을. 탑승정원 13인 이상인 동력수상레저기구에는 선실, 조타실, 기관실에 각각 1개 이상의 소화기를 갖추어야 한다.

병. 무동력수상레저기구에는 구명부환 대신 스로 백(Throw Bag)을 갖출 수 있다.

**정.** 탑승정원 5명 이상인 수상레저기구(수상오토바이를 제외)에는 그 탑승정원의 30퍼센트에 해당하는 수의 구명튜브를 갖추어야 한다.

> **해설** 수상레저사업의 등록기준(「수상레저안전법」 시행규칙 별표8)
> 탑승정원이 4명 이상인 수상레저기구(수상오토바이 및 워터슬레이드 제외)에는 그 탑승정원의 30퍼센트에 해당하는 수(소수점 이하는 반올림) 이상의 구명부환을 갖추어야 한다. 이 경우 무동력수상레저기구에는 구명부환을 대체하여 스로 백(Throw Bag : 구명 구조 로프 가방)을 갖출 수 있다.

**474** 「수상레저안전법」상 동력수상레저기구 조종면허의 취소 또는 정지처분의 기준으로 옳지 않은 것은?

갑. 위반행위가 2가지 이상인 때에는 중한 처분에 의한다.

**을.** 다수의 면허정지 사유가 있더라도 정지기간은 6개월을 초과할 수 없다.

병. 위반행위의 횟수에 따른 정지처분의 기준은 최근 1년간이다.

정. 면허정지에 해당하는 경우, 2분의 1의 범위 내에서 감경할 수 있다.

> **해설** 조종면허의 취소 및 효력정지의 세부 기준(「수상레저안전법」 시행규칙 별표6 제1호 가목)
> 위반행위가 둘 이상인 경우로서 그에 해당하는 각각의 처분기준이 다른 경우에는 그중 무거운 처분기준에 따르고, 둘 이상의 처분기준이 모두 조종면허의 효력정지인 경우에는 각 처분기준을 합산한 기간을 넘지 않는 범위에서 무거운 처분기준에 그 처분기준의 2분의 1 범위에서 가중한다.

473 정  474 을

**475** 「수상레저안전법」상 수상레저기구 운항규칙에 대한 설명 중 빈칸 안에 들어갈 내용을 적절하게 나열한 것은?

> 다이빙대·계류장 및 교량으로부터 ( ① ) 이내의 구역이나 해양경찰서장 또는 시장·군수·구청장이 지정하는 위험구역에서는 ( ② ) 이하의 속력으로 운항해야 하며, 해양경찰서장 또는 시장·군수·구청장이 별도로 정한 운항지침을 따라야 한다.

갑. ① 10미터, ② 20노트  
을. ① 10미터, ② 10노트  
**병. ① 20미터, ② 10노트**  
정. ① 20미터, ② 15노트

> **해설** 운항방법 및 기구의 속도 등에 관한 준수사항(「수상레저안전법」 시행령 별표11 제2호 가목)
> 다이빙대·계류장 및 교량으로부터 20미터 이내의 구역이나 해양경찰서장 또는 시장·군수·구청장이 지정하는 위험구역에서는 10노트 이하의 속력으로 운항해야 하며, 해양경찰서장 또는 시장·군수·구청장이 별도로 정한 운항지침을 따라야 한다.

**476** 「수상레저안전법」상 수상레저기구 운항규칙에 대한 설명으로 옳지 않은 것은?

갑. 안전검사증에 지정된 항해구역 준수  
**을. 충돌의 위험이 있는 때 다른 수상레저기구를 왼쪽에 두고 있는 수상레저기구가 진로를 피하여야 한다.**  
병. 정면충돌 위험시 우현 쪽 변침  
정. 다른 기구와 같은 방향으로 운항시 2미터 이내 근접 금지

> **해설** 운항방법 및 기구의 속도 등에 관한 준수사항(「수상레저안전법」 시행령 별표11 제1호 다목)
> 다른 수상레저기구등의 진로를 횡단하는 경우에 충돌의 위험이 있을 때에는 다른 수상레저기구등을 오른쪽에 두고 있는 수상레저기구가 진로를 피해야 한다.

**477** 「수상레저안전법」상 주취 중 조종으로 면허가 취소된 사람은 취소된 날부터 얼마간 동력수상레저기구 조종면허를 받을 수 없는가?

**갑. 면허가 취소된 날부터 1년**  
을. 면허가 취소된 날부터 2년  
병. 면허가 취소된 날부터 3년  
정. 면허가 취소된 날부터 4년

> **해설** 술에 취한 상태에서 조종을 하거나 술에 취한 상태라고 인정할 만한 상당한 이유가 있음에도 불구하고 관계공무원의 측정에 따르지 아니한 경우 조종면허가 취소된 날부터 1년이 지나지 아니한 사람은 조종면허를 받을 수 없다(「수상레저안전법」 제7조 제1항 제4호 참고).

**정답** 475 병  476 을  477 갑

**478** 다음 중 「수상레저안전법」상 야간 수상레저활동 시간을 조정할 수 있는 권한을 가진 사람이 아닌 것은?

갑. 해양경찰서장  
을. 시장·군수  
병. 한강 관리기관의 장  
정. 경찰서장

 **야간 수상레저활동시간의 금지 및 조정**(「수상레저안전법」 제26조 제2항, 시행규칙 제30조)
- 해양경찰서장이나 시장·군수·구청장은 필요하다고 인정하면 일정한 구역에 대하여 해양수산부령으로 정하는 바에 따라 시간을 조정할 수 있다.
- 해양경찰서장이나 시장·군수·구청장은 해가 진 후 30분부터 24시까지의 범위에서 야간 수상레저활동의 시간을 조정해야 한다.

**479** 다음 중 수상레저기구 말소등록을 신청하여야 하는 사유로 가장 옳지 않은 것은?

갑. 수상레저기구가 멸실된 경우  
을. 수상레저기구의 존재 여부가 1년간 분명하지 아니한 경우  
병. 수상레저활동 외의 목적으로 사용하게 된 경우  
정. 수상레저기구를 수출하는 경우

 **말소등록**(「수상레저기구의 등록 및 검사에 관한 법률」 제10조 제1항)
- 동력수상레저기구가 멸실되거나 수상사고 등으로 본래의 기능을 상실한 경우
- 동력수상레저기구의 존재 여부가 3개월간 분명하지 아니한 경우
- 총톤수·추진기관의 변경 등 해양수산부령으로 정하는 사유로 동력수상레저기구에서 제외된 경우
- 동력수상레저기구를 수출하는 경우
- 수상레저활동 외의 목적으로 사용하게 된 경우

**480** 다음 중 빈칸 안에 들어갈 말로 알맞은 것은?

> 사람을 사상한 후 구호조치 등 필요한 조치를 하지 아니하고 달아난 사람은 이를 위반한 날부터 (    )간 조종면허를 받을 수 없다.

갑. 3년  
을. 2년  
병. 1년  
정. 4년

 무면허조종의 금지 각 호 외의 부분 본문을 위반하여 조종면허를 받지 아니하고 동력수상레저기구를 조종한 사람으로서, 그 위반한 날부터 1년(사람을 사상한 후 구호 등 필요한 조치를 하지 아니하고 달아난 사람은 이를 위반한 날부터 4년)이 지나지 아니한 사람은 조종면허를 받을 수 없다(「수상레저안전법」 제7조 제1항 제5호 참고).

**481** 「수상레저안전법」상 수상레저사업장 비상구조선의 기준으로 옳지 않은 것은?

갑. 주황색 깃발을 달아야 함
을. 탑승정원 5명 이상, 시속 20노트 이상
병. 망원경 1개 이상
정. 30미터 이상의 구명줄

 해설
비상구조선은 탑승정원이 3명 이상이고 속도가 20노트 이상이어야 하며, '망원경 1개 이상, 구명부환 또는 레스큐 튜브 2개 이상, 호루라기 1개 이상, 30미터 이상의 구명줄' 장비를 모두 갖추어야 한다(「수상레저안전법」 시행규칙 별표8 참고).

**482** 「수상레저안전법」상 래프팅을 하고자 하는 사람이 일반 안전장비에 추가하여 착용해야 할 안전장비는?

갑. 방수화
을. 팽창식 구명벨트
병. 가슴보호대
정. 헬멧

 해설
안전장비의 착용(「수상레저안전법」 시행규칙 제23조 제1항)
수상레저활동을 하는 사람은 관할 해양경찰서장 또는 특별자치시장·제주특별자치도지사·시장·군수 및 구청장(구청장은 자치구의 구청장을, 서울특별시의 관할구역에 있는 한강의 경우에는 서울특별시의 한강 관리에 관한 업무를 관장하는 기관의 장을 말함)이 안전장비에 관하여 특별한 지시를 하지 않는 경우에는 구명조끼[서프보드 또는 패들보드를 사용하여 수상레저활동을 하는 경우에는 보드 리쉬(Board Leash : 서프보드 또는 패들보드와 발목을 연결하여 주는 장비)]를 착용해야 하며, 워터슬레이드를 사용하여 수상레저활동 또는 래프팅을 할 때에는 구명조끼와 함께 안전모를 착용해야 한다.

**483** 「수상레저안전법」상 수상레저기구 변경등록 시 필요한 서류로 옳지 않은 것은?

갑. 안전검사증 사본
을. 보험이나 공제에 가입한 사실을 증명하는 서류
병. 동력수상레저기구 조종면허증
정. 변경내용을 증명할 수 있는 서류

해설
변경등록의 신청 등(「수상레저기구의 등록 및 검사에 관한 법률」 시행규칙 제5조 제1항)
변경등록을 신청하려는 자는 동력수상레저기구 등록사항 변경신청서에 다음의 서류를 첨부하여 시장·군수·구청장에게 제출해야 한다.
- 변경내용을 증명할 수 있는 서류
- 등록증
- 안전검사증 사본(수상레저종합정보시스템으로 확인이 가능한 경우 제외)
- 보험이나 공제에 가입한 사실을 증명하는 서류

정답 481 을  482 정  483 병

**484** 「수상레저안전법」상 수수료가 들지 않는 것은?

갑. 수상레저사업의 변경등록
**을. 수상레저사업의 휴업등록**
병. 동력수상레저기구 등록번호판의 재발급
정. 동력수상레저기구 말소등록

> 해설 수상레저사업 휴업 및 폐업을 신고하려는 자의 수수료는 무료이다(「수상레저안전법」 시행규칙 별표11 참고).

**485** 「수상레저안전법」을 위반한 사람에 대하여 과태료 처분권한이 없는 사람은 누구인가?

갑. 한강사업본부장
**을. 강동소방서장**
병. 연수구청장
정. 인천해양경찰서장

> 해설 과태료(「수상레저안전법」 제64조 제3항)
> 과태료는 대통령령으로 정하는 바에 따라 해수면의 경우에는 해양경찰청장, 지방해양경찰청장 또는 해양경찰서장이, 내수면의 경우에는 시장·군수·구청장이 부과·징수한다.

**486** 다음 중 수상레저사업에 관한 설명으로 옳지 않은 것은?

갑. 영업구역이 해수면인 경우 해당 지역을 관할하는 해양경찰서장에게 등록하여야 한다.
을. 수상레저사업을 등록한 수상레저사업자는 등록사항에 변경이 있으면 변경등록을 하여야 한다.
병. 수상레저사업의 등록 유효기간을 10년 미만으로 영업하려는 경우에는 해당 영업기간을 등록 유효 기간으로 한다.
**정. 수상레저사업의 등록 유효기간은 20년으로 한다.**

> 해설 사업등록의 유효기간 등(「수상레저안전법」 제38조 제1항)
> 수상레저사업의 등록 유효기간은 10년으로 하되, 10년 미만으로 영업하려는 경우에는 해당 영업기간을 등록 유효기간으로 한다.

**487** 동력수상레저기구 조종면허를 받으려는 사람은 해양경찰청장이 실시하는 수상안전교육 (    ) 시간을 받아야 면허증이 발급된다. 이때 (    ) 안에 들어갈 시간으로 옳은 것은?

갑. 2시간
**을. 3시간**
병. 4시간
정. 5시간

**해설** 수상안전교육의 과목 및 내용 등(「수상레저안전법」 시행규칙 별표5)

| 과목 | 내용 | 교육시간 신규 면허 시험 응시 | 교육시간 면허증의 갱신 |
|---|---|---|---|
| 수상레저안전 관계 법령 | • 「수상레저안전법」, 「수상레저기구의 등록 및 검사에 관한 법률」, 「선박 입항 및 출항에 관한 법률」, 「해사안전법」, 「해양환경관리법」 등 수상레저안전 관계 법령에 규정된 안전 의무 및 금지 사항<br>• 법령 위반으로 인한 안전사고 및 행정처분 등의 사례 등 | 30분 | 20분 |
| 수상레저기구의 사용·관리 | • 수상레저기구의 구조 및 추진방식<br>• 수상레저활동 전·후 점검사항<br>• 소모성 부품의 교환 및 보관 요령<br>• 자주 발생하는 고장 및 응급조치 방법 등 | 50분 | 40분 |
| 수상상식 | • 해양 위험 기상의 종류와 대처방법<br>• 수상레저활동에 필요한 기초상식(휴대전화 충전상태 확인, 구명조끼 등의 안전장비 착용방법, 출항 전 기상상태 확인방법 등) | 50분 | 30분 |
| 수상구조 | • 구명장비의 사용법 등<br>• 조난 발생 시 또는 물에 빠진 경우 생존 요령<br>• 응급처치, 인공호흡 및 심폐소생술<br>• 위급상황 발생 시 사고 및 대처방법 | 50분 | 30분 |

**488** 「수상레저안전법」상 수상레저사업자와 그 종사자가 영업구역에서 해서는 안 되는 행위에 해당하지 않는 것은?

**갑. 보호자를 동반한 14세 이상인 자를 수상레저기구에 태우는 행위**
을. 술에 취한 자를 수상레저기구에 태우거나 빌려주는 행위
병. 수상레저기구의 정원을 초과하여 태우는 행위
정. 영업구역을 벗어나 영업을 하는 행위

**해설** 수상레저사업자와 그 종사자는 영업구역에서 14세 미만인 사람(보호자를 동반하지 아니한 사람으로 한정)을 수상레저기구에 태우거나 수상레저기구를 빌려주는 행위를 하여서는 아니 된다(「수상레저안전법」 제44조 제2항 참고).

정답 487 을  488 갑

**489** 「수상레저안전법」상 누구든지 해진 후 30분부터 해뜨기 전 30분 전까지 수상레저활동을 하여서는 아니 된다. 다만, 야간 운항장비를 갖춘 수상레저기구를 이용하는 경우는 그러하지 아니한다. 야간 운항장비로 옳지 않은 것은?

갑. 항해등
을. 통신기기
병. 자기점화등
<u>정. 비상식량</u>

> **해설** 「수상레저안전법」상 야간 운항장비에는 항해등, 전등, 야간 조난신호장비, 등(燈)이 부착된 구명조끼, 통신기기, 구명부환, 소화기, 자기점화등, 나침반, 위성항법장치 등이 있다(「수상레저안전법」 시행규칙 별표 7 참고).

**490** 다음 중 동력수상레저기구 조종면허증을 갱신할 수 있는 시기로 옳지 않은 것은?

갑. 동력수상레저기구 조종면허증 갱신기간 내
을. 사전갱신신청서를 제출한 경우 동력수상레저기구 조종면허증 갱신기간 시작일 전
<u>병. 갱신기간 만료일 후 갱신연기신청서를 제출한 경우</u>
정. 동력수상레저기구 조종면허증 정지기간 내

> **해설** 조종면허증의 갱신 등(「수상레저안전법」 제12조 제2항)
> 면허증을 갱신하지 아니한 경우에는 갱신기간이 만료한 다음 날부터 조종면허의 효력은 정지된다. 다만, 조종면허의 효력이 정지된 후 면허증을 갱신한 경우에는 갱신한 날부터 조종면허의 효력이 다시 발생한다.

**491** 「수상레저기구의 등록 및 검사에 관한 법률」상 등록대상 동력수상레저기구 안전검사 내용 중 옳지 않은 것은?

갑. 등록을 하려는 경우에 하는 검사는 신규검사이다.
을. 정기검사는 등록 후 5년마다 정기적으로 하는 검사이다.
병. 임시검사는 동력수상레저기구의 구조, 장치, 정원 또는 항해구역을 변경하려는 경우 하는 검사이다.
<u>정. 안전검사의 종류로 임시검사, 정기검사, 신규검사, 중간검사가 있다.</u>

> **해설** 안전검사의 종류에는 신규검사, 정기검사, 임시검사가 있다(「수상레저기구의 등록 및 검사에 관한 법률」 제15조 제1항 참고).

489 정  490 병  491 정

**492** 다음 중 주취 중 조종금지에 대한 내용으로 옳지 않은 것은?

 술에 취하였는지 여부를 측정한 결과에 불복하는 사람에 대하여는 해당 수상레저활동자의 동의 없이 혈액채취 등의 방법으로 다시 측정할 수 있다.
을. 수상레저활동을 하는 자는 술에 취한 상태에서는 동력수상레저기구를 조종해서는 안 된다.
병. 「수상레저안전법」에서 말하는 술에 취한 상태는 「해상교통안전법」을 준용하고 있다.
정. 시·군·구 소속 공무원 중 수상레저안전업무에 종사하는 자는 수상레저활동을 하는 자가 술에 취하여 조종을 하였다고 인정할 만한 상당한 이유가 있는 경우에는 술에 취하였는지를 측정할 수 있다.

> **해설** 주취 중 조종 금지(「수상레저안전법」 제27조 제4항)
> 술에 취하였는지 여부를 측정한 결과에 불복하는 사람에 대해서는 본인의 동의를 받아 혈액채취 등의 방법으로 다시 측정할 수 있다.

**493** 「수상레저안전법」상 빈칸 안에 들어갈 내용으로 옳은 것은?

> 동력수상레저기구 조종면허를 받아야 조종할 수 있는 동력수상레저기구로서 추진기관의 최대 출력이 5마력 이상(출력 단위가 킬로와트인 경우에는 ( )킬로와트 이상을 말한다)인 동력수상레저기구로 한다.

 3.75　　　　　　　　　　을. 3
병. 2.75　　　　　　　　　　정. 5

> **해설** 조종면허 대상 및 기준(「수상레저안전법」 시행령 제4조 제1항)
> 동력수상레저기구를 조종하는 사람이 동력수상레저기구 조종면허를 받아야 하는 동력수상레저기구는 추진기관의 최대 출력이 5마력 이상(출력 단위가 킬로와트인 경우에는 3.75킬로와트 이상을 말한다)인 동력수상레저기구로 한다.

**494** 「수상레저안전법」상 구명조끼 등 안전장비를 착용하지 않은 수상레저활동자에 대한 과태료 부과기준은 얼마인가?

갑. 5만원　　　　　　　　　　 10만원
병. 20만원　　　　　　　　　　정. 30만원

> **해설** 법 제20조를 위반하여 인명안전장비를 착용하지 않은 경우는 10만원의 과태료를 부과한다(「수상레저안전법」 시행령 별표14 참고).

정답　492 갑　493 갑　494 을

**495** 「수상레저안전법」상 동력수상레저기구 조종면허 중, 제1급 조종면허 보유자의 감독하에 면허 없는 사람이 동력수상레저기구를 조종할 수 있는 장소로 옳지 않은 것은?

갑. 수상레저사업장  
을. 조종면허시험장  
병. 경정 경기장  
정. 관련 학교  

해설 무면허조종이 허용되는 경우(「수상레저안전법」 시행규칙 제28조)
- 제1급 동력수상레저기구 조종면허를 가진 사람이 동시에 감독하는 수상레저기구가 3대 이하인 경우
- 해당 수상레저기구가 다른 수상레저기구를 견인하고 있지 않은 경우
- 다음의 어느 하나에 해당하는 경우
  - 면허시험을 위하여 수상레저기구를 조종하는 경우
  - 수상레저사업을 등록한 자(수상레저사업자)의 사업상 안에서 탑승 정원이 4명 이하인 수상레저기구를 조종하는 경우(수상레저사업자 또는 그 종사자가 이용객을 탑승시켜 조종하는 경우는 제외)
  - 학교에서 실시하는 교육·훈련을 위하여 수상레저기구를 조종하는 경우
  - 수상레저활동 관련 단체로서 해양경찰청장이 정하여 고시하는 단체가 실시하는 비영리목적의 교육·훈련을 위하여 수상레저기구를 조종하는 경우

**496** 「수상레저안전법」상 원거리 수상레저활동 신고를 하지 않은 경우 과태료 기준은?

갑. 10만원  
을. 20만원  
병. 30만원  
정. 40만원  

해설 법 제23조 제1항을 위반하여 원거리 수상레저활동 신고를 하지 않은 경우에는 20만원의 과태료를 부과한다(「수상레저안전법」 시행령 별표14 참고).

**497** 「수상레저안전법」상 동력수상레저기구 조종면허 없이 동력수상레저기구를 조종할 수 있는 경우로 옳지 않은 것은?

갑. 제2급 조종면허 소지자와 동승하여 고무보트 조종  
을. 제1급 조종면허 소지자 감독하에 시험장에서 시험선 조종  
병. 제1급 조종면허 소지자 감독하에 수상레저사업장에서 수상오토바이 조종  
정. 제1급 조종면허 소지자 감독하에 학교에서 모터보트 조종  

해설 1급 조종면허 소지자 또는 요트조종면허를 가진 사람과 함께 탑승하여 조종하는 경우에는 무면허 조종이 가능하다(「수상레저안전법」 시행규칙 제28조 참고).

**498** 「수상레저안전법」상 제2급 조종면허의 필기시험을 면제받을 수 있는 자는?

갑. 대통령령이 정하는 체육 관련 단체에 동력수상레저기구의 선수로 등록된 자
을. 제1급 조종면허를 가지고 있는 자
**병. 소형선박조종사 면허를 가지고 있는 자**
정. 한국해양소년단연맹에서 동력수상레저기구의 훈련업무에 1년 이상 종사한 자로서 단체장의 추천을 받은 자

### 면허시험 과목의 면제 기준(「수상레저안전법」 시행령 별표4)

| 면제 대상자 | 면제되는 면허시험 과목 | |
|---|---|---|
| | 조종면허의 종류 | 면허시험 과목 |
| 대통령령으로 정하는 체육 관련 단체에 동력수상레저기구의 선수로 등록된 사람 | 제2급 조종면허 및 요트조종면허 | 실기시험 과목의 전부 |
| 다음 요건을 모두 갖춘 사람<br>• 동력수상레저기구 관련 학과를 졸업하였을 것(법령에 따라 이와 같은 수준의 학력이 있다고 인정되는 경우 포함)<br>• 해당 면허와 관련된 동력수상레저기구에 관한 과목을 이수하였을 것 | 제2급 조종면허 및 요트조종면허 | 필기시험 과목의 전부 |
| 「선박직원법」에 따른 해기사 면허 중 항해사·기관사·전자기관사·통신사·운항사·수면비행선박조종사·소형선박조종사의 면허를 가진 사람 또는 제1급 조종면허 필기시험에 합격한 후 제2급 조종면허 실기시험으로 변경하여 응시하려는 사람 | 제2급 조종면허 | 필기시험 과목의 전부 |
| 한국해양소년단연맹 또는 경기단체에서 동력수상레저기구의 사용 등에 관한 교육·훈련업무에 1년 이상 종사한 사람으로서 해당 단체의 장의 추천을 받은 사람 | 제2급 조종면허 | 실기시험 과목의 전부 |
| 면허시험 면제교육기관에서 실시하는 교육을 이수한 사람 | 제2급 조종면허 및 요트조종면허 | 필기시험 및 실기시험 과목의 전부 |

**499** 시장·군수·구청장이 법원 또는 행정관청으로부터의 압류해제 촉탁에 따라 압류해제 조치를 한 경우 동력 수상레저기구의 소유자 및 이해관계자에서 통지해야 하는 사항으로 옳지 않은 것은?

갑. 압류해제의 촉탁기관
을. 압류등록신청일
병. 압류해제의 원인
정. 압류해제일

> **해설** 압류등록 등(「수상레저기구의 등록 및 검사에 관한 법률」 시행령 제9조 제3항)
> 시장·군수·구청장은 압류등록 또는 압류해제 조치를 한 경우에는 다음의 사항을 동력수상레저기구의 소유자 및 이해관계자에게 통지해야 한다.
> - 압류등록 또는 압류해제의 촉탁기관
> - 압류등록 또는 압류해제의 원인
> - 압류등록일 또는 압류해제일
> ※ 시행처 문제에 오류가 있어 문제 일부를 수정하였다.

**500** 「수상레저안전법」상 시험대행기관의 지정기준으로 옳지 않은 것은?

갑. 시험장별로 책임운영자 1명 및 시험관 4명 이상 갖출 것
을. 시험대행기관으로 지정받으려는 자는 해양수산부령으로 정하는 바에 따라 해양경찰청장에게 그 지정을 신청하여야 한다.
병. 시험장별로 해양수산부령으로 정하는 기준에 맞는 실기시험용 시설 등을 갖출 것
정. 조종면허시험대행기관의 지정기준에 따른 책임운영자는 수상레저활동 관련 업무 중 해양경찰청장이 정하여 고시하는 업무에 4년 이상 종사한 경력이 있는 사람이어야 하며, 일반조종면허 시험관은 제1급 조종면허를 갖춘 사람이어야 한다.

> **해설** 시험대행기관의 시험장별 인적기준(「수상레저안전법」 시행령 별표9 제1호)
> 인적기준은 다음에 해당하는 인력을 둘 것
> - 해양경찰청장이 정하여 고시하는 수상레저관련 업무에 5년 이상 종사한 경력이 있는 책임운영자 1명
> - 다음의 어느 하나에 해당하는 시험관 4명 이상
>   - 제1급 조종면허와 인명구조요원 자격을 취득한 사람(일반조종면허 시험을 대행하는 경우로 한정)
>   - 요트조종면허와 인명구조요원 자격을 취득한 사람(요트조종면허 시험을 대행하는 경우로 한정)

**501** 다음 중 조종면허시험대행기관의 시험장별 실기시험 시설기준 중 안전시설에 관한 내용으로 옳지 않은 것은?

갑. 비상구조선의 속력은 30노트 이상이어야 한다.
을. 구명조끼는 20개 이상 갖추어야 한다.
병. 소화기는 3개 이상 갖추어야 한다.
정. 비상구조선의 정원은 4명 이상이어야 한다.

> **해설** 면허시험 면제교육기관의 장비기준(「수상레저안전법」 시행령 별표5 제2호)
> 장비기준은 다음의 장비를 모두 갖출 것
> • 규격에 적합한 실기시험용 동력수상레저기구 1대 이상
> • 비상구조선 1대 이상(비상구조선의 시속은 20노트 이상이며, 승선정원은 4명 이상이어야 한다)
> • 구명조끼 20개 이상
> • 구명부환 5개 이상
> • 소화기 3개 이상
> • 예비용 노 3개 이상
> • 조난신호장비(자기점화등, 신호홍염) 및 구급용 장비(비상의약품, 들것)
> • 인명구조교육용 상반신형 마네킹 1개 이상

**502** 「수상레저안전법」상 빈칸에 들어갈 말로 옳은 것은?

> 조종면허시험대행기관의 지정기준에 따른 책임운영자는 수상레저활동 관련 업무 중 해양경찰청장이 정하여 고시하는 업무에 (   )년 이상 종사한 경력이 있는 사람이어야 하며, 일반조종면허 시험관은 (   )급 조종면허를 갖춘 사람이어야 한다.

갑. 3년, 1급
을. 3년, 2급
병. 5년, 1급
정. 5년, 2급

> **해설** 시험대행기관의 시험장별 인적기준(「수상레저안전법」 시행령 별표9 제1호)
> 인적기준은 다음에 해당하는 인력을 둘 것
> • 해양경찰청장이 정하여 고시하는 수상레저관련 업무에 5년 이상 종사한 경력이 있는 책임운영자 1명
> • 다음의 어느 하나에 해당하는 시험관 4명 이상
>  - 제1급 조종면허와 인명구조요원 자격을 취득한 사람(일반조종면허 시험을 대행하는 경우로 한정)
>  - 요트조종면허와 인명구조요원 자격을 취득한 사람(요트조종면허 시험을 대행하는 경우로 한정)

**503** 「수상레저안전법」상 야간 수상레저활동 금지시간으로 옳은 것은?

**갑. 누구든지 해 진 후 30분부터 해 뜨기 전 30분까지**
을. 활동을 하려는 자는 해 지기 30분부터 해 뜬 후 30분까지
병. 활동을 하려는 자는 해 진 후 30분부터 해 뜨기 전 30분까지
정. 누구든지 해 지기 30분부터 해 뜬 후 30분까지

> **해설** 야간 수상레저활동의 금지(「수상레저안전법」 제26조 제1항)
> 누구든지 해 진 후 30분부터 해 뜨기 전 30분까지는 수상레저활동을 하여서는 아니 된다. 다만, 해양수산부령으로 정하는 바에 따라 야간 운항장비를 갖춘 수상레저기구를 사용하는 경우에는 그러하지 아니하다.

**504** 「수상레저안전법」상 야간 수상레저활동시간을 조정하려는 경우 조정범위로 옳은 것은?

갑. 해가 진 후부터 24시까지의 범위에서 조정할 수 있다.
**을. 해가 진 후 30분부터 24시까지의 범위에서 조정할 수 있다.**
병. 해가 진 후부터 다음 날 해 뜨기 전까지의 범위에서 조정할 수 있다.
정. 해 진 후 30분부터 해 뜨기 전 30분까지의 범위에서 조정할 수 있다.

> **해설** 야간 수상레저활동시간의 조정(「수상레저안전법」 시행규칙 제30조)
> 해양경찰서장이나 시장·군수·구청장은 해가 진 후 30분부터 24시까지의 범위에서 야간 수상레저활동의 시간을 조정해야 한다.

**505** 「수상레저안전법」상 조종면허 효력정지 기간에 조종을 한 경우 처분 기준으로 옳은 것은?

**갑. 면허취소**
을. 과태료
병. 경 고
정. 징 역

> **해설** 조종면허 효력정지 기간에 조종을 한 경우의 처분 기준은 면허취소이다(「수상레저안전법」 시행규칙 별표6 참고).

**506** 「수상레저안전법」상 수상레저기구의 정원에 관한 사항으로 옳지 않은 것은?

갑. 수상레저기구의 정원은 안전검사에 따라 결정되는 정원으로 한다.
을. 등록대상이 되지 아니하는 수상레저기구의 정원은 해당 수상레저기구의 좌석 수 또는 형태 등을 고려하여 해양경찰청장이 정하여 고시하는 정원 산출기준에 따라 산출한다.
병. 정원을 산출할 때에는 해난구조의 사유로 승선한 인원은 정원으로 보지 아니한다.
. 조종면허 시험장에서의 시험을 보기 위한 승선인원은 정원으로 보지 아니한다.

> **해설** 수상레저기구의 정원 산출기준(「수상레저안전법」 시행령 제22조)
> • 수상레저기구의 정원은 안전검사에 따라 결정되는 정원으로 한다.
> • 등록대상 동력수상레저기구가 아닌 수상레저기구의 정원은 해당 수상레저기구의 좌석 수 또는 형태 등을 고려하여 해양경찰청장이 정하여 고시하는 기준에 따라 산출한다.
> • 정원을 산출할 때에는 수난구호나 그 밖의 부득이한 사유로 승선한 인원은 정원으로 보지 않는다.

**507** 동력수상레저기구의 소유자가 주소지를 관할하는 시장·군수·구청장에게 등록신청을 하여야 하는 기간은?

갑. 동력수상레저기구를 소유한 날부터 7일 이내
을. 동력수상레저기구를 소유한 날부터 14일 이내
병. 동력수상레저기구를 소유한 날부터 15일 이내
. 동력수상레저기구를 소유한 날부터 1개월 이내

> **해설** 등록(「수상레저기구의 등록 및 검사에 관한 법률」 제6조 제1항)
> 동력수상레저기구를 취득한 자는 주소지를 관할하는 시장·군수·구청장에게 동력수상레저기구를 취득한 날부터 1개월 이내에 등록신청을 하여야 하고, 등록되지 아니한 동력수상레저기구를 운항하여서는 아니 된다.

**508** 수상레저기구의 말소등록을 하고자 할 때 제출하여야 하는 서류로 옳지 않은 것은?

갑. 동력수상레저기구 등록증
**을. 시·군·구청에서 발급하는 분실·도난신고확인서(분실·도난의 경우만 해당)**
병. 사용 폐지 또는 수상레저활동 목적 외의 사용을 증명할 수 있는 서류(분실·도난 외의 경우만 해당)
정. 수출필증 등 동력수상레저기구의 수출 사실을 증명할 수 있는 서류

> **해설** 말소등록의 신청 등(「수상레저기구의 등록 및 검사에 관한 법률」 시행규칙 제6조 제1항)
> 말소등록을 신청하려는 자는 해당하는 사유가 발생한 날부터 1개월 이내에 동력수상레저기구 말소등록 신청서에 다음의 서류를 첨부하여 시장·군수·구청장에게 제출해야 한다.
> - 등록증
> - 수상사고 등의 발생 사실을 증명할 수 있는 서류로서 해양경찰관서 또는 경찰관서에서 발급하는 서류(동력수상레저기구가 멸실되거나 수상사고가 발생한 경우만 해당)
> - 동력수상레저기구의 도난 사실 등을 증명할 수 있는 서류로서 해양경찰관서 또는 경찰관서에서 발급하는 서류(동력수상레저기구가 분실되거나 도난당한 경우만 해당)
> - 동력수상레저기구의 사용 폐지 또는 수상레저활동 목적 외의 사용을 증명할 수 있는 서류(동력수상레저기구가 분실되거나 도난당한 경우 제외)
> - 동력수상레저기구 등록에 대한 제3자의 승낙서나 그에 대항할 수 있는 판결의 정본 또는 등본(해당 등록과 이해관계가 있는 제3자가 있는 경우만 해당)
> - 제7조(동력수상레저기구에서 제외되는 경우)의 어느 하나에 해당함을 증명할 수 있는 서류
> - 수출신고필증 등 동력수상레저기구의 수출 사실을 증명할 수 있는 서류

**509** 등록대상 수상레저기구의 소유자가 수상레저기구의 운항으로 다른 사람이 사망하거나 부상 당한 경우에 피해자에 대한 보상을 위하여 보험이나 공제에 가입하여야 하는 기간은?

갑. 소유일부터 즉시
을. 소유일부터 7일 이내
병. 소유일부터 15일 이내
**정. 소유일부터 1개월 이내**

> **해설** 보험등의 가입(「수상레저안전법」 제49조 제1항)
> 등록 대상 동력수상레저기구의 소유자는 동력수상레저기구의 사용으로 다른 사람이 사망하거나 부상한 경우에 피해자(피해자가 사망한 경우에는 손해배상을 받을 권리를 가진 자)에 대한 보상을 위하여 소유한 날로부터 1개월 이내에 대통령령으로 정하는 바에 따라 보험이나 공제에 가입하여야 한다.

**510** 다음 중 수상레저기구 안전검사의 내용으로 옳지 않은 것은?

갑. 수상레저기구를 등록하려는 자는 신규검사를 받아야 한다.
을. 수상레저사업을 하는 자는 등록대상 동력수상레저기구에 대하여 영업구역이 내수면인 경우 관할 시·도지사로부터 안전검사를 받아야 한다.
병. 안전검사 대상 동력수상레저기구 중 수상레저사업에 이용되는 동력수상레저기구는 1년마다 정기 검사를 받아야 한다.
정. 수상레저기구는 등록 후 3년마다 정기검사를 받아야 한다.

> **해설** 안전검사(「수상레저기구의 등록 및 검사에 관한 법률」 제15조 제2항)
> 안전검사의 대상 동력수상레저기구 중 수상레저사업에 이용되는 동력수상레저기구는 1년마다, 그 밖의 동력수상레저기구는 5년마다 정기검사를 받아야 한다.

**511** 수상레저기구 안전검사의 유효기간에 대한 설명으로 옳지 않은 것은?

갑. 최초로 신규검사에 합격한 경우 - 안전검사증을 발급받은 날부터 계산한다.
을. 정기검사의 유효기간 만료일 전후 각각 30일 이내에 정기검사에 합격한 경우 - 종전 안전검사증 유효기간 만료일의 다음 날부터 계산한다.
병. 정기검사의 유효기간 만료일 전후 각각 30일 이내의 기간이 아닌 때에 정기검사에 합격한 경우 - 안전검사증을 발급받은 날부터 계산한다.
정. 안전검사증의 유효기간 만료일 후 30일 이후에 정기검사를 받은 경우 - 종전 안전검사증 유효기간 만료일부터 계산한다.

> **해설** 안전검사의 대상 및 실시 시기 등(「수상레저기구의 등록 및 검사에 관한 법률」 시행규칙 제11조 제4항)
> 검사유효기간은 다음의 구분에 따른 날부터 계산한다.
> • 최초로 신규검사에 합격한 경우 : 안전검사증을 발급받은 날
> • 검사기간(정기검사의 유효기간 만료일 전후 각각 30일) 내에 정기검사에 합격한 경우 : 종전 안전검사증 유효기간 만료일의 다음 날
> • 검사기간(정기검사의 유효기간 만료일 전후 각각 30일)이 아닌 때에 정기검사에 합격한 경우 : 안전검사증을 발급받은 날

**512** 「수상레저안전법」상 수상레저사업의 등록 유효기간은 몇 년인가?

갑. 1년
을. 5년
병. 10년
정. 20년

> **해설** 사업등록의 유효기간 등(「수상레저안전법」 제38조 제1항)
> 수상레저사업의 등록 유효기간은 10년으로 하되, 10년 미만으로 영업하려는 경우에는 해당 영업기간을 등록 유효기간으로 한다.

**513** 동력수상레저기구 일반조종면허 실기시험의 채점기준에서 사용하는 용어의 뜻이 옳지 않은 것은?

갑. "이안"이란 계류줄을 걷고 계류장에서 이탈하여 출발한 경우를 말한다.
을. "출발"이란 정지된 상태에서 속도전환 레버를 조작하여 전진 또는 후진하는 것을 말한다.
병. "침로"란 모터보트가 진행하는 방향의 나침방위를 말한다.
정. "접안"이란 시험선을 계류할 수 있도록 접안 위치에 정지시키는 동작을 말한다.

> **해설** "이안"이란 계류줄을 걷고 계류장에서 이탈하여 출발할 수 있도록 준비하는 행위를 말한다(「수상레저안전법」 시행규칙 별표1 참고).

**514** 일반조종면허 필기시험의 시험과목에 해당하지 않는 것은?

갑. 수상레저안전
을. 항해 및 범주
병. 수상레저기구 운항 및 운용
정. 기관

> **해설** 필기시험 과목(「수상레저안전법」 시행령 별표2 제1호)
> • 일반조종면허 필기시험 과목 : 수상레저안전, 수상레저기구 운항 및 운용, 기관, 법규
> • 요트조종면허 필기시험 과목 : 요트활동 개요, 요트, 항해 및 범주, 법규

정답  512 병  513 갑  514 을

**515** 「수상레저안전법」상 수상레저활동자가 지켜야 하는 운항규칙으로 옳지 않은 것은?

갑. 다른 수상레저기구 등과 정면으로 충돌할 위험이 있을 때에는 음성신호·수신호 등 적절한 방법으로 상대에게 이를 알리고 우현 쪽으로 진로를 피해야 한다.

**을. 다른 수상레저기구 등의 진로를 횡단하는 경우에 충돌의 위험이 있을 때에는 다른 수상레저기구 등을 왼쪽에 두고 있는 수상레저기구가 진로를 피해야 한다.**

병. 다른 수상레저기구 등과 같은 방향으로 운항하는 경우에는 2미터 이내로 근접하여 운항하여서는 아니 된다.

정. 다른 수상레저기구 등을 앞지르기하려는 경우에는 앞지르기당하는 수상레저기구 등을 완전히 앞지르기하거나 그 수상레저기구 등에서 충분히 멀어질 때까지 그 수상레저기구 등의 진로를 방해하여서는 아니 된다.

> 해설 운항방법 및 기구의 속도 등에 관한 준수사항(「수상레저안전법」 시행령 별표11 제1호 다목)
> 다른 수상레저기구등의 진로를 횡단하는 경우에 충돌의 위험이 있을 때에는 다른 수상레저기구 등을 오른쪽에 두고 있는 수상레저기구가 진로를 피해야 한다.

**516** 동력수상레저기구 일반조종면허 실기시험 운항코스 시설에 대한 설명으로 옳지 않은 것은?

갑. 계류장 – 2대 이상 동시 계류가 가능해야 하고, 비트를 설치할 것

을. 고정부표 – 3개의 고정 부표를 설치할 것

**병. 이동 부이 – 시험용 수상레저기구마다 2개씩 설치할 것**

정. 사행코스에서의 부표와 부표 사이의 거리 – 50미터로 할 것

> 해설 실기시험용 동력수상레저기구에는 인명구조용 부표를 1개씩 비치해야 한다(「수상레저안전법」 시행규칙 별표1 참고).

**517** 다음 중 동력수상레저기구 일반조종면허 실기시험 채점기준으로 옳지 않은 것은?

갑. 출발 전 점검 및 확인 시 확인사항을 행동 및 말로 표시한다.

을. 출발 시 속도전환 레버를 중립에 두고 시동을 건다.

병. 운항 시 시험관의 증속 지시에 15노트 이하 또는 25노트 이상 운항하지 않는다.

**정. 사행 시 부표로부터 2미터 이내로 접근하여 통과한다.**

> 해설 실기시험의 채점기준과 운항코스(「수상레저안전법」 시행규칙 별표1 제1호 가목)
> • 첫 번째 부표(buoy)로부터 시계방향으로 진행하지 않고 반대방향으로 진행한 경우 3점 감점 처리된다.
> • 부표로부터 3미터 이내로 접근한 경우 9점 감점 처리된다.
> • 첫 번째 부표 전방 25미터 지점과 세 번째 부표 후방 25미터 지점의 양쪽 옆 각 15미터 지점을 연결한 수역을 벗어난 경우 또는 부표를 사행하지 않은 경우 9점 감점 처리된다.

정답 515 을  516 병  517 정

**518** 다음 중 수상오토바이 등록번호판에 표기되는 기구의 명칭으로 옳은 것은?

갑. MB  
을. SW  
병. PW  
정. YT  

> **해설** 동력수상레저기구의 명칭(「수상레저기구의 등록 및 검사에 관한 법률」 시행규칙 별표1 제1호 나목)
> - 모터보트 : MB
> - 수상오토바이 : PW
> - 고무보트 : RB
> - 세일링요트 : YT

**519** 동력수상레저기구 일반조종면허 실기시험 중 실격사유에 해당하는 것으로 옳은 것은?

갑. 지시시험관의 지시 없이 2회 이상 임의로 시험을 진행하는 경우  
을. 급정지 지시 후 3초 이내에 속도전환 레버를 중립으로 조작하지 못한 경우  
병. 지시시험관이 2회 이상의 출발 지시에도 출발하지 못한 경우  
정. 지시시험관이 물에 빠진 사람이 있음을 고지한 후 2분 이내에 인명구조를 실패한 경우  

> **해설** 실기시험의 채점기준과 운항코스(「수상레저안전법」 시행규칙 별표1)
> - 3회 이상의 출발 지시에도 출발하지 못하거나 응시자가 시험포기의 의사를 밝힌 경우 : 3회 이상 출발 불가 및 응시자 시험포기
> - 속도전환 레버 및 핸들의 조작 미숙 등 조종능력이 현저히 부족하다고 인정되는 경우 : 조종능력 부족으로 시험진행 곤란
> - 부표 등과 충돌하는 등 사고를 일으키거나 사고를 일으킬 위험이 현저한 경우 : 현저한 사고 위험
> - 술에 취한 상태이거나 취한 상태는 아니더라도 음주로 인하여 시험을 원활하게 진행하기 어렵다고 인정되는 경우 : 음주 상태
> - 사고 예방과 시험 진행을 위한 시험관의 지시 및 통제에 따르지 않거나 시험관의 지시 없이 2회 이상 임의로 시험을 진행하는 경우 : 시험관의 지시·통제 불응 또는 임의 시험 진행
> - 이미 감점한 점수의 합계가 합격기준에 미달됨이 명백한 경우 : 중간점수 합격기준 미달

**520** 「수상레저안전법」상 동력수상레저기구 일반조종면허시험을 합격한 사람이 면허증을 신청하면 며칠 이내에 신규 면허증이 발급이 되는가?

갑. 1일  
을. 5일 이내  
병. 7일 이내  
정. 14일 이내

**면허증의 발급 등**(「수상레저안전법」 시행규칙 제16조 제2항)
해양경찰서장은 면허증 발급에 따라 다음의 구분에 따른 날부터 14일 이내에 별지 제14호 서식의 동력수상레저기구 조종면허증을 발급해야 한다.
- 면허시험에 합격하여 면허증을 발급하는 경우에 해당하는 경우 : 면허시험에 합격한 날
- 면허증을 갱신하는 경우에 해당하는 경우 : 제1항에 따라 면허증의 갱신을 신청한 날
- 면허증을 잃어버렸거나 면허증이 헐어 못쓰게 된 경우에 따라 면허증을 다시 발급하려는 경우 : 면허증의 재발급을 신청한 날

**521** 동력수상레저기구 일반조종면허 실기시험의 진행 순서로 옳은 것은?

갑. 출발 전 점검 및 확인 - 출발 - 변침 - 운항 - 사행 - 인명구조 - 급정지 및 후진 - 접안
**을. 출발 전 점검 및 확인 - 출발 - 변침 - 운항 - 사행 - 급정지 및 후진 - 인명구조 - 접안**
병. 출발 전 점검 및 확인 - 출발 - 변침 - 운항 - 급정지 및 후진 - 사행 - 인명구조 - 접안
정. 출발 전 점검 및 확인 - 출발 - 변침 - 운항 - 급정지 및 후진 - 인명구조 - 사행 - 접안

**실기시험의 채점기준과 운항코스**(「수상레저안전법」 시행규칙 별표1)
출발 전 점검 및 확인 → 출발 → 변침 → 운항 → 사행 → 급정지 및 후진 → 인명구조 → 접안

**522** 동력수상레저기구 일반조종면허 실기시험의 출발 전 점검 및 확인사항으로 옳은 것은?

갑. 구명부환, 소화기, 예비용 노, 연료, 배터리, 자동정지줄
을. 구명부환, 소화기, 예비용 노, 엔진, 연료, 배터리, 핸들, 자동정지줄
병. 구명부환, 소화기, 예비용 노, 엔진, 연료, 배터리, 핸들, 계기판, 자동정지줄
**정. 구명부환, 소화기, 예비용 노, 엔진, 연료, 배터리, 핸들, 속도전환레버, 계기판, 자동정지줄**

**실기시험의 채점기준과 운항코스**(「수상레저안전법」 시행규칙 별표1 제1호 가목)
출발 전 점검사항(구명부환, 소화기, 예비 노, 엔진, 연료, 배터리, 핸들, 속도전환레버, 계기판, 자동정지줄)을 확인하지 않은 경우(점검사항 누락) 3점 감점

**523** 동력수상레저기구 등록번호판의 재질 및 규격에 대한 설명으로 옳지 않은 것은?

갑. FRP 또는 알루미늄 재질의 선체에는 투명 PC원단을 사용한다.
을. 고무재질의 선체에는 반사원단을 사용한다.
병. FRP 또는 알루미늄 재질의 선체 부착용 등록번호판의 두께는 0.3밀리미터이다.
정. 고무보트 재질의 선체 부착용 등록번호판의 두께는 0.3밀리미터이다.

등록번호판의 두께(「수상레저기구의 등록 및 검사에 관한 법률」시행규칙 별표2 제2호)
• 동력수상레저기구의 선체가 강화플라스틱 또는 알루미늄 재질 등인 경우 : 0.3밀리미터
• 동력수상레저기구의 선체가 고무재질인 경우 : 0.2밀리미터

**524** 동력수상레저기구 등록번호판의 색상이 올바르게 나열된 것은?

갑. 바탕 – 옅은 회색 숫자(문자) – 검은색
을. 바탕 – 흰색 숫자(문자) – 검은색
병. 바탕 – 검은색 숫자(문자) – 흰색
정. 바탕 – 초록색 숫자(문자) – 흰색

등록번호판의 색상(「수상레저기구의 등록 및 검사에 관한 법률」시행규칙 별표2 제4호)
• 바탕색 : 옅은 회색
• 문자(영문) 및 숫자 : 검은색

**525** 일반조종면허 필기시험의 시험과목에 해당하지 않는 것은?

갑. 수상레저안전
을. 항해 및 범주
병. 수상레저기구 운항 및 운용
정. 기 관

필기시험 과목(「수상레저안전법」시행령 별표2)
• 일반조종면허 필기시험 과목 : 수상레저안전, 수상레저기구 운항 및 운용, 기관, 법규
• 요트조종면허 필기시험 과목 : 요트활동 개요, 요트, 항해 및 범주, 법규

**526** 「수상레저안전법」상 수상레저사업장에서 갖추어야 하는 구명조끼에 대한 설명 중 빈칸에 들어갈 내용으로 옳은 것은?

> 수상레저기구 탑승정원의 (    )퍼센트 이상에 해당하는 수의 구명조끼를 갖추어야 하고, 탑승정원의 (    )퍼센트는 소아용으로 한다.

갑. 100, 10  
을. 100, 20  
병. 110, 10  
정. 110, 20

> **해설** 구명조끼는 「전기용품 및 생활용품 안전관리법」에 따른 안전기준이나 해양수산부장관이 정하여 고시하는 선박 또는 어선의 구명설비기준에 적합한 제품이어야 하며, 수상레저기구 탑승정원의 110퍼센트 이상에 해당하는 수의 구명조끼를 갖추고, 그 탑승정원의 10퍼센트는 소아용으로 갖추어야 한다(「수상레저안전법」 시행규칙 별표8 참고).

**527** 요트조종면허 필기시험의 시험과목에 해당하지 않는 것은?

갑. 요트활동 개요  
을. 항해 및 범주  
병. 수상레저기구 운항 및 운용  
정. 법 규

> **해설** 필기시험 과목(「수상레저안전법」 시행령 별표2)
> - 일반조종면허 필기시험 과목 : 수상레저안전, 수상레저기구 운항 및 운용, 기관, 법규
> - 요트조종면허 필기시험 과목 : 요트활동 개요, 요트, 항해 및 범주, 법규

**528** 「수상레저안전법」상 동력수상레저기구 조종면허증의 효력정지 기간에 조종을 한 경우 행정 처분 기준으로 옳은 것은?

갑. 면허취소  
을. 면허정지 3개월  
병. 면허정지 4개월  
정. 면허정지 1년

> **해설** 거짓이나 그 밖의 부정한 방법으로 조종면허를 받은 경우, 조종면허 효력정지 기간에 조종을 한 경우에는 면허취소에 처한다(「수상레저안전법」 시행규칙 별표6 참고).

정답 526 병  527 병  528 갑

**529** 「수상레저안전법」상 일반조종면허 시험에 관한 내용으로 옳지 않은 것은?

갑. 필기시험에 합격한 사람은 그 합격일로부터 1년 이내에 실시하는 면허시험에서만 그 필기시험이 면제된다.
**을. 실기시험을 실시할 때 동력수상레저기구 1대에 1명의 시험관을 탑승시켜야 한다.**
병. 실기시험은 필기시험에 합격 또는 필기시험 면제받은 사람에 대하여 실시한다.
정. 응시자가 따로 준비한 수상레저기구가 규격에 적합한 때에는 해당 수상레저기구를 실기시험에 사용하게 할 수 있다.

> **해설** 실기시험의 채점기준 등(「수상레저안전법」 시행규칙 제7조 제2항)
> 해양경찰청장은 실기시험을 실시할 때 실기시험용 동력수상레저기구 1대에 2명의 시험관을 탑승시켜야 한다.

**530** 「수상레저안전법」상 면허시험 면제교육기관에 대하여 반드시 지정을 취소해야 하는 사유에 해당되는 것은?

갑. 면허시험 면제교육기관이 교육을 이수하지 아니한 사람에게 면허시험 과목의 전부를 면제하게 한 경우
**을. 거짓이나 그 밖의 부정한 방법으로 지정을 받은 경우**
병. 교육내용을 지키지 않은 경우
정. 지정 기준에 미치지 못하게 된 경우

> **해설** 면허시험 면제교육기관의 지정취소 등(「수상레저안전법」 제10조 제1항)
> 해양경찰청장은 면허시험 면제교육기관이 다음의 어느 하나에 해당하는 경우 그 지정을 취소하거나 6개월의 범위에서 기간을 정하여 업무를 정지할 수 있다. 다만, 제1호에 해당하면 그 지정을 취소하여야 한다.
> 1. 거짓이나 그 밖의 부정한 방법으로 지정을 받은 경우
> 2. 면허시험 면제교육기관이 해양경찰청장에게 교육 이수 결과를 거짓으로 제출하여 제9조 제1항 제5호에 따른 교육을 이수하지 아니한 사람에게 면허시험 과목의 전부를 면제하게 한 경우
> 3. 면허시험의 면제에 따른 교육내용을 지키지 아니한 경우
> 4. 면허시험의 면제에 따른 지정기준에 미치지 못하게 된 경우

**531** 「수상레저안전법」상 동력수상레저기구 조종면허가 취소된 자가 해양경찰청장에게 동력수상레저기구 조종면허증을 반납하여야 하는 기간은?

갑. 취소된 날부터 3일 이내
을. 취소된 날부터 5일 이내
**병. 취소된 날부터 7일 이내**
정. 취소된 날부터 14일 이내

> **해설** 조종면허의 취소·정지(「수상레저안전법」 제17조 제2항)
> 조종면허가 취소되거나 그 효력이 정지된 사람은 조종면허가 취소되거나 그 효력이 정지된 날부터 7일 이내에 해양경찰청장에게 면허증을 반납하여야 한다.

## 532 다음 빈칸에 들어갈 말로 옳은 것은?

> 면허시험 면제교육기관의 장이 교육을 중지할 수 있는 기간은 (　　)을 초과할 수 없다.

갑. 1개월　　　　　　　　　　　　을. 2개월
병. 3개월　　　　　　　　　　　　정. 6개월

> **해설** 면허시험 면제교육기관 종사자의 준수사항 및 면허증 발급절차(「수상레저안전법」 시행규칙 별표4)
> 면허시험 면제교육기관의 장은 1개월 이상 면허시험 면제교육을 중지하려는 경우에는 그 교육 중지일 5일 전까지 해양경찰청장에게 그 사실을 신고해야 하며, 해당 교육을 중지하는 기간은 3개월을 초과할 수 없다. 다만, 건물의 신축 등 부득이한 사유가 있는 경우에는 5개월의 범위에서 그 중지기간을 연장할 수 있다

## 533 외국인이 국내에서 개최되는 국제경기대회에 참가하는 경우, 조종면허 없이 수상레저기구를 조종할 수 있는 기간으로 옳은 것은?

갑. 국제경기대회 개최일 5일 전부터 국제경기대회 기간까지
을. 국제경기대회 개최일 7일 전부터 국제경기대회 기간까지
병. 국제경기대회 개최일 10일 전부터 국제경기대회 종료 후 10일까지
정. 국제경기대회 개최일 15일 전부터 국제경기대회 기간까지

> **해설** 외국인에 대한 조종면허의 특례(「수상레저안전법」 시행규칙 제3조)
> 외국인이 국내에서 개최되는 국제경기대회에서 수상레저기구를 조종하는 경우에는 다음의 기준에 따라야 한다.
> • 수상레저기구의 종류 : 「수상레저안전법」 시행령 제2조 제1항에 따른 수상레저기구
> • 조종기간 : 국제경기대회 개최일 10일 전부터 국제경기대회 종료 후 10일까지
> • 조종지역 : 국내 수역
> • 국제경기대회의 종류 및 규모 : 2개국 이상이 참여하는 국제경기대회

정답　532 병　533 병

**534** 「수상레저안전법」상 조종면허의 효력 발생 시기는?

갑. 면허증을 형제·자매에게 발급한 때부터
을. 실기시험에 합격하고 면허증 발급을 신청한 때부터
병. 본인이나 그 대리인에게 발급한 때부터
정. 실기시험 합격 후 안전교육을 이수한 경우

> **해설** 면허증 발급(「수상레저안전법」 제15조 제2항)
> 조종면허의 효력은 면허증을 본인이나 그 대리인에게 발급한 때부터 발생한다.

**535** 「수상레저안전법」상 다음 빈칸 안에 들어갈 말로 옳은 것은?

> 해양경찰서장이 동력수상레저기구 조종면허의 정지처분을 통지하고자 하나 처분대상자에게 통지할 수 없는 경우 면허시험 응시원서에 기재된 주소지를 관할하는 해양경찰관서 게시판 또는 인터넷 홈페이지나 수상레저종합정보시스템에 (   )일간 공고함으로써 통지를 갈음할 수 있다.

갑. 7
을. 10
병. 14
정. 21

> **해설** 조종면허의 취소 및 효력정지의 기준 등(「수상레저안전법」 시행규칙 제18조 제2항)
> 해양경찰서장은 조종면허의 취소 또는 효력정지 처분을 통지할 때에는 동력수상레저기구 조종면허 취소·정지·경고처분 통지서로 한다. 다만, 면허증 소지자의 주소·거소 또는 그 밖에 통지할 장소를 통상적인 방법으로 확인할 수 없거나 통지서를 송달할 수 없는 경우에는 면허시험 응시원서에 기재된 주소지를 관할하는 해양경찰서의 게시판 또는 인터넷 홈페이지나 수상레저종합정보시스템에 14일간 공고함으로써 그 통지를 대신할 수 있다.

**536** 동력수상레저기구 조종면허 실기시험에 관한 내용으로 옳지 않은 것은?

갑. 제1급 조종면허시험의 경우 합격점수는 80점 이상이다.
을. 요트조종면허의 경우 합격점수는 60점 이상이다.
병. 응시자가 준비한 동력수상레저기구로 조종면허 실기시험을 응시할 수 없다.
정. 실기시험을 실시할 때에는 동력수상레저기구 1대에 2명의 시험관을 탑승시켜야 한다.

**실기시험의 방법 등(「수상레저안전법」 시행령 제9조 제4항)**
해양경찰청장은 실기시험을 실시할 때 응시자로 하여금 규격에 적합한 실기시험용 동력수상레저기구를 사용하게 해야 한다. 다만, 실기시험 응시자가 따로 준비한 동력수상레저기구가 규격에 적합한 경우에는 실기시험에 그 동력수상레저기구를 사용하게 할 수 있다.

**537** 「수상레저안전법」상 제2급 조종면허시험 과목의 전부를 면제할 수 있는 경우는?

갑. 대통령령으로 정하는 체육 관련 단체에 동력수상레저기구의 선수로 등록된 사람
을. 대통령령으로 정하는 동력수상레저기구 관련 학과를 졸업한 사람
**병. 해양경찰청장이 지정·고시하는 기관이나 단체(면허시험 면제교육기관)에서 실시하는 교육을 이수한 사람**
정. 제1급 조종면허 필기시험에 합격한 후 제2급 조종면허 실기시험으로 변경하여 응시하려는 사람

 **면허시험 과목의 면제 기준(「수상레저안전법」 시행령 별표4)**

| 면제 대상자 | 면제되는 면허시험 과목 | |
|---|---|---|
| | 조종면허의 종류 | 면허시험 과목 |
| 대통령령으로 정하는 체육 관련 단체에 동력수상레저기구의 선수로 등록된 사람 | 제2급 조종면허 및 요트조종면허 | 실기시험 과목의 전부 |
| 다음 요건을 모두 갖춘 사람<br>• 동력수상레저기구 관련 학과를 졸업하였을 것(법령에 따라 이와 같은 수준의 학력이 있다고 인정되는 경우 포함)<br>• 해당 면허와 관련된 동력수상레저기구에 관한 과목을 이수하였을 것 | 제2급 조종면허 및 요트조종면허 | 필기시험 과목의 전부 |
| 「선박직원법」에 따른 해기사 면허 중 항해사·기관사·전자기관사·통신사·운항사·수면비행선박조종사·소형선박조종사의 면허를 가진 사람 또는 제1급 조종면허 필기시험에 합격한 후 제2급 조종면허 실기시험으로 변경하여 응시하려는 사람 | 제2급 조종면허 | 필기시험 과목의 전부 |
| 한국해양소년단연맹 또는 경기단체에서 동력수상레저기구의 사용 등에 관한 교육·훈련업무에 1년 이상 종사한 사람으로서 해당 단체의 장의 추천을 받은 사람 | 제2급 조종면허 | 실기시험 과목의 전부 |
| 면허시험 면제교육기관에서 실시하는 교육을 이수한 사람 | 제2급 조종면허 및 요트조종면허 | 필기시험 및 실기시험 과목의 전부 |

**538** 다음 중 동력수상레저기구 조종면허증의 갱신기간 연기 사유로 옳지 않은 것은?

갑. 국외에 체류 중인 경우
을. 질병으로 인하여 통원치료가 필요한 경우
병. 법령에 따라 신체의 자유를 구속당한 경우
정. 군복무 중인 경우

조종면허증의 갱신연기 등(「수상레저안전법」 시행령 제13조 제1항)
- 군 복무 중(의무소방원 또는 의무경찰대원으로 전환복무 중인 경우 포함)이거나 대체복무요원으로 복무 중인 경우
- 국외에 체류 중인 경우
- 재해 또는 재난을 당한 경우
- 질병에 걸리거나 부상을 입어 움직일 수 없는 경우
- 법령에 따라 신체의 자유를 구속당한 경우
- 그 밖에 사회통념상 부득이하다고 인정할 만한 사유가 있는 경우

**539** 「수상레저안전법」상 동력수상레저기구 조종면허증 갱신이 연기된 사람은 그 사유가 없어진 날부터 몇 개월 이내에 동력수상레저기구 조종면허증을 갱신하여야 하는가?

갑. 1개월
을. 3개월
병. 6개월
정. 12개월

조종면허증의 갱신연기 등(「수상레저안전법」 시행령 제13조 제4항)
면허증의 갱신이 연기된 사람은 그 사유가 없어진 날부터 3개월 이내에 면허증을 갱신해야 한다.

**540** 다음 중 동력수상레저기구 조종면허증을 발급 또는 재발급하여야 할 사유로 옳지 않은 것은?

갑. 동력수상레저기구 조종면허시험에 합격한 경우
을. 동력수상레저기구 조종면허증을 친구에게 빌려주어 받지 못하게 된 경우
병. 동력수상레저기구 조종면허증을 잃어버린 경우
정. 동력수상레저기구 조종면허증이 헐어 못쓰게 된 경우

**면허증 발급(「수상레저안전법」 제15조 제1항, 제3항)**
해양경찰청장은 다음의 어느 하나에 해당하는 경우에는 면허증을 발급하여야 하며, 면허증을 잃어버렸거나 면허증이 헐어 못쓰게 된 경우 해양경찰청장에게 신고하고 다시 발급받을 수 있다.
- 면허시험에 합격하여 면허증을 발급하는 경우
- 면허증을 갱신하는 경우

## 541 조종면허시험 대행기관에서 시험업무에 종사하는 자에 대한 교육과 관련된 내용으로 옳지 않은 것은?

갑. 시험업무 종사자에 대한 교육은 책임운영자 및 시험관에 대하여 실시한다.
을. 시험업무 종사자에 대한 교육은 정기교육과 임시교육으로 구분한다.
병. 정기교육은 1년에 한 번 21시간 이상 실시한다.
정. 교육이수점수는 100점 만점에 60점 이상을 받아야 한다.

 **종사자에 대한 교육(「수상레저안전법」 시행규칙 제22조 제2항)**
교육은 교육대상자별로 다음의 구분에 따라 실시한다.
- 정기교육 : 매년 1회 정기적으로 실시하는 교육
- 수시교육 : 제1호 외의 교육으로서 해양경찰장이 필요하다고 인정하는 경우에 교육대상자에게 실시하는 8시간 이하의 교육

## 542 「수상레저안전법」상 수상레저활동 금지구역을 지정할 수 없는 자는?

갑. 소방서장
을. 시 장
병. 구청장
정. 해양경찰서장

 **수상레저활동 금지구역의 지정 등(「수상레저안전법」 제30조)**
해양경찰서장 또는 시장·군수·구청장은 수상레저활동의 안전을 위하여 필요하다고 인정하면 수상레저활동 금지구역(수상레저기구별 수상레저활동 금지구역을 포함)을 지정할 수 있으며, 누구든지 지정된 금지구역에서 수상레저활동을 하여서는 아니 된다.

**543** 수상레저기구 등록신청을 받은 시·군·구청장이 신청인에게 수상레저기구 등록증과 등록번호판을 발급해야 하는 기간은?

갑. 수상레저기구등록원부에 등록한 후 2일 이내
**을. 수상레저기구등록원부에 등록한 후 3일 이내**
병. 수상레저기구등록원부에 등록한 후 5일 이내
정. 수상레저기구등록원부에 등록한 후 7일 이내

> **해설** 등록증·등록번호판의 발급 등(「수상레저기구의 등록 및 검사에 관한 법률」 시행규칙 제4조 제1항)
> 특별자치시장·제주특별자치도지사·시장·군수 및 구청장(구청장은 자치구의 구청장을, 서울특별시 한강의 경우에는 서울특별시의 한강 관리에 관한 업무를 관장하는 기관의 장을 말하며, 이하 "시장·군수·구청장"이라 한다)은 등록원부에 동력수상레저기구의 소유자로 등록한 날부터 3일 이내에 동력수상레저기구 등록증과 제작된 등록번호판을 해당 소유자에게 발급해야 한다.

**544** 수상레저기구 등록원부를 열람하거나 사본을 발급받으려는 자는 누구에게 신청하여야 하는가?

갑. 시·도지사
을. 해양경찰서장
병. 경찰서장
**정. 시장·군수·구청장**

> **해설** 등록원부(「수상레저기구의 등록 및 검사에 관한 법률」 제7조 제2항)
> 등록원부를 열람하거나 등록원부의 사본을 발급받으려는 자는 시장·군수·구청장에게 열람 또는 발급을 신청하여야 한다.

**545** 「수상레저안전법」상 용어 정의로 옳지 않은 것은?

**갑. 강과 바다가 만나는 부분의 기수는 해수면으로 분류된다.**
을. 수상이란 해수면과 내수면을 말한다.
병. 래프팅이란 무동력수상레저기구를 사용하여 계곡이나 하천에서 노를 저으며 급류 또는 물의 흐름 등을 타는 수상레저 활동을 말한다.
정. 내수면이란 하천, 댐, 호수, 늪, 저수지, 그 밖에 인공으로 조성된 담수나 기수(汽水)의 수류 또는 수면을 말한다.

> **해설** 용어의 정의(「수상레저안전법」 제2조 제7호)
> 해수면이란 바다의 수류나 수면을 말한다.

**546** 「수상레저안전법」상 동력수상레저기구 안전검사증을 발급 또는 재발급을 받으려는 자는 (　　)에게 신청하여야 한다. (　　) 안에 들어갈 말로 옳은 것은?

갑. 시장·군수·구청장  
을. 시·도지사  
**병. 해양경찰청장**  
정. 소방서장

> **해설** 안전검사증·안전검사필증의 발급 등(「수상레저기구의 등록 및 검사에 관한 법률」 제16조 제1항)
> 해양경찰청장 또는 검사대행자는 안전검사에 합격한 동력수상레저기구의 소유자에게 안전검사증 및 안전검사필증을 발급하여야 한다. 다만, 안전검사필증의 발급은 제15조제1항제1호 및 제2호의 경우에 한정한다.
> ※ 시행처 문제에 오류가 있어 수정하였다.

**547** 수상레저 활동자가 착용하여야 할 구명조끼·구명복 또는 안전모 등 인명구조장비 착용에 관하여 특별한 지시를 할 수 있는 행정기관의 장으로 옳지 않은 것은?

갑. 인천해양경찰서장  
**을. 가평소방서장**  
병. 춘천시장  
정. 가평군수

> **해설** 안전장비의 착용(「수상레저안전법」 시행규칙 제23조 제2항)
> 관할 해양경찰서장 또는 시장·군수·구청장은 수상레저활동의 형태, 수상레저기구의 종류 및 날씨 등을 고려하여 수상레저활동을 하는 사람이 착용해야 하는 구명조끼·구명복 또는 안전모 등의 인명안전장비의 종류를 특정하여 착용 등의 지시를 할 수 있다.

**548** 「선박의 입항 및 출항 등에 관한 법률」상 무역항의 수상구역 등에서 선박의 입항 및 출항 등에 관한 행정업무를 수행하는 행정관청을 관리청이라 한다. ⓐ 국가관리무역항, ⓑ 지방관리무역항의 관리청으로 올바르게 짝지어진 것은?

갑. ⓐ 해양수산부장관, ⓑ 지방해양수산청장  
**을. ⓐ 해양수산부장관, ⓑ 특별시장·광역시장·도지사 또는 특별자치도지사**  
병. ⓐ 해양경찰청장, ⓑ 해양경찰서장  
정. ⓐ 해양경찰청장, ⓑ 특별시장·광역시장·도지사 또는 특별자치도지사

> **해설** 용어의 정의(「선박의 입항 및 출항 등에 관한 법률」 제2조 제2의2호)
> 관리청이란 무역항의 수상구역 등에서 선박의 입항 및 출항 등에 관한 행정업무를 수행하는 다음에 따른 행정관청을 말한다.
> • 국가관리무역항 : 해양수산부장관
> • 지방관리무역항 : 특별시장·광역시장·도지사 또는 특별자치도지사

**정답** 546 병　547 을　548 을

## 549

「선박의 입항 및 출항 등에 관한 법률」상 다음 설명 중 옳은 것으로만 묶인 것은?

> ㉠ "정박"이란 선박을 다른 시설에 붙들어 매어 놓는 것을 말한다.
> ㉡ "정박지"란 선박이 정박할 수 있는 장소를 말한다.
> ㉢ "계류"란 선박이 해상에서 일시적으로 운항을 정지하는 것을 말한다.
> ㉣ "계선"이란 선박이 운항을 중지하고 장기간 정박하거나 계류하는 것을 말한다.

갑. ㉠, ㉡  
을. ㉠, ㉢  
병. ㉡, ㉣
정. ㉡, ㉢

**해설** 용어의 정의(「선박의 입항 및 출항 등에 관한 법률」 제2조)
- 정박 : 선박이 해상에서 닻을 바다 밑바닥에 내려놓고 운항을 멈추는 것을 말한다.
- 정박지 : 선박이 정박할 수 있는 장소를 말한다.
- 정류 : 선박이 해상에서 일시적으로 운항을 멈추는 것을 말한다.
- 계류 : 선박을 다른 시설에 붙들어 매어 놓는 것을 말한다.
- 계선 : 선박이 운항을 중지하고 정박하거나 계류하는 것을 말한다.
- 항로 : 선박의 출입 통로로 이용하기 위하여 지정·고시한 수로를 말한다.

## 550

「선박의 입항 및 출항 등에 관한 법률」상 규정된 무역항의 항계안 등의 항로에서의 항법에 대한 설명으로 가장 옳지 않은 것은? (단서, 예외 규정은 제외한다)

갑. 선박은 항로에서 다른 선박을 추월해서는 안 된다.  
을. 선박은 항로에서 나란히 항행하지 못한다.  
병. 항로를 항행하는 선박은 항로 밖에서 항로로 들어오는 선박의 진로를 피하여 항행하여야 한다.  
정. 선박이 항로에서 다른 선박과 마주칠 우려가 있는 경우에는 오른쪽으로 항행하여야 한다.

**해설** 항로에서의 항법(「선박의 입항 및 출항 등에 관한 법률」 제12조 제1항)
모든 선박은 항로에서 다음의 항법에 따라 항행하여야 한다.
- 항로 밖에서 항로에 들어오거나 항로에서 항로 밖으로 나가는 선박은 항로를 항행하는 다른 선박의 진로를 피하여 항행할 것
- 항로에서 다른 선박과 나란히 항행하지 아니할 것
- 항로에서 다른 선박과 마주칠 우려가 있는 경우에는 오른쪽으로 항행할 것
- 항로에서 다른 선박을 추월하지 아니할 것. 다만, 추월하려는 선박을 눈으로 볼 수 있고 안전하게 추월할 수 있다고 판단되는 경우에는 「해상교통안전법」 제74조 제5항 및 78조에 따른 방법으로 추월할 것
- 항로를 항행하는 제37조 제1항 제1호에 따른 위험물운송선박(제2조 제5호 라목에 따른 선박 중 급유선은 제외) 또는 「해상교통안전법」 제2조 제12호에 따른 흘수제약선(吃水制約船)의 진로를 방해하지 아니할 것
- 범선은 항로에서 지그재그(Zigzag)로 항행하지 아니할 것

**551** 「선박의 입항 및 출항 등에 관한 법률」상 무역항의 의미를 설명한 것으로 가장 적절한 것은?

갑. 여객선만 주로 출입할 수 있는 항
을. 대형선박이 출입하는 항
**병. 국민경제와 공공의 이해(利害)에 밀접한 관계가 있고 주로 외항선이 입항·출항하는 항만**
정. 공공의 이해에 밀접한 관계가 있는 항만

> **해설** 용어의 정의(「선박의 입항 및 출항 등에 관한 법률」 제2조 제1호)
> "무역항"이란 「항만법」에 따른 국민경제와 공공의 이해(利害)에 밀접한 관계가 있고, 주로 외항선이 입항·출항하는 항만으로서 대통령령으로 정하는 항만을 말한다.

**552** 「선박의 입항 및 출항 등에 관한 법률」상 입·출항 허가를 받아야 할 경우로 옳지 않은 것은?

갑. 전시나 사변
을. 전시·사변에 준하는 국가비상사태
**병. 입·출항 선박이 복잡한 경우**
정. 국가안전보장상 필요한 경우

> **해설** 출입 신고(「선박의 입항 및 출항 등에 관한 법률」 제4조 제3항)
> 전시·사변이나 그에 준하는 국가비상사태 또는 국가안전보장에 필요한 경우에는 선장은 대통령령으로 정하는 바에 따라 관리청의 허가를 받아야 한다.

**553** 「선박의 입항 및 출항 등에 관한 법률」상 무역항의 항계안 등에서 선박이 고속으로 항행할 경우 다른 선박에 현저하게 피해를 줄 우려가 있다고 인정되는 무역항에 대하여 선박의 항행 최고속력을 지정할 것을 요청할 수 있는데, 이 경우 지정요청자와 지정권자로 각각 옳은 것은?

갑. 해양수산부장관, 해양경찰청장
**을. 해양경찰청장, 관리청**
병. 시·도지사, 해양경찰청장
정. 지방해양경찰청장, 해양경찰청장

> **해설** 속력 등의 제한(「선박의 입항 및 출항 등에 관한 법률」 제17조 제2항)
> 해양경찰청장은 선박이 빠른 속도로 항행하여 다른 선박의 안전 운항에 지장을 초래할 우려가 있다고 인정하는 무역항의 수상구역등에 대하여는 관리청에 무역항의 수상구역등에서의 선박 항행 최고속력을 지정할 것을 요청할 수 있다.

**정답** 551 병  552 병  553 을

**554** 「선박의 입항 및 출항 등에 관한 법률」상 무역항의 수상구역 등에서 부두·잔교(棧橋)·안벽(岸壁)·계선 부표·돌핀 및 선거(船渠)의 부근 수역 내 정박하거나 정류할 수 있는 경우로 옳지 않은 것은?

갑. 허가를 받은 행사를 진행하기 위한 경우
을. 선박의 고장이나 그 밖의 사유로 선박을 조종할 수 없는 경우
병. 인명을 구조하거나 급박한 위험이 있는 선박을 구조하는 경우
정. 허가를 받은 공사 또는 작업에 사용하는 경우

> **해설** 정박의 제한 및 방법 등(「선박의 입항 및 출항 등에 관한 법률」 제6조 제2항)
> 제1항에도 불구하고 다음의 경우에는 제1항 각 호의 장소에 정박하거나 정류할 수 있다.
> • 「해양사고의 조사 및 심판에 관한 법률」에 따른 해양사고를 피하기 위한 경우
> • 선박의 고장이나 그 밖의 사유로 선박을 조종할 수 없는 경우
> • 인명을 구조하거나 급박한 위험이 있는 선박을 구조하는 경우
> • 허가를 받은 공사 또는 작업에 사용하는 경우

**555** 「선박의 입항 및 출항 등에 관한 법률」상 선박이 항내 및 항계 부근에서 지켜야 할 항법으로 옳지 않은 것은?

갑. 항계 안에서 범선은 돛을 줄이거나 예인선에 끌리어 항해한다.
을. 다른 선박에 위험을 미치지 아니할 속력으로 항해한다.
병. 방파제의 입구에서 입항하는 동력선은 출항하는 선박과 마주칠 경우, 방파제 밖에서 출항선박의 진로를 피한다.
정. 항계 안에서 방파제, 부두 등을 오른쪽 뱃전에 두고, 항행할 때에는 가능한 한 멀리 돌아간다.

> **해설** 부두등 부근에서의 항법(「선박의 입항 및 출항 등에 관한 법률」 제14조)
> 선박이 무역항의 수상구역등에서 해안으로 길게 뻗어 나온 육지 부분, 부두, 방파제 등 인공시설물의 튀어 나온 부분 또는 정박 중인 선박(부두등)을 오른쪽 뱃전에 두고 항행할 때에는 부두등에 접근하여 항행하고, 부두등을 왼쪽 뱃전에 두고 항행할 때에는 멀리 떨어져서 항행하여야 한다.

**556** 다음 빈칸에 들어갈 말로 옳은 것은?

> 「선박의 입항 및 출항 등에 관한 법률」상 무역항의 수상구역 등이나 무역항의 수상구역 밖 (    ) 이내의 수면에 선박의 안전운항을 해칠 우려가 있는 폐기물을 버려서는 아니 된다.

갑. 10킬로미터
을. 10해리
병. 12킬로미터
정. 12해리

**해설** 폐기물의 투기 금지 등(「선박의 입항 및 출항 등에 관한 법률」 제38조 제1항)
누구든지 무역항의 수상구역등이나 무역항의 수상구역 밖 10킬로미터 이내의 수면에 선박의 안전운항을 해칠 우려가 있는 흙·돌·나무·어구(漁具) 등 폐기물을 버려서는 아니 된다.

**557** 「선박의 입항 및 출항 등에 관한 법률」상 해양사고 등이 발생한 경우의 조치사항으로 옳지 않은 것은?

갑. 원칙적으로 조치의무자는 조난선의 선장이다.
을. 조난선의 선장은 즉시 항로표지를 설치하는 등 필요한 조치를 하여야 한다.
병. 선박의 소유자 또는 임차인은 위험 예방조치비용을 위험 예방조치가 종료된 날부터 7일 이내에 지방 해양수산청장 또는 시·도지사에게 납부하여야 한다.
정. 조난선의 선장이 필요한 조치를 할 수 없을 때에는 해양수산부령으로 정하는 바에 따라 해양수산부 장관에게 필요한 조치를 요청할 수 있다.

**해설** 위험 예방조치 비용의 산정 및 납부(「선박의 입항 및 출항 등에 관한 법률」 시행규칙 제23조 제2항)
선박의 소유자 또는 임차인은 산정된 위험 예방조치 비용을 항로표지의 설치 등 위험 예방조치가 종료된 날부터 5일 이내에 지방해양수산청장 또는 시·도지사에게 납부하여야 한다.

정답  556 갑  557 병

**558** 「선박의 입항 및 출항 등에 관한 법률」상 정박지의 사용에 대한 내용으로 옳지 않은 것은?

갑. 관리청은 무역항의 수상구역 등에 정박하는 선박의 종류・톤수・흘수(吃水) 또는 적재물의 종류에 따른 정박구역 또는 정박지를 지정・고시할 수 있다.

을. 무역항의 수상구역 등에 정박하려는 선박은 정박구역 또는 정박지에 정박하여야 한다.

병. 우선피항선은 다른 선박의 항행에 방해가 될 우려가 있는 장소라 하더라도 피항을 위한 일시적인 정박과 정류가 허용된다.

정. 해양사고를 피하기 위해 정박구역 또는 정박지가 아닌 곳에 정박한 선박의 선장은 즉시 그 사실을 관리청에 신고하여야 한다.

> **해설** 정박지의 사용 등(「선박의 입항 및 출항 등에 관한 법률」 제5조 제3항)
> 우선피항선은 다른 선박의 항행에 방해가 될 우려가 있는 장소에 정박하거나 정류하여서는 아니 된다.

**559** 「선박의 입항 및 출항 등에 관한 법률」상 무역항의 수상구역 등에서 정박 또는 정류할 수 있는 경우로 옳은 것은?

갑. 부두, 잔교, 안벽, 계선부표, 돌핀 및 선거의 부근 수역에 정박 또는 정류하는 경우

을. 하천, 운하, 그 밖의 협소한 수로와 계류장 입구의 부근 수역에 정박 또는 정류하는 경우

병. 선박의 고장으로 선박 조종만 가능한 경우

정. 항로 주변의 연안통항대에 정박 또는 정류하는 경우

> **해설** 정박의 제한 및 방법 등(「선박의 입항 및 출항 등에 관한 법률」 제6조 제1항, 제2항)
> ① 선박은 무역항의 수상구역 등에서 다음의 장소에는 정박하거나 정류하지 못한다.
> • 부두・잔교(棧橋)・안벽(岸壁)・계선부표・돌핀 및 선거(船渠)의 부근 수역
> • 하천, 운하 및 그 밖의 좁은 수로와 계류장(繫留場) 입구의 부근 수역
> ② 제1항에도 불구하고 다음의 경우에는 제1항 각 호의 장소에 정박하거나 정류할 수 있다.
> • 해양사고를 피하기 위한 경우
> • 선박의 고장이나 그 밖의 사유로 선박을 조종할 수 없는 경우
> • 인명을 구조하거나 급박한 위험이 있는 선박을 구조하는 경우
> • 허가를 받은 공사 또는 작업에 사용하는 경우

**560** 「선박의 입항 및 출항 등에 관한 법률」의 조문 중 일부이다. 빈칸에 들어가야 할 숫자로 맞게 짝지어진 것은?

> - 총톤수 ( ⓐ )톤 이상의 선박을 무역항의 수상구역 등에 계선하려는 자는 해양수산부령으로 정하는 바에 따라 관리청에 신고하여야 한다.
> - 누구든지 무역항의 수상구역 등이나 무역항의 수상구역 밖 ( ⓑ )킬로미터 이내의 수면에 선박의 안전운항을 해칠 우려가 있는 흙·돌·나무·어구(漁具) 등 폐기물을 버려서는 아니 된다.

갑. ⓐ 20, ⓑ 10
을. ⓐ 20, ⓑ 20
병. ⓐ 10, ⓑ 20
정. ⓐ 10, ⓑ 10

**해설** 폐기물의 투기 금지 등(「선박의 입항 및 출항 등에 관한 법률」 제7조 제1항 및 제38조 제1항)
- 총톤수 20톤 이상의 선박을 무역항의 수상구역 등에 계선하려는 자는 해양수산부령으로 정하는 바에 따라 관리청에 신고하여야 한다.
- 누구든지 무역항의 수상구역 등이나 무역항의 수상구역 밖 10킬로미터 이내의 수면에 선박의 안전운항을 해칠 우려가 있는 흙·돌·나무·어구(漁具) 등 폐기물을 버려서는 아니 된다.

**561** 「선박의 입항 및 출항 등에 관한 법률」상 방파제 부근에서의 입항선박과 출항선박과의 항법으로 옳은 것은?

갑. 입항선이 우선이므로 출항선은 정지해야 한다.
을. 입항선과 출항선이 모두 정지해야 한다.
병. 입항하는 동력선이 출항하는 선박의 진로를 피해야 한다.
정. 출항하는 동력선이 입항하는 선박의 진로를 피해야 한다.

**해설** 방파제 부근에서의 항법(「선박의 입항 및 출항 등에 관한 법률」 제13조)
무역항의 수상구역 등에 입항하는 선박이 방파제 입구 등에서 출항하는 선박과 마주칠 우려가 있는 경우에는 방파제 밖에서 출항하는 선박의 진로를 피하여야 한다.

**562** 「선박의 입항 및 출항 등에 관한 법률」상 선박의 계선 신고에 관한 내용으로 맞지 않는 것은?

갑. 총톤수 20톤 이상의 선박을 무역항의 수상구역 등에 계선하려는 자는 법령이 정하는 바에 따라 관리청에 신고하여야 한다.

을. 관리청은 신고를 받은 경우 그 내용을 검토하여 이 법에 적합하면 신고를 수리하여야 한다.

**병. 총톤수 20톤 이상의 선박을 계선하려는 자는 통항안전을 감안하여 원하는 장소에 그 선박을 계선할 수 있다.**

정. 관리청은 계선 중인 선박의 안전을 위하여 필요하다고 인정하는 경우에는 그 선박의 소유자나 임차인에게 안전 유지에 필요한 인원의 선원을 승선시킬 것을 명할 수 있다.

> **해설** 선박의 계선 신고 등(「선박의 입항 및 출항 등에 관한 법률」 제7조)
> - 총톤수 20톤 이상의 선박을 무역항의 수상구역등에 계선하려는 자는 해양수산부령으로 정하는 바에 따라 관리청에 신고하여야 한다.
> - 관리청은 신고를 받은 경우 그 내용을 검토하여 이 법에 적합하면 신고를 수리하여야 한다.
> - 선박을 계선하려는 자는 관리청이 지정한 장소에 그 선박을 계선하여야 한다.
> - 관리청은 계선 중인 선박의 안전을 위하여 필요하다고 인정하는 경우에는 그 선박의 소유자나 임차인에게 안전 유지에 필요한 인원의 선원을 승선시킬 것을 명할 수 있다.

**563** 「선박의 입항 및 출항 등에 관한 법률」상 우선피항선에 해당하지 않는 것은?

갑. 부 선

을. 주로 노와 삿대로 운전하는 선박

병. 예인선

**정. 25톤 어선**

> **해설** 우선피항선의 정의(「선박의 입항 및 출항 등에 관한 법률」 제2조 제5호)
> 우선피항선이란 주로 무역항의 수상구역에서 운항하는 선박으로서 다른 선박의 진로를 피하여야 하는 다음의 선박을 말한다.
> - 「선박법」에 따른 부선(예인선이 부선을 끌거나 밀고 있는 경우의 예인선 및 부선을 포함하되, 예인선에 결합되어 운항하는 압항부선은 제외)
> - 주로 노와 삿대로 운전하는 선박
> - 예 선
> - 「항만운송사업법」에 따라 항만운송관련사업을 등록한 자가 소유한 선박
> - 「해양환경관리법」에 따라 해양환경관리업을 등록한 자가 소유한 선박 또는 「해양폐기물 및 해양오염퇴적물 관리법」에 따라 해양폐기물관리업을 등록한 자가 소유한 선박(폐기물해양배출업으로 등록한 선박은 제외)
> - 위의 규정에 해당하지 아니하는 총톤수 20톤 미만의 선박

**564** 「선박의 입항 및 출항 등에 관한 법률」상 무역항의 수상구역 등에서 정박·정류가 금지되는 것은?

갑. 해양사고를 피하고자 할 때
을. 선박의 고장 및 운전의 자유를 상실한 때
병. 화물이적작업에 종사할 때
정. 선박구조작업에 종사할 때

> **해설** 정박의 제한 및 방법 등(「선박의 입항 및 출항 등에 관한 법률」 제6조 제1항, 제2항)
> 선박은 무역항의 수상구역 등에서 부두·잔교(棧橋)·안벽(岸壁)·계선부표·돌핀 및 선거(船渠)의 부근 수역이나 하천, 운하 및 그 밖의 좁은 수로와 계류장(繫留場) 입구의 부근 수역의 장소에는 정박하거나 정류하지 못한다. 다만 다음의 경우에는 위의 장소에 정박하거나 정류할 수 있다.
> • 해양사고를 피하기 위한 경우
> • 선박의 고장이나 그 밖의 사유로 선박을 조종할 수 없는 경우
> • 인명을 구조하거나 급박한 위험이 있는 선박을 구조하는 경우
> • 허가를 받은 공사 또는 작업에 사용하는 경우

**565** 「선박의 입항 및 출항 등에 관한 법률」상 무역항의 수상구역 등에서 2척 이상의 선박이 항행할 때 서로 충돌을 예방하기 위해 필요한 것은?

갑. 최고속력 유지
을. 최저속력 유지
병. 상당한 거리 유지
정. 기적 또는 사이렌을 울린다.

> **해설** 항행 선박 간의 거리(「선박의 입항 및 출항 등에 관한 법률」 제18조)
> 무역항의 수상구역 등에서 2척 이상의 선박이 항행할 때에는 서로 충돌을 예방할 수 있는 상당한 거리를 유지하여야 한다.

**566** 다음 중 「선박의 입항 및 출항 등에 관한 법률」상 무역항의 수상구역 등에 출입하려는 내항선의 선장이 입항 보고, 출항 보고 등을 제출할 대상으로 옳지 않은 것은?

갑. 지방해양수산청장
을. 지방해양경찰청장
병. 해당 항만공사
정. 특별시장·광역시장·도지사

> **해설** 선박 출입 신고서 등(「선박의 입항 및 출항 등에 관한 법률」 시행규칙 제3조 제1항)
> 무역항의 수상구역 등에 출입하려는 내항선의 선장은 내항선 출입신고서를 지방해양수산청장, 특별시장·광역시장·도지사·특별자치도지사(시·도지사) 또는 「항만공사법」에 따른 항만공사에 제출하여야 한다. 이 경우 화물선의 선장은 출입신고서에 승객 명부를 첨부하여야 한다.

정답 564 병 565 병 566 을

### 567
「선박의 입항 및 출항 등에 관한 법률」에 따라 모터보트가 항로 내에 정박할 수 있는 경우에 해당하는 것은?

갑. 급한 하역 작업 시
을. 보급선을 기다릴 때
 병. 해양사고를 피하고자 할 때
정. 낚시를 하고자 할 때

> **해설** 정박의 제한 및 방법 등(「선박의 입항 및 출항 등에 관한 법률」 제6조)
> 선박은 무역항의 수상구역 등에서 부두·잔교·안벽·계선부표·돌핀 및 선거의 부근 수역, 하천, 운하 및 그 밖의 좁은 수로와 계류장 입구의 부근 수역에서는 정박하거나 정류하지 못하지만, 다음의 경우에는 정박하거나 정류할 수 있다.
> • 해양사고를 피하기 위한 경우
> • 선박의 고장이나 그 밖의 사유로 선박을 조종할 수 없는 경우
> • 인명을 구조하거나 급박한 위험이 있는 선박을 구조하는 경우
> • 허가를 받은 공사 또는 작업에 사용하는 경우

### 568
「선박의 입항 및 출항 등에 관한 법률」상 선박의 입항·출항 통로로 이용하기 위해 지정·고시한 수로를 무엇이라 하는가?

갑. 연안통항로
을. 통항분리대
 병. 항 로
정. 해상교통관제구역

> **해설** 항로의 정의(「선박의 입항 및 출항 등에 관한 법률」 제2조 제11호)
> 항로란 선박의 출입 통로로 이용하기 위하여 제10조에 따라 지정·고시한 수로를 말한다.

### 569
「선박의 입항 및 출항 등에 관한 법률」상 기적이나 사이렌을 장음으로 5회 울리는 것은 무엇을 의미하는 신호인가?

 갑. 화재경보
을. 대피경보
병. 충돌경보
정. 출항경보

> **해설** 화재 시 경보방법(「선박의 입항 및 출항 등에 관한 법률」 시행규칙 제29조)
> • 화재를 알리는 경보는 기적(汽笛)이나 사이렌을 장음(4초에서 6초까지의 시간 동안 계속되는 울림을 말한다)으로 5회 울려야 한다.
> • 경보는 적당한 간격을 두고 반복하여야 한다.

**570** 「선박의 입항 및 출항 등에 관한 법률」상 무역항의 수상구역 등에서 목재 등 선박교통의 안전에 장애가 되는 부유물에 대하여 어떤 행위를 할 때 관리청의 허가를 받아야 하는 경우로 옳지 않은 것은?

갑. 부유물을 수상에 내놓으려는 사람
을. 부유물을 선박 등 다른 시설에 붙들어 매거나 운반하려는 사람
병. 부유물을 수상에 띄워 놓으려는 사람
정. 선박에서 육상으로 부유물체를 옮기려는 사람

> **해설** 부유물에 대한 허가(「선박의 입항 및 출항 등에 관한 법률」제43조 제1항)
> 무역항의 수상구역 등에서 목재 등 선박교통의 안전에 장애가 되는 부유물에 대하여 다음의 어느 하나에 해당하는 행위를 하려는 자는 해양수산부령으로 정하는 바에 따라 관리청의 허가를 받아야 한다.
> • 부유물을 수상(水上)에 띄워 놓으려는 자
> • 부유물을 선박 등 다른 시설에 붙들어 매거나 운반하려는 자

**571** 「선박의 입항 및 출항 등에 관한 법률」상 무역항의 수상구역 등에서 선박의 안전 및 질서 유지를 위해 필요하다고 인정되는 경우 그 선박의 소유자·선장이나 그 밖의 관계인에게 명할 수 있는 사항으로 옳지 않은 것은?

갑. 시설의 보강 및 대체
을. 공사 또는 작업의 중지
병. 인원의 보강
정. 선박 척수의 확대

> **해설** 개선명령(「선박의 입항 및 출항 등에 관한 법률」제49조 제1항 및 시행규칙 제32조)
> 관리청은 검사 또는 확인 결과 무역항의 수상구역 등에서 선박의 안전 및 질서 유지를 위하여 필요하다고 인정하는 경우에는 그 선박의 소유자·선장이나 그 밖의 관계인에게 다음의 사항에 관하여 개선명령을 할 수 있다.
> • 시설의 보강 및 대체(代替)
> • 공사 또는 작업의 중지
> • 인원의 보강
> • 장애물의 제거
> • 선박의 이동
> • 선박 척수의 제한
> • 그 밖에 해양수산부령으로 정하는 사항
>  - 무역항의 수상구역등에서 선박 또는 승무원 및 승객에 대한 일시적인 출입제한
>  - 작업 또는 행사의 일시적인 제한
>  - 공사 또는 수리계획의 변경

정답  570 정  571 정

**572** 「선박의 입항 및 출항 등에 관한 법률」상 무역항에서의 항행방법에 대한 설명으로 옳은 것은?

갑. 선박은 항로에서 나란히 항행할 수 있다.
을. 선박이 항로에서 다른 선박과 마주칠 우려가 있는 경우에는 왼쪽으로 항행하여야 한다.
**병. 동력선이 입항할 때 무역항의 방파제의 입구 또는 입구 부근에서 출항하는 선박과 마주칠 우려가 있는 경우에는 입항하는 동력선이 방파제 밖에서 출항하는 선박의 진로를 피하여야 한다.**
정. 선박은 항로에서 다른 선박을 얼마든지 추월할 수 있다.

> **해설** 항로에서의 항법(「선박의 입항 및 출항 등에 관한 법률」 제12조)
> 모든 선박은 항로에서 다음의 항법에 따라 항행하여야 한다.
> - 항로 밖에서 항로에 들어오거나 항로에서 항로 밖으로 나가는 선박은 항로를 항행하는 다른 선박의 진로를 피하여 항행할 것
> - 항로에서 다른 선박과 나란히 항행하지 아니할 것
> - 항로에서 다른 선박과 마주칠 우려가 있는 경우에는 오른쪽으로 항행할 것
> - 항로에서 다른 선박을 추월하지 아니할 것. 다만, 추월하려는 선박을 눈으로 볼 수 있고 안전하게 추월할 수 있다고 판단되는 경우에는 「해상교통안전법」 제74조 제5항 및 제78조에 따른 방법으로 추월할 것
> - 항로를 항행하는 제37조 제1항 제1호에 따른 위험물운송선박(제2조 제5호 라목에 따른 선박 중 급유선은 제외한다) 또는 「해상교통안전법」 제2조 제12호에 따른 흘수제약선(吃水制約船)의 진로를 방해하지 아니할 것
> - 범선은 항로에서 지그재그(Zigzag)로 항행하지 아니할 것

**573** 다음 중 「선박의 입항 및 출항 등에 관한 법률」상 무역항의 수상구역 등에서 선박 경기 등의 행사를 하려는 사람은 어디에서 허가를 받아야 하는가?

갑. 해양경찰청
**을. 관리청**
병. 소방서
정. 지방해양경찰청

> **해설** 선박경기 등 행사의 허가(「선박의 입항 및 출항 등에 관한 법률」 시행규칙 제42조 제1항)
> 무역항의 수상구역 등에서 선박경기 등 대통령령으로 정하는 행사를 하려는 자는 해양수산부령으로 정하는 바에 따라 관리청의 허가를 받아야 한다.

**574** 「선박의 입항 및 출항 등에 관한 법률」상 우선피항선에 해당하지 않는 것은?

갑. 주로 노와 삿대로 운전하는 선박
을. 예 선
**병. 압항부선**
정. 총톤수 20톤 미만의 선박

 우선피항선의 정의(「선박의 입항 및 출항 등에 관한 법률」 제2조 제5호)
- 부선(艀船)[예인선이 부선을 끌거나 밀고 있는 경우의 예인선 및 부선을 포함하되, 예인선에 결합되어 운항하는 압항부선(押航艀船)은 제외한다]
- 주로 노와 삿대로 운전하는 선박
- 예 선
- 항만운송관련사업을 등록한 자가 소유한 선박
- 해양환경관리업을 등록한 자가 소유한 선박(폐기물해양배출업으로 등록한 선박은 제외한다)
- 위의 규정에 해당하지 아니하는 총톤수 20톤 미만의 선박

**575** 「선박의 입항 및 출항 등에 관한 법률」 중 항로에서의 항법에 대한 설명이다. 옳은 것으로 짝지어진 것은?

ⓐ 항로를 항행하는 선박은 항로 밖에서 항로에 들어오거나 항로에서 항로 밖으로 나가는 다른 선박의 진로를 피하여 항행할 것
ⓑ 항로에서 다른 선박과 나란히 항행하지 아니할 것
ⓒ 항로에서 다른 선박과 마주칠 우려가 있는 경우에는 왼쪽으로 항행할 것
ⓓ 항로에서 다른 선박을 추월하지 아니할 것. 다만, 추월하려는 선박을 눈으로 볼 수 있고 안전하게 추월할 수 있다고 판단되는 경우에는 「해상교통안전법」에 따른 방법으로 추월할 것

갑. ⓐ, ⓑ
을. ⓐ, ⓒ
**병. ⓑ, ⓓ**
정. ⓒ, ⓓ

 항로에서의 항법(「선박의 입항 및 출항 등에 관한 법률」 제12조 제1항)
- 항로 밖에서 항로에 들어오거나 항로에서 항로 밖으로 나가는 선박은 항로를 항행하는 다른 선박의 진로를 피하여 항행할 것
- 항로에서 다른 선박과 나란히 항행하지 아니할 것
- 항로에서 다른 선박과 마주칠 우려가 있는 경우에는 오른쪽으로 항행할 것
- 항로에서 다른 선박을 추월하지 아니할 것. 다만, 추월하려는 선박을 눈으로 볼 수 있고 안전하게 추월할 수 있다고 판단되는 경우에는 「해상교통안전법」 제74조 제5항 및 제78조에 따른 방법으로 추월할 것
- 항로를 항행하는 제37조 제1항 제1호에 따른 위험물운송선박(제2조 제5호 라목에 따른 선박 중 급유선은 제외한다) 또는 「해상교통안전법」 제2조 제12호에 따른 흘수제약선(吃水制約船)의 진로를 방해하지 아니할 것
- 범선은 항로에서 지그재그(Zigzag)로 항행하지 아니할 것

**576** 좁은 수로에서의 항행 원칙으로 옳은 것은?

갑. 수로의 왼쪽 끝을 따라 항행하여야 한다.
을. 수로의 가운데를 따라 항행한다.
병. 그때의 사정에 따라 다르다.
정. 수로의 오른쪽 끝을 따라 항행한다.

> **해설** 좁은 수로 등(「해상교통안전법」 제74조 제1항)
> 좁은 수로나 항로(좁은 수로)를 따라 항행하는 선박은 항행의 안전을 고려하여 될 수 있으면 좁은 수로 등의 오른편 끝쪽에서 항행하여야 한다. 다만, 지정된 수역 또는 통항분리수역에서는 그 수역에서 정해진 항법이 있다면 이에 따라야 한다.

**577** 「선박의 입항 및 출항 등에 관한 법률」상 무역항의 수상구역 등의 항로에서 가장 우선하여 항행할 수 있는 선박은?

갑. 항로 밖에서 항로에 들어오는 선박
을. 항로에서 항로 밖으로 나가는 선박
병. 항로를 따라 항행하는 선박
정. 항로를 가로질러 항행하는 선박

> **해설** 항로에서의 항법(「선박의 입항 및 출항 등에 관한 법률」 제12조 제1항 제1호)
> 항로 밖에서 항로에 들어오거나 항로에서 항로 밖으로 나가는 선박은 항로를 항행하는 다른 선박의 진로를 피하여 항행하여야 한다.

**578** 「선박의 입항 및 출항 등에 관한 법률」상 관리청에 무역항의 수상구역 등에서의 선박 항행 최고속력을 지정할 것을 요청할 수 있는 자는?

갑. 해양수산부장관
을. 해양경찰청장
병. 도선사협회장
정. 해상교통관제센터장

> **해설** 속력 등의 제한(「선박의 입항 및 출항 등에 관한 법률」 제17조 제2항)
> 해양경찰청장은 선박이 빠른 속도로 항행하여 다른 선박의 안전 운항에 지장을 초래할 우려가 있다고 인정하는 무역항의 수상구역 등에 대하여는 관리청에 무역항의 수상구역 등에서의 선박 항행 최고속력을 지정할 것을 요청할 수 있다.

**정답** 576 정　577 병　578 을

**579** 「선박의 입항 및 출항 등에 관한 법률」에 규정되어 있지 않는 것은?

갑. 입항·출항 및 정박에 관한 규칙
을. 항로 및 항법에 관한 규칙
**병. 선박교통관제에 관한 규칙**
정. 예선에 관한 규칙

> 해설
> 「선박의 입항 및 출항 등에 관한 법률」 제2장 입항·출항 및 정박, 제3장 항로 및 항법, 제5장 예선

**580** 「선박의 입항 및 출항 등에 관한 법률」상 해양수산부장관 또는 시·도지사가 행정처분을 할 때 청문을 하여야 하는 경우로 옳지 않은 것은?

갑. 예선업 등록의 취소
을. 지정교육기관 지정의 취소
병. 중계망사업자 지정의 취소
**정. 정박지 지정 취소**

> 해설
> **청문(「선박의 입항 및 출항 등에 관한 법률」 제52조)**
> 해양수산부장관 또는 시·도지사는 다음의 어느 하나에 해당하는 처분을 하려는 경우에는 청문을 하여야 한다.
> • 제26조에 따른 예선업 등록의 취소
> • 제36조 제4항에 따른 지정교육기관 지정의 취소
> • 제50조 제4항에 따른 중계망사업자 지정의 취소

**581** 「해상교통안전법」상 삼색등을 표시할 수 있는 선박은?

갑. 항행 중인 길이 50미터 이상의 동력선
을. 항행 중인 길이 50미터 이하의 동력선
**병. 항행 중인 길이 20미터 미만의 범선**
정. 어로에 종사하는 길이 50미터 이상의 어선

> 해설
> **항행 중인 범선 등(「해상교통안전법」 제90조 제2항)**
> 항행 중인 길이 20미터 미만의 범선은 현등 1쌍, 선미등 1개를 대신하여 마스트의 꼭대기나 그 부근의 가장 잘 보이는 곳에 삼색등 1개를 표시할 수 있다.

정답  579 병  580 정  581 병

**582** 「해상교통안전법」상 야간에 수직으로 붉은색 전주등 3개를 표시하는 선박은?

갑. 준설선
을. 수중작업선
병. 조종불능선
정. 흘수제약선

> **해설** 흘수제약선(「해상교통안전법」 제93조)
> 흘수제약선은 동력선의 등화에 덧붙여 가장 잘 보이는 곳에 붉은색 전주등 3개를 수직으로 표시하거나 원통형의 형상물 1개를 표시할 수 있다.

**583** 「해상교통안전법」에서 규정하고 있지 않은 것은?

갑. 수역 안전관리
을. 해상교통 안전관리
병. 선박시설의 기준
정. 선박의 항법

> **해설** 「해상교통안전법」 제2장 수역 안전관리, 제3장 해상교통 안전관리, 제4장 선박 및 사업장의 안전관리, 제5장 선박의 항법 등
> ※ 법령 개정으로 문제 일부를 수정하였다.

**584** 「해상교통안전법」상 '항행 중'인 선박에 해당하는 선박은?

갑. 정박(碇泊)해 있는 선박
을. 항만의 안벽에 계류해 있는 선박
병. 표류하는 선박
정. 얹혀 있는 선박

> **해설** 항행 중의 정의(「해상교통안전법」 제2조)
> "항행 중"이란 선박이 다음의 어느 하나에 해당하지 아니하는 상태를 말한다.
> • 정 박
> • 항만의 안벽 등 계류시설에 매어 놓은 상태(계선부표나 정박하고 있는 선박에 매어 놓은 경우를 포함)
> • 얹혀 있는 상태

**585** 「해상교통안전법」상 길이 12미터 미만의 동력선에 설치하여야 할 등화를 맞게 나열한 것은?

갑. 마스트등 1개와 선미등 1개
을. 흰색 전주등 1개, 현등 1쌍
병. 현등 1쌍과 선미등 1개
정. 마스트등 1개

> **해설** 항행 중인 동력선(「해상교통안전법」 제88조 제4항)
> 길이 12미터 미만의 동력선은 등화를 대신하여 흰색 전주등 1개와 현등 1쌍을 표시할 수 있다.

**586** 다음 중 「해상교통안전법」의 적용을 받지 않는 선박은 어느 것인가?

갑. 우리나라 영해 내에 있는 외국선박
을. 공해상에 있는 우리나라 선박
병. 외국 영해에 있는 우리나라 선박
정. 우리나라 배타적 경제수역 내에 있는 외국 선박

> **해설** 적용범위(「해상교통안전법」 제3조 제1항)
> 이 법은 다음의 어느 하나에 해당하는 선박과 해양시설에 대하여 적용한다.
> • 대한민국의 영해, 내수(해상항행선박이 항행을 계속할 수 없는 하천·호수·늪 등은 제외)에 있는 선박이나 해양시설. 다만, 대한민국선박이 아닌 선박(이하 "외국선박") 중 다음에 해당하는 외국선박에 대하여 대통령령으로 정하는 바에 따라 이 법의 일부를 적용한다.
>  − 대한민국의 항(港)과 항 사이만을 항행하는 선박
>  − 국적의 취득을 조건으로 하여 선체용선으로 차용한 선박
> • 대한민국의 영해 및 내수를 제외한 해역에 있는 대한민국 선박
> • 대한민국의 배타적 경제수역에서 항행장애물을 발생시킨 선박
> • 대한민국의 배타적 경제수역 또는 대륙붕에 있는 해양시설

**587** 「해상교통안전법」상 다음 중 조종불능선의 등화나 형상물로 옳은 것은?

**갑. 가장 잘 보이는 곳에 수직으로 둥근꼴이나 그와 비슷한 형상물 2개**
을. 가장 잘 보이는 곳에 수직으로 하얀색 전주등 1개
병. 대수속력이 있는 경우에는 현등 1쌍과 선미등 2개
정. 대수속력이 있는 경우에는 현등 2쌍과 선미등 2개

> **해설** 조종불능선과 조종제한선(「해상교통안전법」 제92조 제1항)
> 조종불능선은 다음의 등화나 형상물을 표시하여야 한다.
> • 가장 잘 보이는 곳에 수직으로 붉은색 전주등 2개
> • 가장 잘 보이는 곳에 수직으로 둥근꼴이나 그와 비슷한 형상물 2개
> • 대수속력이 있는 경우에는 등화에 덧붙여 현등 1쌍과 선미등 1개

**588** 「해상교통안전법」상 선박이 다른 선박과의 충돌을 피하기 위한 조치 내용으로 옳지 않은 것은?

갑. 침로변경은 크게 한다.
**을. 속력을 소폭으로 변경한다.**
병. 가능한 한 충분한 시간을 두고 조치를 취한다.
정. 필요한 경우 선박을 완전히 멈추어야 한다.

> **해설** 충돌을 피하기 위한 동작(「해상교통안전법」 제73조 제2항)
> 선박은 다른 선박과 충돌을 피하기 위하여 침로나 속력을 변경할 때에는 될 수 있으면 다른 선박이 그 변경을 쉽게 알아볼 수 있도록 충분히 크게 변경하여야 하며, 침로나 속력을 소폭으로 연속적으로 변경하여서는 아니 된다.

**589** 「해상교통안전법」상 선박의 우현변침 음향신호로 맞는 것은?

갑. 단음 2회              을. 장음 1회
**병. 단음 1회**           정. 장음 2회

> **해설** 조종신호와 경고신호(「해상교통안전법」 제99조 제1항)
> 항행 중인 동력선이 서로 상대의 시계 안에 있는 경우에 이 법에 따라 그 침로를 변경하거나 그 기관을 후진하여 사용할 때에는 다음의 구분에 따라 기적신호를 행하여야 한다.
> • 침로를 오른쪽으로 변경하고 있는 경우 : 단음 1회
> • 침로를 왼쪽으로 변경하고 있는 경우 : 단음 2회
> • 기관을 후진하고 있는 경우 : 단음 3회

587 갑  588 을  589 병

**590** 「해상교통안전법」상 좁은 수로 항행에 관한 설명으로 옳지 않은 것은?

갑. 통행시기는 역조가 약한 시간이나 게류시를 택한다.
을. 물표 정중앙 등의 항진목표를 선정하여 보면서 항행한다.
병. 좁은 수로 정중앙으로 항행한다.
정. 좁은 수로의 우측을 따라 항행한다.

> 해설
> **좁은 수로 등(「해상교통안전법」제74조 제1항)**
> 좁은 수로나 항로(좁은 수로등)를 따라 항행하는 선박은 항행의 안전을 고려하여 될 수 있으면 좁은 수로등의 오른편 끝쪽에서 항행하여야 한다. 다만, 지정된 수역 또는 통항분리수역에서는 그 수역에서 정해진 항법이 있다면 이에 따라야 한다.

**591** 「해상교통안전법」상 가항수역의 수심 및 폭과 선박의 흘수와의 관계에 비추어 볼 때, 그 진로에서 벗어날 수 있는 능력이 매우 제한되어 있는 동력선을 무엇이라 하는가?

갑. 조종불능선  을. 조종제한선
병. 예인선  정. 흘수제약선

> 해설
> **용어의 정의(「해상교통안전법」제2조 제12호)**
> "흘수제약선(吃水制約船)"이란 가항(可航)수역의 수심 및 폭과 선박의 흘수와의 관계에 비추어 볼 때 그 진로에서 벗어날 수 있는 능력이 매우 제한되어 있는 동력선을 말한다.

**592** 「해상교통안전법」상 항행 중인 동력선이 진로를 피해야 할 선박으로 옳지 않은 것은?

갑. 조종불능선  을. 조종제한선
병. 항행 중인 어선  정. 범 선

> 해설
> **선박 사이의 책무(「해상교통안전법」제83조 제2항)**
> 항행 중인 동력선은 다음에 따른 선박의 진로를 피하여야 한다.
> • 조종불능선
> • 조종제한선
> • 어로에 종사하고 있는 선박
> • 범 선

**593** 「해상교통안전법」상 선박의 항행안전을 확보하기 위하여 한쪽 방향으로만 항행할 수 있도록 되어 있는 일정한 범위의 수역을 무엇이라 하는가?

갑. 통항로
을. 연안통항대
병. 항로지정제도
정. 좁은 수로

> **해설** 용어의 정의(「해상교통안전법」 제2조 제16호)
> "통항로"(通航路)란 선박의 항행안전을 확보하기 위하여 한쪽 방향으로만 항행할 수 있도록 되어 있는 일정한 범위의 수역을 말한다.

**594** 「해상교통안전법」 시행령에서 교통안전특정해역의 범위로 옳지 않은 것은?

갑. 인 천
을. 군 산
병. 여 수
정. 울 산

> **해설** 교통안전특정해역의 범위(「해상교통안전법」 시행령 별표1)
> 인천구역, 부산구역, 울산구역, 포항구역, 여수구역

**595** 다음 중 항행장애물로 옳지 않은 것은?

갑. 선박으로부터 수역에 떨어진 물건
을. 침몰·좌초된 선박 또는 침몰·좌초되고 있는 선박
병. 침몰·좌초가 임박한 선박 또는 충분히 예견되어 있는 선박
정. 침몰·좌초된 선박으로부터 분리되지 않은 선박의 전체

> **해설** 항행장애물(「해상교통안전법」 시행규칙 제3조)
> "선박으로부터 떨어진 물건, 침몰·좌초된 선박 또는 이로부터 유실(遺失)된 물건 등 해양수산부령으로 정하는 것"이란 다음에 해당하는 것을 말한다.
> • 선박으로부터 수역에 떨어진 물건
> • 침몰·좌초된 선박 또는 침몰·좌초되고 있는 선박
> • 침몰·좌초가 임박한 선박 또는 침몰·좌초가 충분히 예견되는 선박
> • 제2호 및 제3호의 선박에 있는 물건
> • 침몰·좌초된 선박으로부터 분리된 선박의 일부분

593 갑  594 을  595 정

**596** 「해상교통안전법」상 해양수산부장관이 교통안전특정해역으로 지정할 수 있는 해역으로 옳지 않은 것은?

갑. 해상교통량이 아주 많은 해역
을. 200미터 미만 거대선의 통항이 잦은 해역
병. 위험화물운반선의 통항이 잦은 해역
정. 15노트 이상의 고속여객선의 통항이 잦은 해역

> **해설**
> 교통안전특정해역의 설정 등(「해상교통안전법」 제7조 제1항)
> 해양수산부장관은 다음의 어느 하나에 해당하는 해역으로서 대형 해양사고가 발생할 우려가 있는 해역(교통안전특정해역)을 설정할 수 있다.
> • 해상교통량이 아주 많은 해역
> • 거대선, 위험화물운반선, 고속여객선 등의 통항이 잦은 해역

**597** 「해상교통안전법」상 해양수산부장관은 해양시설 부근 해역에서 선박의 안전항행과 해양시설의 보호를 위한 수역을 설정할 수 있다. 이 수역을 무엇이라고 하는가?

갑. 교통안전특정해역
을. 교통안전관할해역
병. 보호수역
정. 시설 보안해역

> **해설**
> 보호수역의 설정 및 입역허가(「해상교통안전법」 제5조 제1항)
> 해양수산부장관은 해양시설 부근 해역에서 선박의 안전항행과 해양시설의 보호를 위한 수역(보호수역)을 설정할 수 있다.

**598** 「해상교통안전법」상 다음 빈칸에 들어갈 말로 옳은 것은?

> 어로에 종사하고 있는 선박 중 항행 중인 선박은 될 수 있으면 (　)의 진로를 피해야 한다.

갑. 운전부자유선, 기동성이 제한된 선박
을. 수중작업선, 범선
병. 운전부자유선, 범선
정. 정박선, 대형선

> **해설** 선박 사이의 책무(「해상교통안전법」 제83조 제4항)
> 어로에 종사하고 있는 선박 중 항행 중인 선박은 될 수 있으면 다음에 따른 선박의 진로를 피하여야 한다.
> • 조종불능선
> • 조종제한선

**599** 지정항로를 이용하지 않고 교통안전특정해역을 항행할 수 있는 경우로 옳지 않은 것은?

갑. 해양경비·해양오염방제 등을 위하여 긴급히 항행할 필요가 있는 경우
을. 해양사고를 피하거나 인명이나 선박을 구조하기 위해 부득이한 경우
병. 교통안전특정해역과 접속된 항구에 입·출항하지 아니하는 경우
정. 해상교통량이 적은 경우

> **해설** 교통안전특정해역에서의 항로지정제도(「해상교통안전법」 시행규칙 제6조 제2항)
> 다음 어느 하나에 해당하는 경우 지정항로를 이용하지 않고 교통안전특정해역을 항행할 수 있다. 이 경우 해당 지정항로를 이용하고 있는 다른 선박의 안전한 통항을 방해해서는 안 된다.
> • 해양경비·해양오염방제 및 항로표지의 설치 등을 위하여 긴급히 항행할 필요가 있는 경우
> • 해양사고를 피하거나 인명 또는 선박을 구조하기 위하여 부득이한 경우
> • 교통안전특정해역과 접속된 항구에 입출항하지 않는 경우

**600** 「해상교통안전법」상 안전한 속력을 결정할 때 고려할 사항으로 옳지 않은 것은?

갑. 해상교통량의 밀도
을. 선박의 정지거리·선회성능, 그 밖의 조종성능
병. 선박의 흘수와 수심과의 관계
정. 주간의 경우 항해에 영향을 주는 불빛의 유무

> **해설** 안전한 속력(「해상교통안전법」 제71조 제2항)
> 안전한 속력을 결정할 때에는 다음(레이더를 사용하고 있지 아니한 선박의 경우에는 제1호부터 제6호까지)의 사항을 고려하여야 한다.
> 1. 시계의 상태
> 2. 해상교통량의 밀도
> 3. 선박의 정지거리·선회성능, 그 밖의 조종성능
> 4. 야간의 경우에는 항해에 지장을 주는 불빛의 유무
> 5. 바람·해면 및 조류의 상태와 항행상 위험의 근접상태
> 6. 선박의 흘수와 수심과의 관계
> 7. 레이더의 특성 및 성능
> 8. 해면상태·기상, 그 밖의 장애요인이 레이더 탐지에 미치는 영향
> 9. 레이더로 탐지한 선박의 수·위치 및 동향

**601** 「해상교통안전법」상 통항분리수역을 항행하는 경우의 준수사항으로 옳지 않은 것은?

갑. 통항로 안에서는 정하여진 진행방향으로 항행한다.
을. 분리선이나 분리대에서 될 수 있으면 붙어서 항행한다.
병. 통항로의 출입구를 통하여 출입하는 것이 원칙이다.
정. 통항로를 횡단하여서는 안 된다.

> **해설** 통항분리제도(「해상교통안전법」 제75조 제2항)
> 선박이 통항분리수역을 항행하는 경우에는 다음의 사항을 준수하여야 한다.
> • 통항로 안에서는 정하여진 진행방향으로 항행할 것
> • 분리선이나 분리대에서 될 수 있으면 떨어져서 항행할 것
> • 통항로의 출입구를 통하여 출입하는 것을 원칙으로 하되, 통항로의 옆쪽으로 출입하는 경우에는 그 통항로에 대하여 정하여진 선박의 진행방향에 대하여 될 수 있으면 작은 각도로 출입할 것

**602** 「해상교통안전법」상 2척의 범선이 서로 접근하여 충돌할 위험이 있는 경우의 항행방법으로 옳지 않은 것은?

~~갑~~. 각 범선이 다른 쪽 현에 바람을 받고 있는 경우에는 우현에 바람을 받고 있는 범선이 다른 범선의 진로를 피해야 한다.
을. 두 범선이 서로 같은 현에 바람을 받고 있는 경우에는 바람이 불어오는 쪽의 범선이 바람이 불어가는 쪽의 범선의 진로를 피하여야 한다.
병. 각 범선이 다른 쪽 현에 바람을 받고 있는 경우에는 좌현에 바람을 받고 있는 범선이 다른 범선의 진로를 피해야 한다.
정. 좌현에 바람을 받고 있는 범선은 바람이 불어오는 쪽에 있는 다른 범선을 본 경우로서, 그 범선이 바람을 좌우 어느 쪽에 받고 있는지 확인할 수 없는 때에는 그 범선의 진로를 피하여야 한다.

> **해설** 범선(「해상교통안전법」 제77조 제1항)
> 2척의 범선이 서로 접근하여 충돌할 위험이 있는 경우에는 다음에 따른 항행방법에 따라 항행하여야 한다.
> • 각 범선이 다른 쪽 현(舷)에 바람을 받고 있는 경우에는 좌현(左舷)에 바람을 받고 있는 범선이 다른 범선의 진로를 피하여야 한다.
> • 두 범선이 서로 같은 현에 바람을 받고 있는 경우에는 바람이 불어오는 쪽의 범선이 바람이 불어가는 쪽의 범선의 진로를 피하여야 한다.
> • 좌현에 바람을 받고 있는 범선은 바람이 불어오는 쪽에 있는 다른 범선을 본 경우로서, 그 범선이 바람을 좌우 어느 쪽에 받고 있는지 확인할 수 없는 때에는 그 범선의 진로를 피하여야 한다.

**603** 「해상교통안전법」상 길이 7미터 미만이고 최대속력이 7노트 미만인 동력선이 표시해야 하는 등화는?

~~갑~~. 흰색 전주등 1개
을. 흰색 전주등 1개, 선미등 1개
병. 흰색 전주등 1개, 섬광등 1개
정. 현등 1개, 예선등 1개

> **해설** 항행 중인 동력선(「해상교통안전법」 제88조 제5항)
> 길이 7미터 미만이고 최대속력이 7노트 미만인 동력선은 등화를 대신하여 흰색 전주등 1개만을 표시할 수 있으며, 가능한 경우 현등 1쌍도 표시할 수 있다.

**604** 다음 중 해상교통량의 폭주로 충돌사고 발생의 위험성이 있어 통항분리방식이 적용되는 수역이라고 볼 수 없는 것은?

갑. 영흥도 항로  을. 보길도 항로
병. 홍도 항로  정. 거문도 항로

> 해설 통항분리방식이 적용되는 수역(「해상교통안전법」시행규칙 별표20)
> 홍도 항로, 보길도 항로, 거문도 항로

**605** 「해상교통안전법」상 범선이 기관을 동시에 사용하고 있는 경우 표시하여야 할 형상물로 옳은 것은?

갑. 마름모꼴 1개  을. 원형 1개
병. 원뿔꼴 1개  정. 네모형 1개

> 해설 항행 중인 범선 등(「해상교통안전법」제90조 제6항)
> 범선이 기관을 동시에 사용하여 진행하고 있는 경우에는 앞쪽의 가장 잘 보이는 곳에 원뿔꼴로 된 형상물 1개를 그 꼭대기가 아래로 향하도록 표시하여야 한다.

**606** 「해상교통안전법」상 조종제한선에 해당되지 않는 것은?

갑. 측량작업 중인 선박
을. 준설작업 중인 선박
병. 그물을 감아올리고 있는 선박
정. 항로표지의 부설작업 중인 선박

> 해설 조종제한선의 정의(「해상교통안전법」제2조 제11호)
> "조종제한선"이란 다음의 작업과 그 밖에 선박의 조종성능을 제한하는 작업에 종사하고 있어 다른 선박의 진로를 피할 수 없는 선박을 말한다.
> • 항로표지, 해저전선 또는 해저파이프라인의 부설·보수·인양 작업
> • 준설(浚渫)·측량 또는 수중 작업
> • 항행 중 보급, 사람 또는 화물의 이송 작업
> • 항공기의 발착작업
> • 기뢰제거작업
> • 진로에서 벗어날 수 있는 능력에 제한을 많이 받는 예인작업

정답  604 갑  605 병  606 병

**607** 「해상교통안전법」상 유지선의 항법에 대한 설명 중 빈칸에 들어갈 말로 알맞게 짝지은 것은?

> 침로와 속력을 유지하여야 하는 선박(유지선)은 피항선이 이 법에 따른 적절한 조치를 취하고 있지 아니하다고 판단되면 스스로의 조종만으로 피항선과 충돌하지 아니하도록 조치를 취할 수 있다. 이 경우 유지선은 부득이하다고 판단되는 경우 외에는 자기 선박의 (     )쪽에 있는 선박을 향하여 침로를 (     )으로 변경해서는 아니 된다.

갑. 좌현 – 오른쪽
을. 좌현 – 왼쪽
병. 우현 – 오른쪽
정. 우현 – 왼쪽

> [해설] **유지선의 동작(「해상교통안전법」 제82조 제2항)**
> 침로와 속력을 유지하여야 하는 선박(유지선)은 피항선이 이 법에 따른 적절한 조치를 취하고 있지 아니하다고 판단하면 2척의 선박 중 1척의 선박이 다른 선박의 진로를 피하여야 할 경우 다른 선박은 그 침로와 속력을 유지하여야 함에도 불구하고 스스로의 조종만으로 피항선과 충돌하지 아니하도록 조치를 취할 수 있다. 이 경우 유지선은 부득이하다고 판단하는 경우 외에는 <u>자기 선박의 좌현 쪽에 있는 선박을 향하여 침로를 왼쪽으로 변경하여서는</u> 아니 된다.

**608** 「해상교통안전법」상 야간항해 중 상대선박의 양 현등이 보이고, 현등보다 높은 위치에 백색등이 수직으로 2개 보인다. 이 상대선박과 본선의 조우상태로 옳은 것은?

갑. 상대선박은 길이 50미터 이상의 선박으로 마주치는 상태
을. 상대선박은 길이 50미터 미만의 선박으로 마주치는 상태
병. 상대선박은 길이 50미터 이상의 선박으로 앞지르기 상태
정. 상대선박은 길이 50미터 이상의 선박으로 앞지르기 상태

> [해설] **항행 중인 동력선(「해상교통안전법」 제88조 제1항)**
> 항행 중인 동력선은 다음의 등화를 표시하여야 한다.
> • 앞쪽에 마스트등 1개와 그 마스트등보다 뒤쪽의 높은 위치에 마스트등 1개. 다만, 길이 50미터 미만의 동력선은 뒤쪽의 마스트등을 표시하지 아니할 수 있다.
> • 현등 1쌍(길이 20미터 미만의 선박은 이를 대신하여 양색등을 표시할 수 있다)
> • 선미등 1개

**609** 「해상교통안전법」상 선박에서 등화를 표시하여야 하는 시간은?

갑. 해지는 시각 30분 전부터 해 뜨는 시각 30분 후까지
**을. 해지는 시각부터 해 뜨는 시각까지**
병. 해지는 시각 30분 후부터 해 뜨는 시각 30분 전까지
정. 하루종일

> **해설** 적용(「해상교통안전법」 제85조 제2항)
> 선박은 해지는 시각부터 해 뜨는 시각까지 이 법에서 정하는 등화를 표시하여야 하며, 이 시간 동안에는 이 법에서 정하는 등화 외의 등화를 표시하여서는 아니 된다.

**610** 「해상교통안전법」상 항행 중인 공기부양정은 항행 중인 동력선이 표시해야 할 등화와 함께 추가로 표시하여야 하는 등화로 옳은 것은?

갑. 황색 예선등
**을. 황색 섬광등**
병. 홍색 섬광등
정. 흰색 전주등

> **해설** 항행 중인 동력선(「해상교통안전법」 제88조 제2항)
> 수면에 떠있는 상태로 항행 중인 해양수산부령으로 정하는 선박은 등화에 덧붙여 사방을 비출 수 있는 황색의 섬광등 1개를 표시하여야 한다.

**611** 「해상교통안전법」상 항행 중인 범선이 표시해야 하는 등화로 옳은 것은?

**갑. 현등 1쌍, 선미등 1개**
을. 마스트등 1개, 현등 1쌍
병. 현등 1쌍, 황색 섬광등 1개
정. 마스트등 1개

> **해설** 항행 중인 범선(「해상교통안전법」 제90조 제1항)
> 항행 중인 범선은 현등 1쌍, 선미등 1개의 등화를 표시해야 한다.

정답  609 을  610 을  611 갑

**612** 「해상교통안전법」상 트롤 외 어로에 종사하고 있는 선박이 항행 여부와 관계없이 수직선에 표시하여야 하는 등화의 색깔은 무엇인가?

갑. 위 – 붉은색, 아래 – 녹색
을. 위 – 녹색, 아래 – 흰색
병. 위 – 녹색, 아래 – 붉은색
정. 위 – 붉은색, 아래 – 흰색

> **해설** 어선(「해상교통안전법」 제91조 제2항)
> 어로에 종사하는 선박 외에 어로에 종사하는 선박은 항행 여부에 관계없이 다음의 등화나 형상물을 표시하여야 한다.
> - 수직선 위쪽에는 붉은색, 아래쪽에는 흰색 전주등 각 1개 또는 수직선 위에 두 개의 원뿔을 그 꼭대기에서 위아래로 결합한 형상물 1개
> - 수평거리로 150미터가 넘는 어구를 선박 밖으로 내고 있는 경우에는 어구를 내고 있는 방향으로 흰색 전주등 1개 또는 꼭대기를 위로 한 원뿔꼴의 형상물 1개
> - 대수속력이 있는 경우에는 제1호와 제2호에 따른 등화에 덧붙여 현등 1쌍과 선미등 1개

**613** 「해상교통안전법」상 흘수제약선이 동력선의 등화에 덧붙여 표시하여야 할 등화는 무엇인가?

갑. 붉은색 전주등 1개
을. 붉은색 전주등 2개
병. 붉은색 전주등 3개
정. 붉은색 전주등 4개

> **해설** 흘수제약선(「해상교통안전법」 제93조)
> 흘수제약선은 동력선의 등화에 덧붙여 가장 잘 보이는 곳에 붉은색 전주등 3개를 수직으로 표시하거나 원통형의 형상물 1개를 표시할 수 있다.

**614** 「해상교통안전법」상 도선 업무에 종사하고 있는 선박이 표시하여야 할 등화의 색깔로 옳은 것은?

. 마스트의 꼭대기나 그 부근에 수직선 위쪽에는 흰색 전주등, 아래쪽에는 붉은색 전주등 각 1개
을. 마스트의 꼭대기나 그 부근에 수직선 위쪽에는 녹색 전주등, 아래쪽에는 흰색 전주등 각 1개
병. 마스트의 꼭대기나 그 부근에 수직선 위쪽에는 황색 전주등, 아래쪽에는 황색 전주등 각 1개
정. 마스트의 꼭대기나 그 부근에 수직선 위쪽에는 흰색 전주등, 아래쪽에는 흰색 전주등 각 1개

> **해설** 도선선(「해상교통안전법」 제94조 제1항)
> 도선업무에 종사하고 있는 선박은 다음의 등화나 형상물을 표시하여야 한다.
> • 마스트의 꼭대기나 그 부근에 수직선 위쪽에는 흰색 전주등, 아래쪽에는 붉은색 전주등 각 1개
> • 항행 중에는 제1호에 따른 등화에 덧붙여 현등 1쌍과 선미등 1개
> • 정박 중에는 제1호에 따른 등화에 덧붙여 제95조에 따른 정박하고 있는 선박의 등화나 형상물

**615** 「해상교통안전법」상 정박 중인 선박이 가장 잘 보이는 곳에 표시하여야 할 형상물로 옳은 것은?

. 둥근꼴의 형상물 1개
을. 둥근꼴의 형상물 2개
병. 원통형의 형상물 2개
정. 마름모꼴의 형상물 1개

> **해설** 정박선(「해상교통안전법」 제95조 제1항)
> 정박 중인 선박은 가장 잘 보이는 곳에 다음의 등화나 형상물을 표시해야 한다.
> • 앞쪽에 흰색의 전주등 1개 또는 둥근꼴의 형상물 1개
> • 선미나 그 부근에 제1호에 따른 등화보다 낮은 위치에 흰색 전주등 1개

**616** 「해상교통안전법」상 얹혀 있는 선박이 가장 잘 보이는 곳에 표시하여야 할 형상물로 옳은 것은?

갑. 수직으로 둥근꼴의 형상물 1개
을. 수직으로 둥근꼴의 형상물 2개
병. 수평으로 둥근꼴의 형상물 2개
정. 수직으로 둥근꼴의 형상물 3개

> **해설** 얹혀 있는 선박(「해상교통안전법」 제95조 제4항)
> 얹혀 있는 선박은 제1항이나 제2항에 따른 등화를 표시하여야 하며, 이에 덧붙여 가장 잘 보이는 곳에 다음의 등화나 형상물을 표시하여야 한다.
> • 수직으로 붉은색의 전주등 2개
> • 수직으로 둥근꼴의 형상물 3개

**정답** 614 갑  615 갑  616 정

**617** 「해사안전법」 시행규칙에서 항행장애물의 위험성 결정에 필요한 사항이 아닌 것은?

갑. 항행장애물의 크기, 형태, 구조
을. 항행장애물의 상태 및 손상의 형태
병. 항행장애물의 가치
정. 해당 수역의 수심 및 해저의 지형

> **해설 항행장애물의 위험성 결정(「해상교통안전법」 시행규칙 제24조)**
> 항행장애물의 위험성 결정에 필요한 사항은 다음과 같다.
> - 항행장애물의 크기·형태 및 구조
> - 항행장애물의 상태 및 손상의 형태
> - 항행장애물에 선적된 화물의 성질·양과 연료유 및 윤활유를 포함한 기름의 종류·양
> - 침몰된 항행장애물의 경우에는 그 침몰된 상태(음파 및 자기적 측정 결과 등에 따른 상태를 포함)
> - 해당 수역의 수심 및 해저의 지형
> - 해당 수역의 조차·조류·해류 및 기상 등 수로조사 결과
> - 해당 수역의 주변 해양시설과의 근접도
> - 선박의 국제항해에 이용되는 통항대 또는 설정된 통항로와의 근접도
> - 선박 통항의 밀도 및 빈도
> - 선박 통항의 방법
> - 항만시설의 안전성
> - 국제해사기구에서 지정한 특별민감해역 또는 특별규제조치가 적용되는 수역

**618** 「해사안전법」 시행규칙에서 위험물의 정의에 해당하지 않는 것은?

갑. 고압가스 중 인화가스로서 총톤수 500톤 이상의 선박에 산적된 것
을. 인화성 액체류로서 총톤수 1천톤 이상의 선박에 산적된 것
병. 200톤 이상의 유기과산화물로서 총톤수 300톤 이상의 선박에 적재된 것
정. 해당 위험물을 내린 후 선박 내에 남아있는 인화성 가스로서 화재 또는 폭발의 위험이 있는 것

> **해설 위험물의 범위(「해상교통안전법」 시행규칙 제2조 제1항)**
> "해양수산부령으로 정하는 위험물"이란 다음의 어느 하나에 해당하는 것을 말한다. 다만, 해당 선박에서 연료로 사용되는 것은 제외한다.
> - 별표1에 해당하는 화약류로서 총톤수 300톤 이상의 선박에 적재된 것
> - 고압가스 중 인화성 가스로서 총톤수 1천톤 이상의 선박에 산적된 것
> - 인화성 액체류로서 총톤수 1천톤 이상의 선박에 산적된 것
> - 200톤 이상의 유기과산화물로서 총톤수 300톤 이상의 선박에 적재된 것
> - 위험물을 산적한 선박에서 해당 위험물을 내린 후 선박 내에 남아 있는 인화성 가스로서, 화재 또는 폭발의 위험이 있는 것

**619** 「해상교통안전법」상 해양수산부장관의 허가를 받지 아니하고도 보호수역에 입역할 수 있는 사항으로 옳지 않은 것은?

갑. 선박의 고장이나 그 밖의 사유로 선박 조종이 불가능한 경우
을. 해양사고를 피하기 위하여 부득이한 사유가 있는 경우
병. 인명을 구조하거나 급박한 위험이 있는 선박을 구조하는 경우
정. 관계 행정기관의 장이 해상에서 관광을 위한 업무를 하는 경우

> **해설** 보호수역의 입역(「해상교통안전법」 제6조 제1항)
> 제5조 제2항에도 불구하고 다음의 어느 하나에 해당하면 해양수산부장관의 허가를 받지 아니하고 보호수역에 입역할 수 있다.
> • 선박의 고장이나 그 밖의 사유로 선박 조종이 불가능한 경우
> • 해양사고를 피하기 위하여 부득이한 사유가 있는 경우
> • 인명을 구조하거나 또는 급박한 위험이 있는 선박을 구조하는 경우
> • 관계 행정기관의 장이 해상에서 안전 확보를 위한 업무를 하는 경우
> • 해양시설을 운영하거나 관리하는 기관이 그 해양시설의 보호수역에 들어가려고 하는 경우

**620** 「해상교통안전법」상 해양경찰서장이 항로에서 수상레저행위를 하도록 허가를 한 경우 그 허가를 취소하거나 해상교통안전에 장애가 되지 아니하도록 시정을 명할 수 있는 사유로 옳지 않은 것은?

갑. 항로의 해상교통 여건이 달라진 경우
을. 허가 조건을 잊은 경우
병. 거짓으로 허가를 받은 경우
정. 정박지 해상교통 여건이 달라진 경우

> **해설** 항로 등의 보전(「해상교통안전법」 제33조 제4항)
> 해양경찰서장은 허가를 받은 사람이 다음의 어느 하나에 해당하면 그 허가를 취소하거나 해상교통안전에 장애가 되지 아니하도록 시정할 것을 명할 수 있다. 다만, 제3호에 해당하는 경우에는 그 허가를 취소하여야 한다.
> 1. 항로나 정박지 등 해상교통 여건이 달라진 경우
> 2. 허가 조건을 위반한 경우
> 3. 거짓이나 그 밖의 부정한 방법으로 허가를 받은 경우

정답 619 정 620 을

**621** 「해상교통안전법」상 해양사고의 발생 사실과 조치 사실을 신고하여야 하는 대상은?

갑. 광역시장
을. 해양수산부장관
병. 해양경찰서장
정. 관세청장

> **해설** 해양사고가 일어나는 경우의 조치(「해상교통안전법」 제43조 제1항)
> 선장이나 선박소유자는 해양사고가 일어나 선박이 위험하게 되거나 다른 선박의 항행 안전에 위험을 줄 우려가 있는 경우에는 위험을 방지하기 위하여 신속하게 필요한 조치를 취하고, 해양사고의 발생 사실과 조치 사실을 지체 없이 해양경찰서장이나 지방해양수산청장에게 신고하여야 한다.

**622** 「해상교통안전법」상 항만의 수역 또는 어항의 수역에서는 해상교통의 안전에 장애가 되는 스킨다이빙, 스쿠버다이빙, 윈드서핑 등의 행위를 하여서는 아니 된다. 이러한 수상레저 행위를 할 수 있도록 허가할 수 있는 관청은?

갑. 대통령
을. 해양수산부장관
병. 해양수산청장
정. 해양경찰서장

> **해설** 항로 등의 보전(「해상교통안전법」 제33조 제3항)
> 누구든지 「항만법」 제2조 제1호에 따른 항만의 수역 또는 「어촌·어항법」 제2조 제3호에 따른 어항의 수역 중 대통령령으로 정하는 수역에서는 해상교통의 안전에 장애가 되는 스킨다이빙, 스쿠버다이빙, 윈드서핑 등 대통령령으로 정하는 행위를 하여서는 아니 된다. 다만, 해상교통안전에 장애가 되지 아니한다고 인정되어 해양경찰서장의 허가를 받은 경우와 「체육시설의 설치·이용에 관한 법률」 제20조에 따라 신고한 체육시설업과 관련된 해상에서 행위를 하는 경우에는 그러하지 아니하다.

**623** 「해사안전법」 시행규칙에서 선박에 해양사고가 발생한 경우 선장이 관할관청에 신고하도록 규정된 내용으로 옳지 않은 것은?

갑. 해양사고의 발생일시 및 발생장소
을. 조치사항
병. 사고개요
정. 상대선박의 소유자

**해양사고신고 절차 등(「해상교통안전법」 시행규칙 제36조 제1항)**
선장 또는 선박소유자는 법 제43조 제1항에 따른 해양사고가 발생한 경우에는 다음의 사항을 관할 해양경찰서장 또는 지방해양수산청장(관할관청)에게 신고하여야 한다. 다만, 외국에서 발생한 해양사고의 경우에는 선적항 소재지의 관할관청에 신고하여야 한다.
- 해양사고의 발생일시 및 발생장소
- 선박의 명세
- 사고개요 및 피해상황
- 조치사항
- 그 밖에 해양사고의 처리 및 항행 안전을 위하여 해양수산부장관이 필요하다고 인정하는 사항

**624** 「해상교통안전법」상 항로 등을 보전하기 위하여 항로상에서 제한하는 행위로 옳지 않은 것은?

갑. 선박의 방치
을. 어망의 설치
병. 폐어구 투기
정. 항로 지정 고시

 **항로 등의 보전(「해상교통안전법」 제33조 제1항)**
누구든지 항로에서 다음의 어느 하나에 해당하는 행위를 하여서는 아니 된다.
- 선박의 방치
- 어망 등 어구의 설치나 투기

**625** 「해상교통안전법」상 다음 빈칸 안에 들어갈 내용으로 옳은 것은?

> 누구든지 수역 등 또는 수역 등의 밖으로부터 (    ) 이내의 수역에서 선박 등을 이용하여 수역등이나 항로를 점거하거나 차단하는 행위를 함으로써 선박 통항을 방해해서는 아니 된다.

갑. 5킬로미터
을. 10킬로미터
병. 15킬로미터
정. 20킬로미터

 **수역 등 및 항로의 안전 확보(「해상교통안전법」 제34조 제1항)**
누구든지 수역등 또는 수역등의 밖으로부터 10킬로미터 이내의 수역에서 선박 등을 이용하여 수역등이나 항로를 점거하거나 차단하는 행위를 함으로써 선박 통항을 방해하여서는 아니 된다.

정답  624 정  625 을

**626** 다음 중 「해상교통안전법」상 선박안전관리증서의 유효기간은 얼마인가?

갑. 1년
을. 3년
병. 5년
정. 9년

> **해설** 선박안전관리증서 등의 발급 등(「해상교통안전법」 제51조 제4항)
> 선박안전관리증서와 안전관리적합증서의 유효기간은 각각 5년으로 하고, 임시안전관리적합증서의 유효기간은 1년, 임시선박안전관리증서의 유효기간은 6개월로 한다.

**627** 「해상교통안전법」상 술에 취한 상태에서의 조타기 조작 등 금지에 대한 설명으로 옳지 않은 것은?

갑. 총톤수 5톤 미만의 선박도 대상이 된다.
을. 해양경찰청 소속 경찰공무원은 운항을 하기 위해 조타기를 조작하거나 조작할 것을 지시하는 사람이 술에 취하였는지 측정할 수 있으며, 해당 운항자 또는 도선사는 이 측정 요구에 따라야 한다.
병. 술에 취하였는지를 측정한 결과에 불복하는 사람에 대해서는 해당 운항자 또는 도선사의 동의 없이 혈액채취 등의 방법으로 다시 측정할 수 있다.
정. 해양경찰서장은 운항자 또는 도선사가 정상적으로 조타기를 조작하거나 조작할 것을 지시할 수 있는 상태가 될 때까지 필요한 조치를 취할 수 있다.

> **해설** 술에 취한 상태에서의 조타기 조작 등 금지(「해상교통안전법」 제39조 제3항)
> 술에 취하였는지를 측정한 결과에 불복하는 사람에 대하여는 해당 운항자 또는 도선사의 동의를 받아 혈액채취 등의 방법으로 다시 측정할 수 있다.

**628** 「해상교통안전법」상 항행 안전을 위해 음주 중의 조타기 조작 등 금지에 대한 설명으로 옳지 않은 것은?

갑. 누구든지 술에 취한 상태에서 운항을 위하여 조타기를 조작하거나 그 조작을 지시해서는 아니 된다.
을. 해양경찰청 소속 경찰공무원은 해상교통의 안전과 위험방지를 위하여 선박 운항자가 술에 취하였는지 측정할 수 있다.
병. 술에 취한 상태의 기준은 혈중 알코올농도 0.08퍼센트 이상으로 한다.
정. 측정한 결과에 불복한 경우에 혈액채취 등의 방법으로 다시 측정할 수 있다.

> **해설** 술에 취한 상태에서의 조타기 조작 등 금지(「해상교통안전법」 제39조 제4항)
> 술에 취한 상태의 기준은 혈중알코올농도 0.03퍼센트 이상으로 한다.

**629** 다음 중 「해상교통안전법」상 충돌을 피하기 위한 동작으로 옳지 않은 것은?

갑. 충돌을 피하거나 상황을 판단하기 위한 시간적 여유를 얻기 위해 필요하면 전속으로 항진하여 다른 선박을 빨리 비켜나야 한다.
을. 될 수 있으면 충분한 시간적 여유를 두고 적극적으로 조치해야 한다.
병. 적절한 시기에 큰 각도로 침로를 변경해야 한다.
정. 침로나 속력을 소폭으로 연속적으로 변경해서는 아니 된다.

> **해설** 충돌을 피하기 위한 동작(「해상교통안전법」 제73조 제5항)
> 선박은 다른 선박과의 충돌을 피하거나 상황을 판단하기 위한 시간적 여유를 얻기 위하여 필요하면 속력을 줄이거나 기관의 작동을 정지하거나 후진하여 선박의 진행을 완전히 멈추어야 한다.

**630** 「해상교통안전법」상에서 정의하고 있는 시계상태에 대한 설명으로 옳지 않은 것은?

갑. 모든 시계상태
을. 서로 시계 안에 있는 상태
병. 유효한 시계 안에 있는 상태
정. 제한된 시계

> **해설** 선박의 항법 등(「해상교통안전법」 제5장)
> 제1절(모든 시계상태에서의 항법), 제2절(선박이 서로 시계 안에 있는 때의 항법), 제3절(제한된 시계에서 선박의 항법)

**631** 다음 중 통항분리대 또는 분리선을 횡단하여서는 안 되는 경우는?

갑. 통항로를 횡단하는 경우
을. 통항로에 출입하는 경우
병. 급박한 위험을 피하기 위한 경우
정. 길이 20미터 이상의 선박

> **해설** 통항분리제도(「해상교통안전법」 제75조 제5항)
> 통항로를 횡단하거나 통항로에 출입하는 선박 외의 선박은 급박한 위험을 피하기 위한 경우나 분리대 안에서 어로에 종사하고 있는 경우 외에는 분리대에 들어가거나 분리선을 횡단하여서는 아니 된다.

정답 629 갑  630 병  631 정

**632** 「해상교통안전법」상 시계가 제한된 수역이나 그 부근에 정지하여 대수속력이 없는 동력선이 울려야 하는 기적신호는?

갑. 장음 사이의 간격을 2초 정도로 연속하여 장음을 2회 울리되, 2분을 넘지 아니하는 간격으로 울려야 한다.
을. 장음 사이의 간격을 3초 정도로 연속하여 장음을 3회 울리되, 2분을 넘지 아니하는 간격으로 울려야 한다.
병. 장음 사이의 간격을 2초 정도로 연속하여 장음을 3회 울리되, 3분을 넘지 아니하는 간격으로 울려야 한다.
정. 장음 사이의 간격을 3초 정도로 연속하여 장음을 2회 울리되, 2분을 넘지 아니하는 간격으로 울려야 한다.

> **해설** 제한된 시계 안에서의 음향신호(「해상교통안전법」 제100조 제1항 제2조)
> 항행 중인 동력선은 정지하여 대수속력이 없는 경우에는 장음 사이의 간격을 2초 정도로 연속하여 장음을 2회 울리되, 2분을 넘지 아니하는 간격으로 울려야 한다.

**633** 다음 중 「해상교통안전법」상 섬광등에 대한 설명으로 옳은 것은?

갑. 360°에 걸치는 수평의 호를 비추는 등화로서 일정한 간격으로 30초에 120회 이상 섬광을 발하는 등
을. 125°에 걸치는 수평의 호를 비추는 등화로서 일정한 간격으로 30초에 120회 이상 섬광을 발하는 등
병. 360°에 걸치는 수평의 호를 비추는 등화로서 일정한 간격으로 60초에 120회 이상 섬광을 발하는 등
정. 135°에 걸치는 수평의 호를 비추는 흰색등

> **해설** 등화의 종류(「해상교통안전법」 제86조 제6호)
> "섬광등"은 360°에 걸치는 수평의 호를 비추는 등화로서 일정한 간격으로 1분에 120회 이상 섬광을 발하는 등을 말한다.

정답 632 갑  633 병

**634** 「해상교통안전법」상 기적이나 사이렌을 단음으로 5회 울리는 것은 무엇을 뜻하는 신호인가?

갑. 주의환기신호
을. 조종신호
병. 추월동의신호
정. 의문, 경고신호

> **해설** 조종신호와 경고신호(「해상교통안전법」 제99조 제5항)
> 서로 상대의 시계 안에 있는 선박이 접근하고 있을 경우에는 하나의 선박이 다른 선박의 의도 또는 동작을 이해할 수 없거나 다른 선박이 충돌을 피하기 위하여 충분한 동작을 취하고 있는지 분명하지 아니한 경우에는 그 사실을 안 선박이 즉시 기적으로 단음을 5회 이상 재빨리 울려 그 사실을 표시하여야 한다. 이 경우 의문신호는 5회 이상의 짧고 빠르게 섬광을 발하는 발광신호로써 보충할 수 있다.

**635** 다음 중 「해상교통안전법」상 선박의 왼쪽에 설치하는 현등의 색깔은 무엇인가?

갑. 적색
을. 녹색
병. 황색
정. 흰색

> **해설** 등화의 종류(「해상교통안전법」 제86조 제2호)
> 현등은 정선수 방향에서 양쪽 현으로 각각 112.5도에 걸치는 수평의 호를 비추는 등화로서, 그 불빛이 정선수 방향에서 좌현 정횡으로부터 뒤쪽 22.5도까지 비출 수 있도록 좌현에 설치된 붉은색 등과 그 불빛이 정선수 방향에서 우현 정횡으로부터 뒤쪽 22.5도까지 비출 수 있도록 우현에 설치된 녹색 등이다.

**636** 「해상교통안전법」상 선박의 음향신호 중 단음은 어느 정도 계속되는 소리를 말하는가?

갑. 0.5초
을. 1초
병. 2초
정. 4~6초

> **해설** 기적의 종류(「해상교통안전법」 제97조)
> "기적"이란 다음의 구분에 따라 단음과 장음을 발할 수 있는 음향신호장치를 말한다.
> • 단음 : 1초 정도 계속되는 고동소리
> • 장음 : 4초부터 6초까지의 시간 동안 계속되는 고동소리

**정답** 634 정  635 갑  636 을

**637** 선박의 음향신호 중 장음은 어느 정도 계속되는 소리를 말하는가?

갑. 1~2초  
을. 2~3초  
병. 3~4초  
정. 4~6초

 **기적의 종류(「해상교통안전법」 제97조)**
"기적"이란 다음의 구분에 따라 단음과 장음을 발할 수 있는 음향신호장치를 말한다.
- 단음 : 1초 정도 계속되는 고동소리
- 장음 : 4초부터 6초까지의 시간 동안 계속되는 고동소리

**638** 「해상교통안전법」의 목적으로 옳지 않은 것은?

갑. 선박의 안전운항을 위한 안전관리 체계를 확립  
을. 항만 및 항만구역의 통항로 확보  
병. 선박항행과 관련된 모든 위험과 장해를 제거함  
정. 해사안전 증진과 선박의 원활한 교통에 이바지함

 '항만 및 항만구역의 통항로 확보'는 「항만법」의 목적이다.
**목적(「해상교통안전법」 제1조)**
이 법은 수역 안전관리, 해상교통 안전관리, 선박·사업장의 안전관리 및 선박의 항법 등 선박의 안전운항을 위한 안전관리체계에 관한 사항을 규정함으로써 선박항행과 관련된 모든 위험과 장해를 제거하고 해사안전 증진과 선박의 원활한 교통에 이바지함을 목적으로 한다.

**639** 선박길이 20미터 이상인 선박이 비치하여야 하는 최소한의 음향신호 설비는?

갑. 기적  
을. 호종  
병. 기적과 호종  
정. 기적, 호종, 징

 **음향신호설비(「해상교통안전법」 제98조 제1항)**
- 길이 12미터 이상의 선박은 기적 1개
- 길이 20미터 이상의 선박은 기적 1개 및 호종 1개
- 길이 100미터 이상의 선박은 이에 덧붙여 호종과 혼동되지 아니하는 음조와 소리를 가진 징

**640** 「해상교통안전법」상 음향신호설비로서 기적, 호종, 징을 비치하여야 하는 선박의 최소길이는?

갑. 12미터   을. 50미터
병. 100미터   정. 120미터

 음향신호설비(「해상교통안전법」 제98조 제1항)
- 길이 12미터 이상의 선박은 기적 1개
- 길이 20미터 이상의 선박은 기적 1개 및 호종 1개
- 길이 100미터 이상의 선박은 이에 덧붙여 호종과 혼동되지 아니하는 음조와 소리를 가진 징

**641** 항행 중인 동력선이 침로를 왼쪽으로 변경하고 있는 경우에 발하는 기적신호는?

갑. 단음 2회   을. 단음 1회
병. 장음 2회   정. 단음 3회

 조종신호와 경고신호(「해상교통안전법」 제99조 제1항)
항행 중인 동력선이 서로 상대의 시계 안에 있는 경우에 이 법의 규정에 따라 그 침로를 변경하거나 그 기관을 후진하여 사용할 때에는 다음의 구분에 따라 기적신호를 행하여야 한다.
- 침로를 오른쪽으로 변경하고 있는 경우 : 단음 1회
- 침로를 왼쪽으로 변경하고 있는 경우 : 단음 2회
- 기관을 후진하고 있는 경우 : 단음 3회

**642** 좁은 수로에서 피추월선(앞지르기 당하는 배)의 추월선(앞지르기 하는 배)에 대한 추월동의 신호로 옳은 것은?

갑. 단음2, 장음2, 단음1, 장음2   을. 단음1, 장음1, 단음1, 장음1
병. 단음2, 장음1, 단음1, 장음2   정. 장음1, 단음1, 장음1, 단음1

 조종신호와 경고신호(「해상교통안전법」 제99조 제4항)
선박이 좁은 수로 등에서 서로 상대의 시계 안에 있는 경우 앞지르기 하는 배는 좁은 수로 등에서 앞지르기 당하는 선박이 앞지르기 하는 배를 안전하게 통과시키기 위한 동작을 취하지 아니하면 앞지르기 할 수 없는 경우에 따른 기적신호를 할 때에는 다음에 따라 행하여야 한다.
- 다른 선박의 우현 쪽으로 앞지르기하려는 경우에는 장음 2회와 단음 1회의 순서로 의사를 표시할 것
- 다른 선박의 좌현 쪽으로 앞지르기 하려는 경우에는 장음 2회와 단음 2회의 순서로 의사를 표시할 것
- 앞지르기 당하는 선박이 다른 선박의 앞지르기에 동의할 경우에는 장음 1회, 단음 1회의 순서로 2회에 걸쳐 동의 의사를 표시할 것

**643** 「해상교통안전법」상 용어의 정의를 설명한 것 중 옳지 않은 것은?

~~갑.~~ "고속여객선"이란 시속 20노트 이상으로 항행하는 여객선을 말한다.
을. "동력선"(動力船)이란 기관을 사용하여 추진(推進)하는 선박을 말한다. 다만, 돛을 설치한 선박이라도 주로 기관을 사용하여 추진하는 경우에는 동력선으로 본다.
병. "범선"(帆船)이란 돛을 사용하여 추진하는 선박을 말한다. 다만, 기관을 설치한 선박이라도 주로 돛을 사용하여 추진하는 경우에는 범선으로 본다.
정. "어로에 종사하고 있는 선박"이란 그물, 낚싯줄, 트롤망, 그 밖에 조종성능을 제한하는 어구(漁具)를 사용하여 어로(漁撈) 작업을 하고 있는 선박을 말한다.

> **해설** 용어의 정의(「해상교통안전법」 제2조 제6호)
> "고속여객선"이란 시속 15노트 이상으로 항행하는 여객선을 말한다.

**644** 「해상교통안전법」상 거대선, 위험화물운반선 등이 교통안전특정해역을 항행하려는 경우 항행 안전을 확보하기 위해 해양경찰서장이 명할 수 있는 것으로 가장 옳지 않은 것은?

갑. 통항시각의 변경
을. 항로의 변경
병. 속력의 제한
~~정.~~ 선박통항이 많은 경우 선박의 항행 제한

> **해설** 거대선 등의 항행안전확보 조치(「해상교통안전법」 제8조)
> 해양경찰서장은 거대선, 위험화물운반선, 고속여객선, 그 밖에 해양수산부령으로 정하는 선박이 교통안전특정해역을 항행하려는 경우 항행 안전을 확보하기 위하여 필요하다고 인정하면 선장이나 선박소유자에게 다음의 사항을 명할 수 있다.
> • 통항시각의 변경
> • 항로의 변경
> • 제한된 시계의 경우 선박의 항행 제한
> • 속력의 제한
> • 안내선의 사용
> • 그 밖에 해양수산부령으로 정하는 사항

**645** 「해상교통안전법」에서 정하고 있는 항로에서의 금지행위로 옳지 않은 것은?

갑. 선박의 방치
을. 어망의 설치
병. 어구의 투기
정. 폐기물의 투기

> **해설** 항로 등의 보전(「해상교통안전법」 제33조 제1항)
> 누구든지 항로에서 다음의 어느 하나에 해당하는 행위를 하여서는 아니 된다.
> • 선박의 방치
> • 어망 등 어구의 설치나 투기

**646** 「해상교통안전법」상 통항분리수역에서의 항법으로 옳지 않은 것은?

갑. 통항로 안에서는 정하여진 진행방향으로 항행할 것
을. 통항분리수역에서 서로시계의 횡단관계가 형성되어도 분리대 진행 방향으로 항행하는 선박이 유지선이 됨
병. 분리선이나 분리대 내에서 될 수 있으면 떨어져서 항해할 것
정. 선박은 통항로를 부득이한 경우를 제외하고 횡단해서는 안 됨

> **해설** 통항분리제도(「해상교통안전법」 제75조 제2항, 제3항)
> 선박이 통항분리수역을 항행하는 경우에는 다음의 사항을 준수하여야 하며, 선박은 통항로를 횡단하여서는 아니 된다. 다만, 부득이한 사유로 그 통항로를 횡단하여야 하는 경우에는 그 통항로와 선수방향이 직각에 가까운 각도로 횡단하여야 한다.
> • 통항로 안에서는 정하여진 진행방향으로 항행할 것
> • 분리선이나 분리대에서 될 수 있으면 떨어져서 항행할 것
> • 통항로의 출입구를 통하여 출입하는 것을 원칙으로 하되, 통항로의 옆쪽으로 출입하는 경우에는 그 통항로에 대하여 정하여진 선박의 진행방향에 대하여 될 수 있으면 작은 각도로 출입할 것

**647** 「해상교통안전법」상 좁은 수로 등에서의 항행에 대한 설명으로 옳지 않은 것은?

갑. 길이 30미터 미만의 선박이나 범선은 좁은 수로 등의 안쪽에서만 안전하게 항행할 수 있는 다른 선박의 통행을 방해해서는 아니 된다.
을. 어로에 종사하고 있는 선박은 좁은 수로 등의 안쪽에서 항행하고 있는 다른 선박의 통항을 방해해서는 아니 된다.
병. 선박의 좁은 수로 등의 안쪽에서만 안전하게 항행할 수 있는 다른 선박의 통항을 방해하게 되는 경우에는 좁은 수로 등을 횡단해서는 아니된다.
정. 추월선은 좁은 수로 등에서 추월당하는 선박이 추월선을 안전하게 통과시키기 위한 동작을 취하지 아니하면 추월할 수 없는 경우에는 기적신호를 하여 추월하겠다는 의사를 나타내야 한다.

> **해설** 좁은 수로 등(「해상교통안전법」 제74조 제2항)
> 길이 20미터 미만의 선박이나 범선은 좁은 수로등의 안쪽에서만 안전하게 항행할 수 있는 다른 선박의 통행을 방해하여서는 아니 된다.

**648** 「해상교통안전법」상 연안통항대에 대한 설명으로 옳지 않은 것은?

갑. 연안통항대란 통항분리수역의 육지 쪽 경계선과 해안 사이의 수역을 말한다.
을. 선박은 연안통항대에 인접한 통항분리수역의 통항로를 안전하게 통과할 수 있는 경우 연안통항대를 따라 항행할 수 있다.
병. 인접한 항구로 입출항하는 선박은 연안통항대를 따라 항행할 수 있다.
정. 연안통항대 인근에 있는 해양시설에 출입하는 선박은 연안통항대를 따라 항행할 수 있다.

> **해설** 통항분리제도(「해상교통안전법」 제75조 제4항)
> 선박은 연안통항대에 인접한 통항분리수역의 통항로를 안전하게 통과할 수 있는 경우에는 연안통항대를 따라 항행하여서는 아니 된다. 다만, 다음의 선박의 경우에는 연안통항대를 따라 항행할 수 있다.
> • 길이 20미터 미만의 선박
> • 범 선
> • 어로에 종사하고 있는 선박
> • 인접한 항구로 입항·출항하는 선박
> • 연안통항대 안에 있는 해양시설 또는 도선사의 승하선(乘下船) 장소에 출입하는 선박
> • 급박한 위험을 피하기 위한 선박

정답  647 갑  648 을

**649** 「해상교통안전법」상 통항분리수역의 항행 시 준수사항으로 옳지 않은 것은?

갑. 통항로 안에서는 정하여진 진행방향으로 항행할 것
을. 분리선이나 분리대에서 될 수 있으면 떨어져서 항행할 것
병. 통항로의 옆쪽으로 출입하는 경우에는 그 통항로에 대하여 정하여진 선박의 진행방향에 대하여 될 수 있으면 대각도로 출입할 것
정. 부득이한 사유로 통항로를 횡단하여야 하는 경우 통항로와 선수방향이 직각에 가까운 각도로 횡단할 것

> 해설
> 통항분리제도(「해상교통안전법」 제75조 제2항 제3호)
> 통항로의 출입구를 통하여 출입하는 것을 원칙으로 하되, 통항로의 옆쪽으로 출입하는 경우에는 그 통항로에 대하여 정하여진 선박의 진행방향에 대하여 될 수 있으면 작은 각도로 출입할 것

**650** 「해상교통안전법」상 선박 A는 침로 000도, 선박 B는 침로가 185도로서 마주치는 상태이다. 이때 A선박이 취해야 할 행동으로 옳은 것은?

갑. 현 침로를 유지한다.
을. 좌현으로 변침한다.
병. 우현 대 우현으로 통과할 수 있도록 변침한다.
정. 우현으로 변침한다.

> 해설
> 상호시계항법 중 마주치는 상태의 항법은 본선과 타선의 정선수 좌우현 각 6도상에서 마주치는 상태에서의 항법을 말하는 것으로서, 선박 B가 174~186도상에 위치해 있을 때는 이 마주치는 항법이 적용되며, 우현변침(좌현 대 좌현)으로 항행하는 것이 맞다.

**651** 선박이 야간에 서로 마주치는 상태는 어떤 경우인가?

갑. 정선수방향에서 다른 선박의 홍등과 녹등이 동시에 보일 때
을. 좌현 선수에 홍등이 보일 때
병. 우현 선수에 홍등이 보일 때
정. 우현 선수에 녹등이 보일 때

> 해설
> 마주치는 상태의 항법의 요건은 상대선의 좌우현이 모두 보이는 경우를 말하는 것으로, 양현등(좌현 홍등, 우현 녹등)이 모두 보이는 경우를 말한다.

정답  649 병  650 정  651 갑

**652** 다음 빈칸 안에 들어갈 말로 옳은 것은?

> 추월선이란 다른 선박의 정횡으로부터 (　　)도를 넘는 (　　)의 위치로부터 (　　)을 앞지르는 선박을 말한다.

**갑. 22.5, 후방, 다른 선박**
을. 22.5, 후방, 자선
병. 25.5, 후방, 자선
정. 25.5, 전방, 다른 선박

> 해설) 추월선(앞지르기 하는 배)이란 피추월선(앞지르기 당하는 배)을 앞지를 때는 다른 선박의 정횡으로부터 22.5도를 넘는 후방의 위치에서부터 타선을 앞지르는 것을 말한다.

**653** 야간에 다음 등화 중 어떤 등화를 보면서 접근하는 선박이 추월선인가?

갑. 마스트등
을. 현 등
**병. 선미등**
정. 정박등

> 해설) 추월선(앞지르기 하는 배)이 피추월선(앞지르기 당하는 배)을 앞지를 때는 다른 선박의 정횡으로부터 22.5도를 넘는 후방의 위치로부터 타선을 앞지르는 것을 말하는데, 이는 선미등이 보이는 가시거리에 있다는 것을 의미한다.

**654** 다음 선박 중 서로 시계 내에서 진로 우선권이 가장 큰 선박으로 옳은 것은?

갑. 어로에 종사하고 있는 항행 중인 선박
을. 범 선
병. 동력선
**정. 흘수제약선**

> 해설) 기본적인 항행 우선권은 '동력선 < 범선 < 어로에 종사하고 있는 선박 < 흘수제약선 < 조종불능선 = 조종제한선' 순이다.
> **선박 사이의 책무**(「해상교통안전법」 제83조 제5항)
> 조종불능선이나 조종제한선이 아닌 선박은 부득이하다고 인정하는 경우 외에는 제93조에 따른 등화나 형상물을 표시하고 있는 흘수제약선의 통항을 방해하여서는 아니 된다.

**655** 「해상교통안전법」상 삼색등에서의 삼색으로 알맞게 짝지어진 것은?

갑. 붉은색, 녹색, 황색
을. 황색, 흰색, 녹색
병. 붉은색, 녹색, 흰색
정. 황색, 흰색, 붉은색

> **해설** 등화의 종류(「해상교통안전법」 제86조 제8호)
> 삼색등은 선수와 선미의 중심선상에 설치된 붉은색·녹색·흰색으로 구성된 등으로서, 그 붉은색·녹색·흰색의 부분이 각각 현등의 붉은색 등과 녹색 등 및 선미 등과 같은 특성을 가진 등이다.

**656** 「해상교통안전법」상 항행 중인 동력선이 표시하여야 하는 등화로 옳지 않은 것은?

갑. 앞쪽에 마스트등 1개와 그 마스트등보다 뒤쪽의 높은 위치에 마스트등 1개
을. 현등 1쌍
병. 선미등 1개
정. 섬광등 1개

> **해설** 항행 중인 동력선(「해상교통안전법」 제88조 제1항)
> 항행 중인 동력선은 다음의 등화를 표시하여야 한다.
> • 앞쪽에 마스트등 1개와 그 마스트등보다 뒤쪽의 높은 위치에 마스트등 1개. 다만, 길이 50미터 미만의 동력선은 뒤쪽의 마스트등을 표시하지 아니할 수 있다.
> • 현등 1쌍(길이 20미터 미만의 선박은 이를 대신하여 양색등을 표시할 수 있다. 이하 이 절에서 같다)
> • 선미등 1개

**657** 「해상교통안전법」상 상호 시계에 있는 동력선과 범선이 마주치는 상태에 있을 때 두 선박의 피항의무는 어떻게 되는가?

갑. 동력선이 범선의 진로를 피한다.
을. 범선이 동력선의 진로를 피한다.
병. 동력선과 범선은 각각 우현으로 피한다.
정. 동력선과 범선은 각각 좌현으로 피한다.

> **해설** 선박 사이의 책무(「해상교통안전법」 제83조 제2항)
> 항행 중인 동력선은 다음에 따른 선박의 진로를 피하여야 한다.
> • 조종불능선
> • 조종제한선
> • 어로에 종사하고 있는 선박
> • 범 선

**정답** 655 병  656 정  657 갑

**658** 「해상교통안전법」상 어로에 종사하는 선박이 범선을 오른편에 두며 횡단상태에 있을 때 두 선박의 피항 의무는 어떻게 되는가?

갑. 어로에 종사하는 선박이 우현 변침하여 범선의 진로를 피하여야 한다.
을. 두 선박 모두 피항의무를 가지며, 각각 우현 변침해야 한다.
병. 범선이 어로에 종사하는 선박의 진로를 피한다.
정. 범선과 어로에 종사하는 선박은 각각 좌현으로 피한다.

> **해설** 선박 사이의 책무(「해상교통안전법」 제83조 제3항)
> 항행 중인 범선은 다음에 따른 선박의 진로를 피하여야 한다.
> • 조종불능선
> • 조종제한선
> • 어로에 종사하고 있는 선박

**659** 「해상교통안전법」상 수면비행선박은 항행 중인 동력선이 표시해야 할 등화와 함께 어떤 등화를 추가로 표시해야 하는가?

갑. 황색 예선등
을. 황색 섬광등
병. 홍색 섬광등
정. 흰색 전주등

> **해설** 항행 중인 동력선(「해상교통안전법」 제88조 제3항)
> 수면비행선박이 비행하는 경우에는 항행 중인 동력선이 표시해야 할 등화에 덧붙여 사방을 비출 수 있는 고광도 홍색 섬광등 1개를 표시해야 한다.

**660** 「해상교통안전법」상 본선은 야간항해 중 상대선박과 서로 시계 내에서 근접하여 횡단관계로 조우하여 상대 선박의 현등 중 홍등을 관측하고 있다. 이 선박이 취해야 할 행동으로 옳지 않은 것은?

갑. 우현변침
을. 상대선박의 선미통과
병. 변침만으로 피하기 힘들 경우 속력을 감소한다.
정. 정선한다.

> **해설** 횡단하는 상태(「해상교통안전법」 제80조)
> 2척의 동력선이 상대의 진로를 횡단하는 경우로서 충돌의 위험이 있을 때에는 다른 선박을 우현 쪽에 두고 있는 선박이 그 다른 선박의 진로를 피하여야 한다. 이 경우 다른 선박의 진로를 피하여야 하는 선박은 부득이한 경우 외에는 그 다른 선박의 선수 방향을 횡단하여서는 아니 된다.

**661** 「해상교통안전법」상 음향신호설비에 대한 설명으로 가장 옳지 않은 것은?

갑. 기적이란 단음과 장음을 발할 수 있는 음향신호장치이다.
을. 단음은 1초 정도 계속되는 고동소리를 말한다.
병. 장음이란 4초부터 6초까지의 시간동안 계속되는 고동소리를 말한다.
정. 길이 12미터 이상의 선박은 기적 1개를, 길이 50미터 이상의 선박은 기적 1개 및 호종 1개를 갖추어 두어야 한다.

> 해설
> 음향신호설비(「해상교통안전법」 제98조 제1항)
> 길이 12미터 이상의 선박은 기적 1개를, 길이 20미터 이상의 선박은 기적 1개 및 호종 1개를 갖추어 두어야 하며, 길이 100미터 이상의 선박은 이에 덧붙여 호종과 혼동되지 아니하는 음조와 소리를 가진 징을 갖추어 두어야 한다. 다만, 호종과 징은 각각 그것과 음색이 같고, 이 법에서 규정한 신호를 수동으로 행할 수 있는 다른 설비로 대체할 수 있다.

**662** 「해상교통안전법」상 호종과 혼동되지 아니하는 음조와 소리를 가진 징을 비치하여야 하는 선박으로 옳은 것은?

갑. 길이 12미터 미만의 선박
을. 길이 12미터 이상의 선박
병. 길이 20미터 이상의 선박
정. 길이 100미터 이상의 선박

> 해설
> 음향신호설비(「해상교통안전법」 제98조 제1항)
> 길이 12미터 이상의 선박은 기적 1개를, 길이 20미터 이상의 선박은 기적 1개 및 호종 1개를 갖추어 두어야 하며, 길이 100미터 이상의 선박은 이에 덧붙여 호종과 혼동되지 아니하는 음조와 소리를 가진 징을 갖추어 두어야 한다. 다만, 호종과 징은 각각 그것과 음색이 같고 이 법에서 규정한 신호를 수동으로 행할 수 있는 다른 설비로 대체할 수 있다.

**663** 「해상교통안전법」상 항행 중인 동력선이 상대 선박과 서로 시계 안에 있는 경우, 기관 후진 시 기적신호로 옳은 것은?

갑. 단음 1회
을. 단음 2회
병. 단음 3회
정. 장음 1회

**조종신호와 경고신호(「해상교통안전법」 제99조 제1항)**
항행 중인 동력선이 서로 상대의 시계 안에 있는 경우에 이 법에 따라 그 침로를 변경하거나 그 기관을 후진하여 사용할 때에는 다음의 구분에 따라 기적신호를 행하여야 한다.
- 침로를 오른쪽으로 변경하고 있는 경우 : 단음 1회
- 침로를 왼쪽으로 변경하고 있는 경우 : 단음 2회
- 기관을 후진하고 있는 경우 : 단음 3회

**664** 「해상교통안전법」상 선박이 좁은 수로 등에서 서로 시계 안에 있는 경우, 추월당하는 선박이 다른 선박의 추월에 동의할 경우, 동의 의사의 표시방법으로 옳은 것은?

갑. 장음 2회, 단음 1회의 순서로 의사표시한다.
을. 장음 2회와 단음 2회의 순서로 의사표시한다.
병. 장음 1회, 단음 1회의 순서로 2회에 걸쳐 의사표시한다.
정. 단음 1회, 장음 1회, 단음 1회의 순서로 의사표시한다.

**조종신호와 경고신호(「해상교통안전법」 제99조 제4항)**
선박이 좁은 수로 등에서 서로 상대의 시계 안에 있는 경우 앞지르기 하는 배는 좁은 수로 등에서 앞지르기 당하는 선박이 앞지르기 하는 배를 안전하게 통과시키기 위한 동작을 취하지 아니하면 앞지르기 할 수 없는 경우에 따른 기적 신호를 할 때에는 다음에 따라 행하여야 한다.
- 다른 선박의 우현 쪽으로 앞지르기 하려는 경우에는 장음 2회와 단음 1회의 순서로 의사를 표시할 것
- 다른 선박의 좌현 쪽으로 앞지르기 하려는 경우에는 장음 2회와 단음 2회의 순서로 의사를 표시할 것
- 앞지르기 당하는 선박이 다른 선박의 앞지르기에 동의할 경우에는 장음 1회, 단음 1회의 순서로 2회에 걸쳐 동의 의사를 표시할 것

**665** 「해상교통안전법」상 좁은 수로 등의 굽은 부분이나 장애물 때문에 다른 선박을 볼 수 없는 수역에 접근하는 선박의 기적신호로 옳은 것은?

갑. 단음 1회
을. 단음 2회
병. 장음 1회
정. 장음 2회

**조종신호와 경고신호(「해상교통안전법」 제99조 제6항)**
좁은 수로 등의 굽은 부분이나 장애물 때문에 다른 선박을 볼 수 없는 수역에 접근하는 선박은 장음으로 1회의 기적신호를 울려야 한다. 이 경우 그 선박에 접근하고 있는 다른 선박이 굽은 부분의 부근이나 장애물의 뒤쪽에서 그 기적신호를 들은 경우에는 장음 1회의 기적신호를 울려 이에 응답하여야 한다.

**666** 「해상교통안전법」상 제한된 시계 안에서의 음향신호에 대한 설명으로 옳지 않은 것은?

갑. 항행 중인 동력선은 대수속력이 있는 경우에는 2분을 넘지 않는 간격으로 장음 1회를 울려야 한다.

을. 항행 중인 동력선은 정지하여 대수속력이 없는 경우에는 2분을 넘지 않는 간격으로 장음 2회를 울려야 한다.

병. 정박 중인 선박은 1분을 넘지 않는 간격으로 5초 정도 재빨리 호종을 울려야 한다.

정. 조종불능선, 조종제한선, 흘수제약선, 범선, 어로 작업을 하고 있는 선박은 2분을 넘지 않는 간격으로 장음 1회에 이어 단음 3회를 울려야 한다.

> **해설** 제한된 시계 안에서의 음향신호(「해상교통안전법」 제100조 제1항 제3호)
> 조종불능선, 조종제한선, 흘수제약선, 범선, 어로 작업을 하고 있는 선박 또는 다른 선박을 끌고 있거나 밀고 있는 선박은 제1호와 제2호에 따른 신호를 대신하여 2분을 넘지 아니하는 간격으로 연속하여 3회의 기적(장음 1회에 이어 단음 2회를 말한다)을 울려야 한다.

**667** 「해상교통안전법」상 조종제한선에 표시하여야 하는 등화 또는 형상물로 옳은 것은?

갑. 가장 잘 보이는 곳에 수직으로 붉은색의 전주등 2개

을. 가장 잘 보이는 곳에 수직으로 둥근꼴이나 그와 비슷한 형상물 2개

병. 가장 잘 보이는 곳에 수직으로 위쪽과 아래쪽에는 둥근꼴, 가운데는 마름모꼴의 형상물 각 1개

정. 가장 잘 보이는 곳에 수직으로 위쪽과 아래쪽에는 흰색 전주등, 가운데는 붉은색 전주등 각 1개

> **해설** 조종불능선과 조종제한선(「해상교통안전법」 제92조 제2항)
> 조종제한선은 기뢰제거작업에 종사하고 있는 경우 외에는 다음의 등화나 형상물을 표시하여야 한다.
> • 가장 잘 보이는 곳에 수직으로 위쪽과 아래쪽에는 붉은색 전주등, 가운데에는 흰색 전주등 각 1개
> • 가장 잘 보이는 곳에 수직으로 위쪽과 아래쪽에는 둥근꼴, 가운데에는 마름모꼴의 형상물 각 1개
> • 대수속력이 있는 경우에는 제1호에 따른 등화에 덧붙여 마스트등 1개, 현등 1쌍 및 선미등 1개
> • 정박 중에는 제1호와 제2호에 따른 등화나 형상물에 덧붙여 제95조에 따른 등화나 형상물

**668** 「해사안전기본법」과 가장 관련이 있는 국제법으로 옳은 것은?

갑. SAR  을. COLREG
병. SOLAS  정. MARPOL

> 해설
> 「해사안전법」은 국제해상충돌방지규칙(COLREG)을 국내법에 수용하기 위해 제정하였으나 2024년 1월부터 「해사안전기본법」과 「해상교통안전법」으로 분법되었다.
> 「해사안전기본법」: 제도·정책에 관한 기본적인 사항
> 「해상교통안전법」: 항법 등 국민이 준수해야 할 안전규제
> • SAR : Search And Rescue(해상 수색구조에 관한 협약)
> • COLREG : Collision Regulations(해상충돌예방규칙)
> • SOLAS : Safety Of Life At Sea(국제해상인명안전협약)
> • MARPOL : Marine Pollution(국제해양오염방지협약)

**669** 다음 중 선박의 법정형상물에 포함되지 않는 것은?

갑. 둥근꼴  을. 원뿔꼴
병. 마름모꼴  정. 정사각형

> 해설
> 정사각형은 법정형상물에 포함되지 않는다.

**670** 「해상교통안전법」상 유조선통항금지해역에서 원유를 몇 리터 이상 싣고 운반하는 선박은 항해할 수 없는가?

갑. 500킬로리터  을. 1,000킬로리터
병. 1,500킬로리터  정. 2,000킬로리터

> 해설
> 유조선의 통항제한(「해상교통안전법」 제11조 제1항)
> 다음의 어느 하나에 해당하는 석유 또는 유해액체물질을 운송하는 선박(유조선)의 선장이나 항해 당직을 수행하는 항해사는 유조선의 안전운항을 확보하고 해양사고로 인한 해양오염을 방지하기 위하여 대통령령으로 유조선의 통항을 금지한 해역(유조선통항금지해역)에서 항행하여서는 아니 된다.
> • 원유, 중유, 경유, 탄화수소유, 가짜석유제품, 석유대체연료 중 원유·중유·경유에 준하는 것으로 해양수산부령으로 정하는 기름 1천500킬로리터 이상을 화물로 싣고 운반하는 선박
> • 유해액체물질을 1천500톤 이상 싣고 운반하는 선박

**671** 「해상교통안전법」상 등화의 종류에 대한 설명으로 옳지 않은 것은?

갑. 마스트등은 선수와 선미의 중심선상에 설치되어 235도에 걸치는 수평의 호를 비추되, 그 불빛이 정선수 방향으로부터 양쪽 현의 정횡으로부터 뒤쪽 27.5도까지 비출 수 있는 흰색 등을 말한다.
을. 현등은 정선수 방향에서 양쪽 현으로 각각 112.5도에 걸치는 수평의 호를 비추는 등화이다.
병. 선미등은 135도에 걸치는 수평의 호를 비추는 흰색 등으로서 그 불빛이 정선미 방향으로부터 양쪽 현의 67.5도까지 비출 수 있도록 선미 부분 가까이에 설치된 등이다.
정. 예선등은 선미등과 같은 특성을 가진 황색등이다.

> **해설** 등화의 종류(「해상교통안전법」 제86조 제1호)
> 마스트등은 선수와 선미의 중심선상에 설치되어 225도에 걸치는 수평의 호(弧)를 비추되, 그 불빛이 정선수 방향에서 양쪽 현의 정횡으로부터 뒤쪽 22.5도까지 비출 수 있는 흰색 등(燈)이다.

**672** 항해 중인 선박으로서 현등 1쌍을 대신하여 양색등을 표시할 수 있는 선박으로 옳은 것은?

갑. 길이 10미터인 동력선
을. 길이 20미터인 동력선
병. 길이 30미터인 동력선
정. 길이 40미터인 동력선

> **해설** 항행 중인 동력선(「해상교통안전법」 제88조 제1항)
> 항행 중인 동력선은 다음의 등화를 표시하여야 한다.
> • 앞쪽에 마스트등 1개와 그 마스트등보다 뒤쪽의 높은 위치에 마스트등 1개. 다만, 길이 50미터 미만의 동력선은 뒤쪽의 마스트등을 표시하지 아니할 수 있다.
> • 현등 1쌍(길이 20미터 미만의 선박은 이를 대신하여 양색등을 표시할 수 있다. 이하 이 절에서 같다)
> • 선미등 1개

**673** 「해상교통안전법」에서 정의하고 있는 조종제한선으로 보기 가장 어려운 것은?

갑. 어구를 끌고 가며 작업 중인 어선
을. 준설작업 중인 선박
병. 화물의 이송작업 중인 선박
정. 측량 중인 선박

**조종제한선의 정의(「해상교통안전법」 제2조 제11호)**
"조종제한선"이란 다음의 작업과 그 밖에 선박의 조종성능을 제한하는 작업에 종사하고 있어 다른 선박의 진로를 피할 수 없는 선박을 말한다.
- 항로표지, 해저전선 또는 해저파이프라인의 부설·보수·인양 작업
- 준설·측량 또는 수중 작업
- 항행 중 보급, 사람 또는 화물의 이송 작업
- 항공기의 발착작업
- 기뢰제거작업
- 진로에서 벗어날 수 있는 능력에 제한을 많이 받는 예인작업

**674** 「해상교통안전법」상 시정이 제한된 상태에서 피항동작이 변침만으로 이루어질 때 해서는 안 될 동작은?

갑. 정횡보다 전방의 선박에 대한 대각도 변침
을. 정횡보다 전방의 선박에 대한 우현 변침
병. 정횡보다 전방의 선박에 대한 우현 대각도 변침
정. 정횡보다 전방의 선박에 대한 좌현 변침

**제한된 시계에서 선박의 항법(「해상교통안전법」 제84조 제5항)**
피항동작이 침로의 변경을 수반하는 경우에는 될 수 있으면 다음의 동작은 피하여야 한다.
- 다른 선박이 자기 선박의 양쪽 현의 정횡 앞쪽에 있는 경우 좌현 쪽으로 침로를 변경하는 행위(앞지르기 당하고 있는 선박에 대한 경우는 제외한다)
- 자기 선박의 양쪽 현의 정횡 또는 그곳으로부터 뒤쪽에 있는 선박의 방향으로 침로를 변경하는 행위

**675** 「해상교통안전법」상 해양경찰서장의 허가를 받아야 하는 해양레저 행위의 종류가 아닌 것은?

갑. 스킨다이빙   을. 윈드서핑
병. 요트활동     정. 낚시어선 운항

**항로 등의 보전(「해상교통안전법」 제33조 제3항)**
누구든지 「항만법」 제2조 제1호에 따른 항만의 수역 또는 「어촌·어항법」 제2조 제3호에 따른 어항의 수역 중 대통령령으로 정하는 수역에서는 해상교통의 안전에 장애가 되는 스킨다이빙, 스쿠버다이빙, 윈드서핑 등 대통령령으로 정하는 행위를 하여서는 아니 된다. 다만, 해상교통안전에 장애가 되지 아니한다고 인정되어 해양경찰서장의 허가를 받은 경우와 「체육시설의 설치·이용에 관한 법률」 제20조에 따라 신고한 체육시설업과 관련된 해상에서 행위를 하는 경우에는 그러하지 아니하다.

**676** 다음 중 다른 선박과 본선 간에 충돌의 위험이 가장 큰 경우로 옳은 것은?

갑. 거리가 가까워지고 나침방위에 뚜렷한 변화가 없을 경우
을. 거리에 뚜렷한 변화가 없고 나침방위가 변할 경우
병. 나침방위에 뚜렷한 변화가 없고 거리가 멀어질 경우
정. 거리와 나침방위가 변할 경우

> 해설: 침로와 방위의 변화가 없을 경우 충돌의 위험성이 있는 경우이다.

**677** 「해상교통안전법」상 예인선의 선미로부터 끌려가고 있는 선박이나 물체의 뒤쪽 끝까지 측정한 예인선열의 길이가 200미터를 초과할 경우 같은 수직선 위에 마스트등의 개수로 옳은 것은?

갑. 1개
을. 2개
병. 3개
정. 4개

> 해설: 항행 중인 예인선(「해상교통안전법」 제89조 제1항)
> 동력선이 다른 선박이나 물체를 끌고 있는 경우에는 다음의 등화나 형상물을 표시하여야 한다.
> - 앞쪽에 표시하는 마스트등을 대신하여 같은 수직선 위에 마스트등 2개. 다만, 예인선의 선미로부터 끌려가고 있는 선박이나 물체의 뒤쪽 끝까지 측정한 예인선열의 길이가 200미터를 초과하면 같은 수직선 위에 마스트등 3개를 표시하여야 한다.
> - 현등 1쌍
> - 선미등 1개
> - 선미등의 위쪽에 수직선 위로 예선등 1개
> - 예인선열의 길이가 200미터를 초과하면 가장 잘 보이는 곳에 마름모꼴의 형상물 1개

**678** 「선박에서의 오염방지에 관한 규칙」상 선박으로부터 기름을 배출하는 경우 지켜야 하는 요건에 해당되지 않는 것은?

갑. 선박(시추선 및 플랫폼을 제외한다)의 항해 중에 배출할 것
을. 배출액 중의 기름 성분이 0.0015퍼센트(15ppm) 이하일 것
병. 기름오염방지설비의 작동 중에 배출할 것
정. 육지로부터 10해리 이상 떨어진 곳에서 배출할 것

> 해설: 선박으로부터의 기름 배출(「선박에서의 오염방지에 관한 규칙」 제9조)
> - 선박(시추선 및 플랫폼을 제외한다)의 항해 중에 배출할 것
> - 배출액 중의 기름 성분이 0.0015퍼센트(15ppm) 이하일 것
> - 기름오염방지설비의 작동 중에 배출할 것

정답  676 갑  677 병  678 정

**679** 다음 중 분뇨마쇄소독장치를 설치한 선박에서 분뇨를 배출할 수 있는 해역은?

갑. 항만법 제2조에 의한 항만구역
을. 「해양환경관리법」 제15조에 의한 환경보전해역
병. 「해양환경관리법」 제15조에 의한 특별관리해역
정. 영해기선으로부터 3해리 이상의 해역

> **해설** 분뇨마쇄소독장치 또는 분뇨저장탱크를 설치한 선박은 수산자원 보호구역, 보호수면 및 수산자원관리수면, 환경보전해역 및 특별관리해역, 항만구역, 어항구역, 갑문 안의 수역의 해역에서 분뇨를 배출하여서는 아니 된다(「선박에서의 오염방지에 관한 규칙」 별표2 제3호 참고).

**680** 10톤 미만 FRP 선박을 해체하고자 하는 자는 누구에게 선박 해체 해양오염방지 작업계획 신고서를 제출해야 하는가?

갑. 해당 지자체장
을. 해양경찰청장 또는 해양경찰서장
병. 경찰서장
정. 해양수산청장

> **해설** 선박해체의 신고 등(「해양환경관리법」 제111조 제1항)
> 선박을 해체하고자 하는 자는 선박의 해체작업과정에서 오염물질이 배출되지 아니하도록 해양수산부령으로 정하는 바에 따라 작업계획을 수립하여 작업개시 7일 전까지 해양경찰청장에게 신고하여야 한다. 다만, 육지에서 선박을 해체하는 등 해양수산부령으로 정하는 방법에 따라 선박을 해체하는 경우에는 그러하지 아니하다.

**681** 「해양환경관리법」상 선박 또는 해양시설에서 고의로 기름을 배출할 때의 벌칙으로 옳은 것은?

갑. 5년 이하의 징역 또는 5천만원 이하의 벌금에 처한다.
을. 3년 이하의 징역 또는 3천만원 이하의 벌금에 처한다.
병. 2년 이하의 징역 또는 2천만원 이하의 벌금에 처한다.
정. 1년 이하의 징역 또는 1천만원 이하의 벌금에 처한다.

> **해설** 선박 또는 해양시설로부터 기름·유해액체물질·포장유해물질을 배출한 자는 5년 이하의 징역 또는 5천만원 이하의 벌금에 처한다(「해양환경관리법」 제126조 참고).

**682** 다음 중 선박으로부터 오염물질이 배출되는 경우 신고자의 신고사항으로 옳지 않은 것은?

갑. 해양오염사고의 발생일시·장소 및 원인
을. 사고선박의 명칭, 종류 및 규모
병. 주변 통항 선박 선명
정. 해면상태 및 기상상태

> **해설** 선박으로부터 오염물질이 배출되는 경우의 신고(「선박에서의 오염방지에 관한 규칙」 제51조 제1항)
> 선박으로부터의 오염물질 배출을 신고하는 자는 서면·구술·전화 또는 무선통신 등을 이용하여 신속하게 하여야 하며, 그 신고사항은 다음과 같다.
> • 해양오염사고의 발생일시·장소 및 원인
> • 배출된 오염물질의 추정량 및 확산상황과 응급조치상황
> • 사고선박 또는 시설의 명칭, 종류 및 규모
> • 해면상태 및 기상상태

**683** 「해양환경관리법」의 적용을 받지 않는 물질로 옳은 것은?

갑. 유성혼합물
을. 해저준설토사
병. 액화천연가스
정. 석유사업법에서 정하는 기름

> **해설** 용어의 정의(「해양환경관리법」 제2조)
> • 기름 : 석유사업법에서 정하는 원유 및 석유제품(석유가스는 제외)과 이들을 함유하는 유성혼합물 및 폐유를 말한다.
> • 폐기물 : 해양에 배출되었을 경우 해양환경의 보전을 저해하는 물질로써 해양수산부령이 정하는 물질과 해양에 배출됨으로써 그 상태로는 쓸 수 없게 된 물질을 말한다. 즉 해저준설토사, 선박 및 해양시설에서 사람의 일상적인 활동에 따라 발생하는 분뇨, 화물류의 운송 중에 그 상태로는 쓸 수 없게 된 물질, 화물용 깔개 및 끼우게, 음식찌꺼기, 종이제품, 넝마, 유리, 금속, 병, 도기류, 초장유해물질, 합성로프, 합성어망, 폐어구 및 플라스틱제의 쓰레기류 등을 말한다.

**684** 「해양환경관리법」상 모터보트 안에서 발생하는 유성혼합물 및 폐유의 처리방법으로 옳지 않은 것은?

갑. 폐유처리시설에 위탁 처리한다.
을. 보트 내에 보관 후 처리한다.
병. 4노트 이상의 속력으로 항해하면서 천천히 배출한다.
정. 항만관리청에서 설치·운영하는 저장·처리시설에 위탁한다.

> 해설
> 4노트 이상의 속력으로 항해하면서 천천히 배출하는 것은 분뇨에 관한 처리방법이다. 영해기선으로부터 3해리를 넘는 거리에서 마쇄하고 소독한 분뇨를 선박이 4노트 이상의 속력으로 항해하면서 천천히 배출할 수 있다(「선박에서의 오염방지에 관한 규칙」 별표2 참고).

**685** 「선박에서의 오염방지에 관한 규칙」상 유해액체물질의 분류 중 해양에 배출되는 경우 해양자원 또는 인간의 건강에 심각한 위해를 끼치는 것으로서 해양배출을 금지하는 유해액체물질은?

갑. X류 물질
을. Y류 물질
병. Z류 물질
정. 잠정평가물질

> 해설
> 유해액체물질의 분류(「선박에서의 오염방지에 관한 규칙」 제3조 제1항 제1호)
> X류 물질은 해양에 배출되는 경우 해양자원 또는 인간의 건강에 심각한 위해를 끼치는 것으로서 해양배출을 금지하는 유해액체물질이다.

**686** 다음 중 「해양환경관리법」에서 말하는 '기름'의 종류로 옳지 않은 것은?

갑. 원유
을. 석유제품
병. 액체상태의 유해물질
정. 폐유

> 해설
> 용어의 정의(「해양환경관리법」 제2조 제5호)
> "기름"이라 함은 「석유 및 석유대체연료 사업법」에 따른 원유 및 석유제품(석유가스 제외)과 이들을 함유하고 있는 액체상태의 유성혼합물(액상유성혼합물) 및 폐유를 말한다.

**687** 「해양환경관리법」상 선박에서 오염물질을 배출할 수 있는 경우에 대한 설명으로 옳은 것은?

갑. 선박 또는 해양시설 등의 안전 확보나 인명구조를 위하여 부득이하게 배출하는 경우
을. 선박 또는 해양시설 손상 등으로 인하여 부득이하게 배출하는 경우
병. 선박 또는 해양시설 등의 오염사고에 있어 해양수산부령이 정하는 방법에 따라 오염 피해를 최소화하는 과정에서 부득이하게 오염물질이 배출되는 경우
정. 상기 모두 다 맞다.

> **해설** 오염물질의 배출금지 등(「해양환경관리법」 제22조 제3항)
> 다음의 어느 하나에 해당하는 경우에는 선박 또는 해양시설 등에서 발생하는 오염물질(폐기물은 제외)을 해양에 배출할 수 있다.
> - 선박 또는 해양시설 등의 안전확보나 인명구조를 위하여 부득이하게 오염물질을 배출하는 경우
> - 선박 또는 해양시설 등의 손상 등으로 인하여 부득이하게 오염물질이 배출되는 경우
> - 선박 또는 해양시설 등의 오염사고에 있어 해양수산부령이 정하는 방법에 따라 오염피해를 최소화하는 과정에서 부득이하게 오염물질이 배출되는 경우

**688** 「선박에서의 오염방지에 관한 규칙」상 폐유저장용기를 비치하여야 하는 선박의 크기로 옳은 것은?

갑. 모든 선박     을. 총톤수 2톤 이상
병. 총톤수 3톤 이상     정. 총톤수 5톤 이상

> **해설** 기관구역용 폐유저장용기의 비치기준(「선박에서의 오염방지에 관한 규칙」 별표7)
> 
> | 대상선박 | 저장용량(단위 : ℓ) |
> |---|---|
> | 총톤수 5톤 이상 10톤 미만의 선박 | 20 |
> | 총톤수 10톤 이상 30톤 미만의 선박 | 60 |
> | 총톤수 30톤 이상 50톤 미만의 선박 | 100 |
> | 총톤수 50톤 이상 100톤 미만으로서 유조선이 아닌 선박 | 200 |

**689** 「선박에서의 오염방지에 관한 규칙」상 선박으로부터 기름을 배출하는 경우 배출액 중의 기름 성분은 얼마 이하하여야 하는가?

갑. 10ppm     을. 15ppm
병. 20ppm     정. 5ppm

> **해설** 선박으로부터의 기름 배출(「선박에서의 오염방지에 관한 규칙」 제9조 제2호)
> 선박으로부터 기름을 배출하는 경우에는 배출액 중의 기름 성분이 0.0015퍼센트(15ppm) 이하일 것. 다만, 해저광물(석유 및 천연가스에 한한다)의 탐사·채취 과정에서 발생한 물의 경우에는 0.004퍼센트 이하이어야 한다.

**690** 「선박에서의 오염방지에 관한 규칙」상 선박의 폐기물을 수용시설 또는 다른 선박에 배출할 때 폐기물기록부에 작성하여야 하는 사항으로 옳지 않은 것은?

갑. 배출일시
을. 항구, 수용시설 또는 선박의 명칭
병. 폐기물 종류별 배출량
정. 선박소유자의 서명

> **해설** 선박오염물질기록부의 기재사항 등(「선박에서의 오염방지에 관한 규칙」 제24조 제1항 제2호)
> 폐기물을 수용시설 또는 다른 선박에 배출할 때
> • 배출일시
> • 항구, 수용시설 또는 선박의 명칭
> • 배출된 폐기물의 종류
> • 폐기물 종류별 배출량(단위는 미터톤으로 한다)
> • 작업책임자의 서명

**691** 「선박에서의 오염방지에 관한 규칙」상 총톤수 10톤 이상 30톤 미만의 선박이 비치하여야 하는 폐유저장용기의 저장용량으로 옳은 것은?

갑. 20리터
을. 60리터
병. 100리터
정. 200리터

> **해설** 기관구역용 폐유저장용기의 비치기준(「선박에서의 오염방지에 관한 규칙」 별표7)
> 
> | 대상선박 | 저장용량(단위 : ℓ) |
> | --- | --- |
> | 총톤수 5톤 이상 10톤 미만의 선박 | 20 |
> | 총톤수 10톤 이상 30톤 미만의 선박 | 60 |
> | 총톤수 30톤 이상 50톤 미만의 선박 | 100 |
> | 총톤수 50톤 이상 100톤 미만으로서 유조선이 아닌 선박 | 200 |

**정답** 690 정  691 을

**692** 「해양환경관리법」 및 「선박에서의 오염방지에 관한 규칙」상 기름기록부를 비치하지 않아도 되는 선박은?

**갑. 선저폐수가 생기지 아니하는 선박**
을. 총톤수 400톤 이상의 선박
병. 경하배수톤수 200톤 이상의 경찰용 선박
정. 선박검사증서 상 최대승선인원이 15명 이상인 선박

> **해설**
> **선박오염물질기록부의 관리(「해양환경관리법」 제30조 제1항)**
> 선박의 선장(피예인선의 경우에는 선박의 소유자를 말한다)은 기름기록부를 그 선박(피예인선의 경우에는 선박의 소유자의 사무실을 말한다) 안에 비치하고 그 사용량·운반량 및 처리량 등을 기록하여야 한다. 기름기록부는 선박에서 사용하는 기름의 사용량·처리량을 기록하는 장부. 다만, 해양수산부령이 정하는 선박의 경우를 제외하며, 유조선의 경우에는 기름의 사용량·처리량 외에 운반량을 추가로 기록하여야 한다.
>
> **선박오염물질기록부 비치대상선박(「선박에서의 오염방지에 관한 규칙」 제23조 제2항)**
> "해양수산부령이 정하는 선박"이란 유조선 외의 선박으로서 다음의 어느 하나에 해당하는 선박을 말한다.
> • 총톤수 100톤(군함과 경찰용 선박의 경우에는 경하배수톤수 200톤) 미만의 선박
> • 선저폐수가 생기지 아니하는 선박

**693** 「해양환경관리법」상 선박오염물질기록부(기름기록부, 폐기물기록부)의 보존기간은 언제까지인가?

갑. 최초기재를 한 날부터 1년
을. 최종기재를 한 날부터 2년
**병. 최종기재를 한 날부터 3년**
정. 최종기재를 한 날부터 5년

> **해설**
> **선박오염물질기록부의 관리(「해양환경관리법」 제30조 제2항)**
> 선박오염물질기록부의 보존기간은 최종기재를 한 날부터 3년으로 하며, 그 기재사항·보관방법 등에 관하여 필요한 사항은 해양수산부령으로 정한다.

정답 692 갑 693 병

**694** 「해양환경관리법」상 해양시설로부터의 오염물질 배출을 신고하려는 자가 신고하여야 할 사항이 아닌 것은?

갑. 해양오염사고의 발생일시, 장소 및 원인
을. 배출된 오염물질의 종류, 추정량 및 확산상황과 응급조치상황
병. 사고선박 또는 시설의 명칭, 종류 및 규모
정. 해당 해양시설의 관리자 이름, 주소 및 전화번호

> **해설** 해양시설로부터의 오염물질 배출신고(「해양환경관리법」 시행규칙 제29조 제1항)
> 해양시설로부터의 오염물질 배출을 신고하려는 자는 서면·구술·전화 또는 무선통신 등을 이용하여 신속하게 하여야 하며, 그 신고사항은 다음과 같다.
> • 해양오염사고의 발생일시·장소 및 원인
> • 배출된 오염물질의 종류, 추정량 및 확산상황과 응급조치상황
> • 사고선박 또는 시설의 명칭, 종류 및 규모
> • 해면상태 및 기상상태

**695** 「해양환경관리법」상 선박에서 해양오염방지관리인이 될 수 있는 자는 누구인가?

갑. 선장
을. 기관장
병. 통신장
정. 통신사

> **해설** 해양오염방지관리인 및 그 대리자의 자격(「해양환경관리법」 시행령 별표5)
> 
> | 선박 해양오염<br>방지관리인 | 다음의 요건을 모두 갖출 것<br>• 선박직원(선장·통신장 및 통신사는 제외한다)일 것<br>• 교육·훈련과정을 이수한 날부터 5년(교육·훈련과정을 이수한 날부터 5년이 경과하는 날에 승선 중인 경우에는 6년)이 경과하지 않았을 것 |
> |---|---|
> | 대리자 | 선박직원(선장·통신장 및 통신사는 제외한다)일 것 |

**696** 「해양환경관리법」에서 말하는 '해양오염'에 대한 정의로 옳은 것은?

갑. 오염물질 등이 유출·투기되거나 누출·용출되는 상태
을. 해양에 유입되어 생물체에 농축되는 경우 장기간 지속적으로 급성·만성의 독성 또는 발암성을 야기할 수 있는 상태
병. 해양에 유입되거나 해양에서 발생되는 물질 또는 에너지로 인하여 해양환경에 해로운 결과를 미치거나 미칠 우려가 있는 상태
정. 해양생물 등의 남획 및 그 서식지 파괴, 해양질서의 교란 등으로 해양생태계의 본래적 기능에 중대한 손상을 주는 상태

> **해설** 용어의 정의(「해양환경 보전 및 활용에 관한 법률」 제2조 제3호)
> "해양오염"이란 해양에 유입되거나 해양에서 발생되는 물질 또는 에너지로 인하여 해양환경에 해로운 결과를 미치거나 미칠 우려가 있는 상태를 말한다.

**697** 「해양환경관리법」 적용 범위로 옳지 않은 것은?

갑. 한강 수역에서 발생한 기름 유출 사고
을. 우리나라 영해 및 내수 안에서 해양시설로부터 발생한 기름 유출 사고
병. 대한민국 영토에 접속하는 해역 안에서 선박으로부터 발생한 기름 유출 사고
정. 해저광물자원 개발법에서 지정한 해역에서 해저광구의 개발과 관련하여 발생한 기름 유출 사고

> **해설** 적용범위(「해양환경관리법」 제3조)
> ① 이 법은 다음의 해역·수역·구역 및 선박·해양시설 등에서의 해양환경관리에 관하여 적용한다.
>   1. 영해 및 대통령령이 정하는 해역
>   2. 배타적 경제수역
>   3. 환경관리해역
>   4. 지정된 해저광구
> ② 제1항 각 호의 해역·수역·구역 밖에서 대한민국 선박에 의하여 행하여진 해양오염의 방지에 관하여는 이 법을 적용한다.
> ③ 외국선박이 제항 각 호의 해역·수역·구역 안에서 항해 또는 정박하고 있는 경우에는 이 법을 적용한다.

**698** 「해양환경관리법」상 선박 안에서 발생하는 폐기물 중 「해양환경관리법」에서 정하는 기준에 의해 항해 중 배출할 수 있는 물질로 옳지 않은 것은?

갑. 음식찌꺼기
을. 화장실 및 화물구역 오수(汚水)
병. 해양환경에 유해하지 않은 화물잔류물
정. 어업활동으로 인하여 선박으로 유입된 자연기원물질

**정답** 696 병  697 갑  698 을

> **해설** 선박 안에서 발생하는 폐기물의 처리(「선박에서의 오염방지에 관한 규칙」 별표3 제1호 가목)
> 다음의 폐기물을 제외하고 모든 폐기물은 해양에 배출할 수 없다.
> - 음식찌꺼기
> - 해양환경에 유해하지 않은 화물잔류물
> - 선박 내 거주구역에서 발생하는 중수(화장실 오수 및 화물구역 오수는 제외)
> - 어업활동 중 혼획된 수산동식물 또는 어업활동으로 인해 선박으로 유입된 자연기원물질

**699** 「해양환경관리법」상 해양환경 보전·관리·개선 및 해양오염방제사업, 해양환경·해양오염 관련 기술 개발 및 교육훈련을 위한 사업 등을 위하여 설립된 기관은?

갑. 한국환경공단
**을. 해양환경공단**
병. 해양수산연수원
정. 한국해운조합

> **해설** 공단의 설립(「해양환경관리법」 제96조 제1항)
> 해양환경의 보전·관리·개선을 위한 사업, 해양오염방제사업, 해양환경·해양오염 관련 기술개발 및 교육훈련을 위한 사업 등을 행하게 하기 위하여 해양환경공단을 설립한다.

**700** 「선박에서의 오염방지에 관한 규칙」상 영해기선으로부터 3해리 이상의 해역에 버릴 수 있는 음식찌꺼기의 크기는?

**갑. 25mm 이하**
을. 25mm 이상
병. 50mm 이하
정. 50mm 이상

> **해설** 음식찌꺼기는 영해기선으로부터 최소한 12해리 이상의 해역. 다만, 분쇄기 또는 연마기를 통하여 25mm 이하의 개구(開口)를 가진 스크린을 통과할 수 있도록 분쇄되거나 연마된 음식찌꺼기의 경우 영해기선으로부터 3해리 이상의 해역에 버릴 수 있다(「선박에서의 오염방지에 관한 규칙」 별표3 제1호 나목 참고).

동력수상레저기구 일반조종면허 1·2급

PART

2

실기시험 필수 가이드

제1장   실기시험 절차 및 코스
제2장   세부 과정 및 채점기준
제3장   수험자의 유의사항

# 01 실기시험 절차 및 코스

## ❶ 안전교육 및 실기시험 절차

> 시험장은 응시생의 안전을 확보하고 시험의 공정성에 대한 의심을 불식시키는 가운데 시험 진행을 원활히 수행할 수 있도록 수준 높은 안전교육을 제공하여 응시자가 시험제도에 대해 긍정적인 느낌을 갖도록 노력할 필요가 있다.

- 지금은 안전교육 내용을 전국 시험장이 동일하게 적용하고 있다. 그러나 앞으로 수상스포츠 혹은 해양스포츠 저변이 더욱 확대되면 복수의 대행체제 도입은 불가피하고, 그에 따른 경쟁시스템에 의해 고품질 안전교육이 제공될 전망이다.
- 안전교육은 VTR을 사용한다. 다만, 설명이 필요한 사안에 대해서는 강사로 하여금 더욱 상세하게 설명을 하도록 부탁하면 된다.
- 안전교육 시간은 출석확인 및 서약서 징수 5분, VTR 방영 15분, 책임운영자 부연설명 5분으로 하는 가운데 총 25분을 초과하지 않도록 운영하고 있다.
- 응시생의 질문이 길어지는 경우에도 시간이 지연되지 않도록 간단히 답변하고 조종 요령과 관련된 상세 사항은 답변하지 않는 것을 원칙으로 하고 있다.
- 본인의 응시표와 신분증을 지참한 응시자만 입실이 가능하다.
- 교육개시 시간은 정시이며, 불가피하게 지연하고자 할 때는 감독관과 합의하여야 한다. 교육개시 시간이 지난 후에도 입실은 가능하다. 그러나 안전교육 이수는 원칙적으로 불가하다.
- 응시표 미소지자는 시험응시가 불가하다.
- 신분증 미소지자는 시험응시가 불가하지만 감독관 입회하에 본임임을 증빙한 경우에는 응시할 수 있다.

## 1. 응시순번 추첨

> 책임운영자는 시험의 공정한 진행과 부정행위 방지를 위해 응시자가 직접 본인의 응시순서를 정할 수 있도록 하고 있다.

(1) 운영자는 감독관이 입회한 가운데 추첨을 실시한다.
(2) 추첨함은 번호표가 보이지 않아야 하며 응시자가 직접 추첨한다.
(3) 추첨된 순번은 변경할 수 없으며, 시험선 배정 조정순서도 추첨된 순서에 따르고 있다.
(4) 추첨된 순번은 감독관용 응시자명부에 순번을 표시하고 감독관은 순번의 변동이 있는지를 확인한다.
  ※ 최근에는 컴퓨터로 순번을 미리 추첨하는 방식으로 진행된다.

## 2. 본인여부 확인 및 채점표 작성

> 시험업무 종사자는 응시자가 계류장을 벗어날 때까지 관찰하여 대리응시 등 부정행위 개입 가능성을 원천 차단하고 있다.

(1) 채점표 교부 전 응시표 및 신분증을 제출하도록 하여 응시자와 응시표, 신분증이 일치하는지를 확인하는 절차를 거친다.
(2) 상기의 방법으로 본인임이 명확하게 판단되지 않을 때는 몇 가지 질문으로 확인하는 경우도 있다.
(3) 본인임이 확인되면 채점표를 교부하여 응시자가 필요한 부분을 작성토록 하고 채점표를 수거하여 기재사항이 정확한지 확인한다.
(4) 담당자 또는 보조인솔자는 응시표, 신분증, 채점표를 지참하고 응시자를 인솔 계류장으로 인도한다.
(5) 인솔자는 응시표, 신분증, 채점표를 시험관에게 인계하고 계류장 이동시에는 응시자는 이탈하지 않도록 하여야 한다. 시험관이 시험선에 승선 중일 경우에 인솔자는 신분증과 응시표로 본인 여부를 재차 확인하고, 신분증은 응시자에게 반환하고 응시표는 행정실 처리담당자에게 인수인계한다.
  ※ 신분확인절차를 통해 본인임을 반드시 확인받아야 한다.

## 3. 계류장 대기

> 시험이 직접 이뤄지는 계류장은 출입이 제한되기 때문에 지정된 자 외에는 출입할 수 없다. 물론 출입이 가능한 사람도 불필요한 대화를 나누거나 시험의 공정성을 의심받게 하는 언행은 일체 삼가고 있다.

(1) 감독관은 시험 집행과 관련된 관계자 외의 출입을 통제한다.

(2) 시험관은 채점표에 기재된 순번에 따라 호명하여 집행한다.

(3) 시험관은 응시자를 호명하여 구두로 신분을 재확인하고 채점표 참관인란에 자필로 서명한다.

(4) 시험관 등 그 누구를 막론하고 응시자가 구명조끼를 착용하는 등 시험과 관련 있는 사안에 대하여는 일체 도움을 줄 수 없도록 되어 있다.

(5) 시험관은 응시자의 불필요한 행동 및 언행을 통제하여야 하며, 응시자와의 접촉을 삼가고 응시자가 지정된 좌석에서 대기하도록 지도한다.

(6) 감독관은 계류장 내에서 발생하는 사안에 대하여 지속적으로 관찰하여 공정성을 의심받지 않도록 각별히 유의해야 한다.
  ※ 시험 진행 전, 해(수)상계류장 내의 지정된 장소에서 조용히 대기한다.

## 4. 시험 종료 후 채점표 작성

> 시험선이 접안하고 시험이 종료되면, 시험관은 채점표 작성을 즉시 마무리하고 인솔자에게 인계하여 응시자가 채점행위에 대해 신뢰할 수 있도록 하고 있다.

(1) 시험관은 응시자 하선과 동시에 채점표 작성이 정확하게 마무리되어 인솔자에게 인계될 수 있도록 신속성을 기하고 있다.

(2) 채점표에 누락된 사항이 있는 경우에는 감독관에게 사실을 알리고, 감독관 입회하에 수정하며 수정사유를 기재한 후 감독관과 시험관에게 수정부분에 날인을 받아야 한다.

(3) 시험관은 응시자에게 합격·불합격을 알리지 않는다. 다만 실격자에게는 그 사유를 밝혀준다.

## 5. 최종판정 및 조치

> 시험이 종료되고 채점표가 행정실에 인계되면 책임운영자 및 감독관은 채점표 작성이 정확하게 되었는지를 확인하여 차례로 날인한 이후, 응시자에게 판정 결과를 알려준다.

(1) 책임운영자는 채점표 작성상태를 확인하여 이상이 없는 경우, 감독관에게 확인을 요청하여야 한다. 확인과정에서 채점표 작성에 문제가 있는 경우에는 채점시험관과 응시자 및 참관인에게 확인시키고 수정한다.

(2) 감독관이 확인 후 날인한 채점표는 책임운영자에게 인계하고 책임운영자는 시험 결과서에 판정 및 점수 등을 기록하고 난 후 응시자에게 합격여부를 고지한다.

(3) 행정 담당자는 합격자에게 안전교육 시간과 신청요령, 안전교육 후 면허 교부신청 등을 설명하고 불합격자에 대해서는 차기시험 접수요령을 친절히 안내하고 있다.

(4) 불합격자 중 이의 제기자가 있는 경우 책임운영자에게 안내하고 책임운영자는 불합격 사유를 친절히 설명하여 불합격자가 납득할 수 있도록 이해를 돕고 있다.

(5) 책임운영자가 친절히 설명하였음에도 항의가 지나친 경우에는 감독관이 행정심판 등을 제기할 수 있고 공무 집행방해죄에 저촉될 수 있음을 상기시켜 준다. 따라서 응시자는 무리한 주장을 하지 않도록 해야 한다.

## 6. 승선 진행요원의 임무 및 주의사항

(1) 시험 진행 수역상의 안전상태

(2) 출발한 응시자에 대한 주의사항 및 사전설명 고지

(3) 제시된 표준 명령어에 의한 시험을 진행

(4) 시험선 내에서의 부정행위 방지와 질서를 유지

(5) 실격 처리시 즉시 시험선 조종 접안

(6) 실격 처리 등 채점에 대한 관여 금지

(7) 시험관의 채점행위에 대한 이의 제기시 감독관에게 보고

(8) 제시된 명령어 외에 불필요한 언어사용을 금지

(9) 착석상태에서 시험 진행

## 7. 채점시험관 임무

(1) 지시를 하지 않으며 채점 업무만을 전담(계류장에서의 출발 전 점검까지는 채점시험관이 진행)

(2) 채점표의 기준에 따른 실격처리

(3) 착석상태에서 채점

(4) 시험 중에는 불필요한 행동 및 언어 자제

(5) 실격 판정시 진행요원 및 응시자에게 고지

## ❷ 실기시험 운항코스 및 용어

제시된 명령어를 사용하고 객관적 채점기준을 적용하고 있으며, 누구든 임의로 판단하고 해석할 수 없도록 하고 있다.

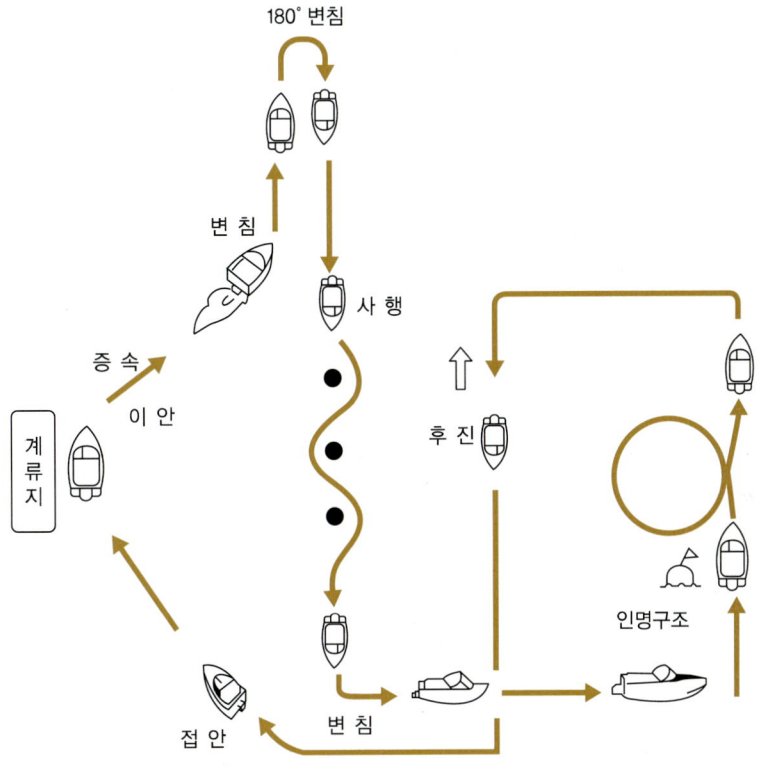

### 1. 이안(離岸)
계류줄을 걷고 계류장에서 이탈하여 출발할 수 있도록 준비하는 행위

### 2. 출발(出發)
모터보트가 정지된 상태에서 속도전환 레버를 조작하여 전진 또는 후진하는 것

### 3. 활주(滑走)
모터보트의 속력과 양력(揚力)이 증가되어 선수 및 선미가 수면과 평행 상태가 되는 것

### 4. 침로(針路)
모터보트가 진행하는 방향의 나침방위

### 5. 변침(變針)

모터보트가 침로를 변경하는 것

### 6. 사행(蛇行)

50m 간격으로 설치된 3개의 부이를 각기 좌우로 방향을 달리(첫 번째 부이는 왼쪽부터 회전)하면서 회전하는 것

### 7. 사행준비 또는 사행침로 유지

사행코스에 설치된 3개의 부이와 일직선이 되도록 시험선의 침로를 유지하는 것

### 8. 접안(接岸)

시험선을 계류할 수 있도록 접안 위치에 정지시키는 동작

# 02 세부 과정 및 채점기준

## ❶ 출발 전 점검 및 확인

> 〈주의사항〉
> - 응시자를 추첨된 순번에 따라 시험선에 배정하고 추첨순번에 따라 집행하며, 특히 시험관 및 종사자는 응시자의 구명조끼 착용을 도와주지 않는다.
> - 출발 전 점검 및 확인은 채점시험관의 지시 및 채점에 의해 시행하고, 그 이후의 시험 지시는 진행요원과 채점시험관이 분담한다.

**1. 응시번호 00번 ○○○님 앞으로 나와 준비하십시오.**

**요령** 채점 및 시험 진행 준비(자신의 복장, 채점 표기재 등)를 갖추고 채점관이 시험선 승선위치에서 지시한다. 구명조끼 착용상태를 채점하고 착용상태 불량시 감점 후 재착용을 지시한다.

**감점행위 1** 구명조끼 착용 불량

▲ 구명조끼는 바르게 착용하여야 한다.

| 세부내용 | 감 점 | 채점요령 |
|---|---|---|
| ① 구명조끼를 착용하지 않은 경우<br>② 구명조끼를 착용하였더라도 매듭을 묶게 되어 있는 부분을 묶지 않은 경우나 잠금 장치가 되어 있는 부분을 잠그지 않은 경우<br>③ 묶음 부분이나 잠금 부분이 잘못 연결된 경우<br>④ 너무 헐겁게 착용하여 구명조끼가 귀밑까지 들려 올라가는 경우<br>⑤ 시험관의 구명조끼 재착용 지시에 응하지 않는 경우 | 3 | 출발 전 점검시 착용상태를 기준으로 1회만 채점한다. |

## 2. 출발 전 점검하십시오.

**요령** 시험선에 승선하여 점검하고 채점기준에 들어 있지 않은 점검이라도 제지하지 않고 점검이 끝날 때를 기다린다. 시험관은 점검사항을 놓치지 않도록 집중하여 관찰한다. 다만, 점검사항을 구두로 표시하지 않는 경우에는 점검을 중지시키고, 불이익을 받을 수 있음을 고지한다. 시험선이 요동하지 않도록 주의한다. 점검이 끝난 응시생은 보트에서 내려서 다음 응시생 점검에 방해되지 않도록 협조한다.

**감점행위 2** 점검사항 누락

| 세부내용 | 감 점 | 채점요령 |
|---|---|---|
| 출발 전 점검사항(구명부환, 소화기, 예비 노, 엔진, 연료, 배터리, 핸들, 속도전환 레버, 계기판, 자동정지줄)을 확인하지 않은 경우 | 3 | ① 점검사항 중 1가지 이상 확인하지 않은 경우 1회만 채점한다.<br>② 확인사항을 행동 및 말로 표시하지 않은 경우에도 확인하지 아니한 것으로 본다. 다만, 특별한 신체적 장애 또는 사정이 있는 경우에는 말로 표시하지 않을 수 있다. |

※ 제시된 기준을 가감하여서는 안 되며 점검상태를 지속적으로 확인한다.
※ 시험이란 요식적인 행위다. 실질적인 점검을 요구하는 것이 아님을 염두에 두어야 한다.

주요평가내용
출발 전 점검

소화기 확인

나침반 및 각종 계기판 확인

배터리 확인

엔진 확인

속도전환 레버 중립 확인

핸들 유격 확인

연료 확인

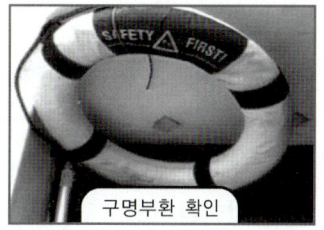
구명부환 확인

▲ 출발하기 전 반드시 말로 점검사항을 보고해야 한다.

## 3. ○○○님은 조종석에, ○○○님은 참관인석에 착석하십시오.

**요령** 보조요원 등은 시험선에 응시자가 승선이 용이하도록 시험선을 고정시킨다.

※ 응시자의 안전과 불이익 방지를 위해 속도계 및 RPM의 제한속도, 핸들 특성, 레버 특성, 시동 시 주의할 점, 위험요소, 수역설명 등은 안전교육 시 설명하고, 안전교육 시 설명이 곤란한 경우 진행요원이 설명한다.

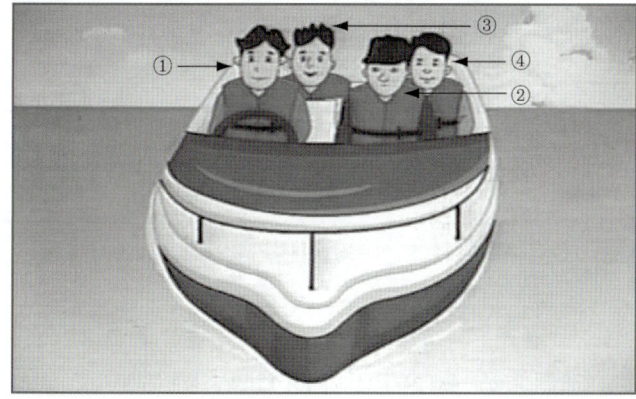

◀ 올바른 승선 위치
① 응시자(조종석)
② 진행요원
③ 시험관(채점 역할)
④ 참관인(부정행위 감시)

## ❷ 출 발

> 〈주의사항〉
> 진행요원은 시험장 내의 안전상태를 확인하고, 앞서 시험 중인 시험선의 진행 상태와 본선의 계기류, 엔진상태 등을 판단하여 출발여부를 결정한다.

### 1. 시동하십시오.

**감점행위 1** 시동 불량

| 세부내용 | 감 점 | 채점요령 |
|---|---|---|
| ① 속도전환 레버가 중립이 아닌 상태에서 시동키를 돌린 경우<br>② 시동이 걸린 상태에서 재차 시동키를 돌린 경우<br>③ 시동이 걸린 후에도 시동키를 2초 이상 돌린 경우 | 2 | 세부내용에 대하여 1회만 채점한다.<br>① 중립이 아닌 경우 시동이 불가하므로 시동이 걸리지 않을 경우 엔진 결함 등 문제가 없는지 확인 후 평가한다.<br>② 4행정 기관의 경우 엔진음이 작아 시동여부에 대해 집중하여 확인하지 않으면 착오를 일으킬 수 있다. |

### 2. 이안하십시오.

**요령** 계류색 걷기 및 선체 밀어주기는 응시자가 요구한 경우에만 가능하며, 밀어주는 거리는 계류장과 수평 1m 이내로 한다. 기상 악화시 시험장 특성상 안전사고의 우려가 있는 경우에는 감독관의 결정에 따라 모든 응시자에게 밀어주기를 하고 있다.

### 3. 나침의 방위, 00°로 출발하십시오.

**요령** 이안 지시 후 약 20초 후에는 이안 여부와 관계없이 출발을 지시한다. 이때 시험장 전반의 안전상태를 재차 확인하여야 한다.

**감점행위 2** 계류줄 묶임

| 세부내용 | 감 점 | 채점요령 |
|---|---|---|
| 계류줄을 걷지 않고 출발한 경우 | 2 | 세부내용에 대하여 1회만 채점한다. |

**감점행위 3** 출발 시 선체접촉

| 세부내용 | 감 점 | 채점요령 |
|---|---|---|
| 출발 시 보트 선체가 계류장 또는 다른 물체와 부딪치거나 접촉한 경우 | 2 | 세부내용에 대하여 1회만 채점한다. |

※ 부딪치거나 접촉하는 정도는 타 물체와 닿는 것만으로 충분하다.

### 감점행위 4  30초 이상 출발 지연

| 세부내용 | 감점 | 채점요령 |
|---|---|---|
| 출발 지시 후 30초 이내 출발하지 못한 경우 | 3 | ① 세부내용에 대하여 1회만 채점한다.<br>② 다른 항목의 세부내용이 원인이 되어 출발하지 못한 경우에도 적용하며 병행 채점한다.<br>③ 출발하지 못한 사유가 시험선 고장 등 조종자의 책임이 아닌 경우는 제외한다. |

※ 출발이라 함은 속도전환 레버를 조작하여 계류장을 이안 지시된 방향으로 나아가는 것을 말한다.

### 감점행위 5  급조작·급출발(시험 전 과정 적용)

| 세부내용 | 감점 | 채점요령 |
|---|---|---|
| ① 갑작스럽게 속력을 높이거나 내리는 경우<br>② 갑작스런 속도전환 레버 조작으로 탑승자의 상체 혹은 머리가 앞으로 숙여지거나, 또는 뒤로 젖혀지는 경우<br>③ 출발시 갑작스런 속도전환 레버 조작으로 탑승자가 뒤로 쏠릴 정도인 경우 | 2 | ① 각 세부내용에 대하여 1회만 채점한다.<br>② 탑승자의 신체 일부가 젖혀지거나 엔진 회전소리가 갑자기 높아지는 경우에도 급출발로 채점한다. |

### 감점행위 6  기어레버 마찰음 발생 또는 엔진정지(시험 전 과정 적용)

| 세부내용 | 감점 | 채점요령 |
|---|---|---|
| 속도전환 레버 조작불량으로 클러치 마찰음이 발생하거나 엔진이 정지된 경우 | 2 | 세부내용에 대하여 1회만 채점한다. |

※ 전진 또는 후진과 관계없이 마찰음 발생시 감점한다.

### 감점행위 7  트림 스위치 작동(시험 전 과정 적용)

| 세부내용 | 감점 | 채점요령 |
|---|---|---|
| 진행요원 또는 시험관의 지시 없이 엔진 트림(Trim) 조절 스위치를 작동하거나 조작한 경우 | 2 | 세부내용에 대하여 1회만 채점한다. |

### 감점행위 8  자동정지 줄 미착용

| 세부내용 | 감점 | 채점요령 |
|---|---|---|
| ① 자동정지 줄을 손목 등에 착용하지 않고 조종 레버를 전진 또는 후진 위치로 하여 출발한 경우<br>② 운항 중 자의로 자동정지 줄을 벗은 경우 | 3 | 세부내용에 대하여 1회만 채점한다. |

※ 출발 후 고의로 자동정지 줄을 벗어 버린 경우 시험관은 이를 제지하고 재착용을 지시한다.

### 감점행위 9   안전 미확인, 앉기 전 출발(정지 후 출발하는 모든 경우 적용)

| 세부내용 | 감 점 | 채점요령 |
|---|---|---|
| ① 시험관 및 참관인을 불문하고 제자리에 안전하게 착석하지 않은 상태로 출발한 경우<br>② 말로 이상 유무를 표시하지 않거나, 전후좌우의 안전상태를 확인하지 않은 경우<br>③ 직접 행동으로 사방을 확인하기 전에 전·후진 위치로 레버를 조작한 경우 | 3 | ① 세부내용에 대하여 1회만 채점한다.<br>② 고개를 돌려서 안전상태를 확인하고, 말로 이상 없음을 표시하지 않은 경우에도 확인하지 않은 것으로 본다. |

※ 감점을 유도하기 위하여 고의로 서 있거나 하여서는 안 된다.
※ 안전 미확인의 경우 발생빈도가 높으므로 주의 깊게 관찰한다(이안 시 이상 유무를 확인하는 경우도 있으므로 유의할 것).
※ 출발, 급정지 후 출발, 후진 후 출발, 인명구조 후 출발한다.

### 감점행위 10   15초 이내 출발 침로 ±10° 이내 유지 불량

| 세부내용 | 감 점 | 채점요령 |
|---|---|---|
| 출발 후 15초 이내에 지시된 방향의 ±10° 이내의 침로를 유지하지 못한 경우 | 3 | 세부내용에 대하여 1회만 채점한다. |

### 감점행위 11   출발 침로 ±10° 이상 불안정

| 세부내용 | 감 점 | 채점요령 |
|---|---|---|
| 출발 후 일직선으로 운항하지 못하고 침로가 ±10° 이상 좌우로 불안정하게 변한 경우 | 3 | 세부내용에 대하여 1회만 채점한다. |

※ 출발 후 최초 변침 지시 전까지의 침로 유지 상태를 기준으로 한다.
※ 출발 후 15초 이내에 20° 이상 불안정하게 침로가 변한 경우 적용하기 위한 것이다.

## 4. 10에서 15노트 증속하십시오.

**요령**   시험장 수역에 따라 변침 속력을 달리 적용할 수 있으나 변침시 속력을 10~15노트 이내로 유지토록 규정하고 있으므로 10~15노트의 속력을 준수한다. 저속 상태에서 발하는 명령이므로 짧고 간략하게 할 필요는 없기 때문에 응시자가 지정 속력 등 지시내용을 충분히 이해할 수 있도록 명령한다.

## ❸ 변침

> 〈주의사항〉
> 나침의를 이용한 객관적 평가를 위하여 증속상태에서 변침능력을 평가하는 것이기 때문에 시험관은 응시자의 위치에서 나침의 방위를 확인하여야 하며, 변침순서는 시험수역의 형태, 사행진행과의 연계성 등을 감안하여 45°, 90°, 180° 범위 내에서 임의로 정할 수 있다. 다만, 3가지 모두 좌우 같은 방향으로만 진행되어서는 안 된다.

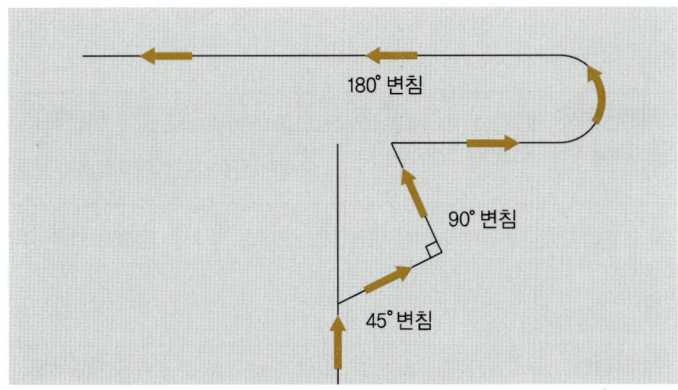

▲ 변침의 전체 과정(메커니즘)

### 1. 나침의 방위, 00°로 변경하십시오(180° 내외 변침 시 좌현 또는 우현으로 선회방향 지정).

**요령** 변침은 증속에서 실시하게 되기 때문에 응시자가 지시내용을 충분히 이해할 수 있도록 방위를 달리하여 3회에 걸쳐 명령한다.

**감점행위 1** 지시 각도 ±10° 초과

| 세부내용 | 감 점 | 채점요령 |
| --- | --- | --- |
| ① 45°, 90° 내외 : 15초 이내 지시된 침로의 ±10° 이내로 변침하지 못한 경우<br>② 180° 내외 : 20초 이내에 지시된 침로의 ±10° 이내에 변침하지 못한 경우 | 3 | ① 세부내용에 대하여 2회까지 채점할 수 있다.<br>② 변침은 좌·우현을 달리 하여 3회 실시하고, 변침 범위는 45°, 90°, 180° 내외로 각 1회 실시하며, 나침반으로 변침 방위를 평가한다. |

※ 변침 지시 종료와 동시에 스톱워치(Stop Watch)를 작동하며, 제한시간을 초과한 경우 즉시 감점 처리됨을 유의하여야 한다.

## 2. 현침로 00° 유지

**요령** 응시자가 "변침완료"라고 복창하거나 제한시간 내 지시된 침로로 변경하지 못해 감점된 경우 감점 직후 명령한다.

**감점행위 2** ±10° 이내 침로 유지 불량

| 세부내용 | 감 점 | 채점요령 |
|---|---|---|
| 변침 완료 후 침로가 ±10° 이내에서 유지되지 않은 경우 | 3 | ① 세부내용에 대하여 2회까지 채점할 수 있다.<br>② 변침 후 10초 이상 침로를 유지하는지 확인해야 한다. |

※ 명령시점부터 10초(스톱워치 사용)간 침로 유지 상태를 평가

**감점행위 3** 변침 전 안전상태

| 세부내용 | 감 점 | 채점요령 |
|---|---|---|
| 변침 전 변침방향의 안전상태를 미리 확인하고 말로 표시하지 않은 경우 | 3 | 세부내용에 대하여 2회까지 채점할 수 있다. |

※ 변침방향으로 핸들을 조종하기 전 "변침방향 이상 없음" 또는 "이상 무"라고 말하지 않은 경우를 말한다.

**감점행위 4** 선체 동요

| 세부내용 | 감 점 | 채점요령 |
|---|---|---|
| 변침시 선체의 심한 동요 또는 급경사가 발생한 경우<br>① 승선자가 한쪽으로 갑작스럽게 쏠려 고정물체를 잡아야 할 경우<br>② 승선자가 불안감을 느낄 경우<br>③ 선체의 방현재가 수면에 닿을 정도일 경우 | 3 | 세부내용에 대하여 2회까지 채점할 수 있다. |

**감점행위 5** 변침속력

| 세부내용 | 감 점 | 채점요령 |
|---|---|---|
| 변침시 10노트 이상 15노트 이내의 속력을 유지하지 못한 경우 | 3 | 세부내용에 대하여 2회까지 채점할 수 있다. |

※ 변침속력은 변침시간과 밀접한 관계가 있으므로 지정 속력에서 변침이 이루어지도록 진행요원이 증속 또는 감속 지시를 하여야 한다. 2번째 감점은 1회 증속 또는 감속 지시 이후 가능하다.

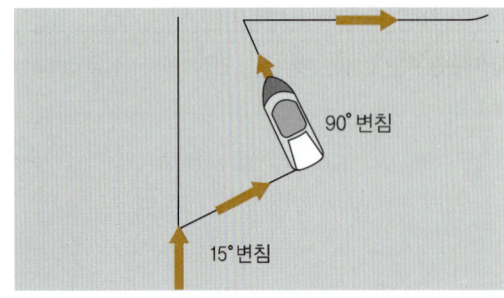 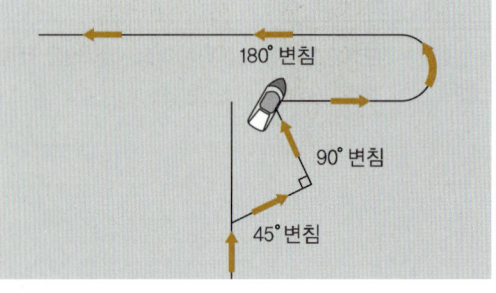

▲ 변침제한시간은 45°, 90° 내외는 15초이고, 180° 내외는 20초이다.

## ❹ 운항(시험 전 과정에서 적용됨)

> 〈주의사항〉
> 운항은 엔진을 시동한 때부터 접안이 완료된 시점까지 적용하지만, 지정속력유지에 관한 항목은 변침 후 증속 지시 때부터 사행 종료 시까지 적용한다.

### 1. 증속하여 활주 상태 유지하십시오.

**요령** 변침이 종료된 시점에서 일시 정지하거나 감속한 후 사행, 진입위치, 거리 등을 고려하여 방향을 정하고 침로를 잡은 후 지시한다.
　예 감속하십시오. 나침의 방위 00°로 변침하십시오(채점하지 않음).

**감점행위 1** 핸들 비정면·창틀 팔

| 세부내용 | 감 점 | 채점요령 |
|---|---|---|
| ① 핸들을 정면으로 하여 조종하지 않은 경우<br>② 창틀에 팔꿈치를 올려놓고 조종한 경우 | 2 | ① 세부내용에 대하여 1회만 채점한다.<br>② 특별한 신체적 장애 또는 사정으로 인하여 이 항목의 적용이 어려운 경우에는 감점하지 않는다(감점행위 1·2·3·4 모두 적용). |

**감점행위 2** 교정 지시 불응

| 세부내용 | 감 점 | 채점요령 |
|---|---|---|
| 시험관의 조종자세 교정 지시에 따르지 않은 경우 | 2 | 세부내용에 대하여 1회만 채점한다. |

**감점행위 3** 한 손 또는 서서 조종

| 세부내용 | 감 점 | 채점요령 |
|---|---|---|
| ① 한 손으로만 계속 핸들을 조작한 경우<br>② 필요 없이 자리에서 일어나 조종한 경우 | 2 | 세부내용에 대하여 1회만 채점한다. |

※ 계속이란 다소의 시간적 지연이 있는 경우를 말한다.
※ 특별하거나 부득이한 사정이 있는 경우는 감점하지 않는다.
※ 감점행위 1·3 발생 시 시정 지시 후 시간이 지체되거나 재발생시 감점한다.

**감점행위 4** 불필요한 레버 조작

| 세부내용 | 감 점 | 채점요령 |
|---|---|---|
| 필요 없이 속도를 조절하는 등 불필요하게 속도전환 레버를 반복 조작한 경우 | 2 | 세부내용에 대하여 1회만 채점한다. |

※ 응시자 입장에서 필요성을 판단하여야 한다.

| 감점행위 5 | 활주시간 15초 초과 |

| 세부내용 | 감 점 | 채점요령 |
|---|---|---|
| ① 증속 및 활주 지시 후 15초 이내에 활주 상태가 되지 않은 경우(1회 감점)<br>② 1회 감점 후 2차 증속 지시를 받고 15초 이내 활주 상태가 되지 않은 경우(2회 채점)<br>③ 2회 감점 후 3차 증속 지시에도 활주가 되지 않은 경우에는 현저한 조종능력 부족 또는 지시·통제 불응으로 실격처리 | 3 | ① 세부내용에 대하여 2회까지 채점할 수 있다.<br>② 시험관은 세부내용에 대하여 1회 채점시 시정 지시를 하여야 하며, 시정 지시 후에도 시정하지 않거나 다시 기준을 위반하는 경우 2회 채점한다. |

※ 채점시험관은 스톱워치를 이용하여 시간을 면밀히 체크하고, 진행요원은 채점시험관의 감점 신호 등을 확인한 후 재차 지시한다.

| 감점행위 6 | 활주 상태 유지 불량 |

| 세부내용 | 감 점 | 채점요령 |
|---|---|---|
| ① 활주 이후 시험관의 감속 등의 지시가 있을 때까지 활주 상태를 유지하지 못한 경우<br>② 1회 감점 후 재활주 지시 이후 활주 상태를 유지하지 못한 경우(2회 감점)<br>③ 2회 감점 후 3차 활주 지시 이후에도 활주 상태를 유지하지 못하는 경우, 조종능력 부족 또는 지시·통제 불응으로 실격처리 | 3 | 세부내용에 대하여 2회까지 채점할 수 있다. |

※ 본 감점 행위에 대한 시간 규정은 없으므로 비활주가 되는 즉시 감점 처리한다.

| 감점행위 7 | 저속 또는 과속 |

| 세부내용 | 감 점 | 채점요령 |
|---|---|---|
| ① 활주가 된 다음 15노트 이하 또는 25노트 이상으로 운항한 경우(1회 감점)<br>② 1회 감점 이후 증속 또는 감속 지시에도 시정되지 않거나, 시정 후 다시 15노트 이하 또는 25노트 이상으로 운항한 경우 | 3 | 세부내용에 대하여 2회까지 채점할 수 있다. |

※ 1회 감점 후 반드시 시정 지시를 하여야 한다.
※ 게이지의 눈금은 관찰자의 위치에 따라 차이가 날 수 있다. 채점자는 게이지를 응시자의 위치에서 바라보고 속도를 판단하여야 하며, 조류, 너울 등에 의해 일시적으로 속력이 초과 또는 감속되는 경우는 감점을 지양한다. 진행요원은 운항 중 속도계를 지속적으로 확인하여 과속시 응시자에게 과속임을 주지시켜 감속토록 편의를 도모한다.

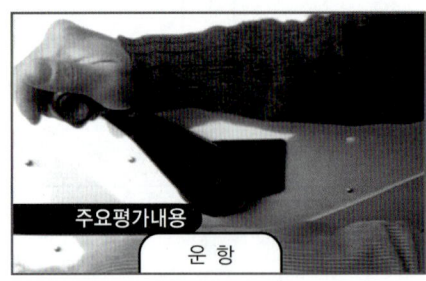

▲ 운항 중 레버조작 모습

## ❺ 사 행

> **〈주의사항〉**
> 진행요원 및 채점시험관은 응시자가 원활한 사행(蛇行)을 할 수 있도록 유도하여야 하며, 응시자의 조종능력 미숙, 긴장 등으로 안전사고를 유발할 개연성이 있을 때는 즉시 조치할 수 있는 상태를 유지해야 한다.

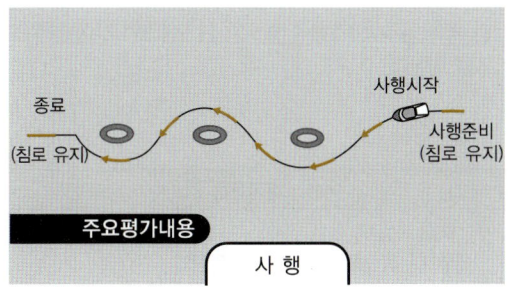
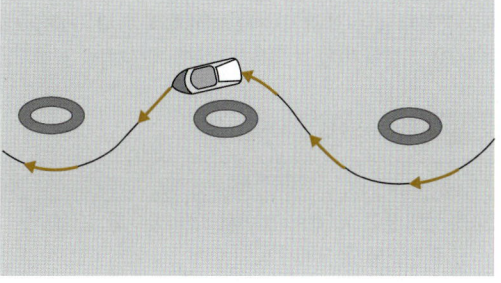

▲ 사행 과정의 기본 절차

### 1. 사행 준비하십시오.

**요령** 변침종료 이후 사행 진입시의 용이성 등을 감안하여 진행방향을 결정하여야 하며, 준비 지시 이후에는 응시자가 어느 위치에서나 스스로 사행 침로를 유지할 수 있어야 한다.

### 2. 사행 시작하십시오.

**요령** 명령은 짧고 단호하게 하고, 사행시작 부이가 진행요원의 어깨선과 나란히 될 때 명령할 수 있도록 각별히 주의해야 한다.

**감점행위 1** 반대방향 진행

| 세부내용 | 감 점 | 채점요령 |
|---|---|---|
| 첫 번째 부이(Buoy)로부터 시계방향으로 진행하지 않고 반대방향으로 진행한 경우 | 3 | ① 세부내용에 대하여 1회만 채점한다.<br>② 반대방향으로 진행하는 경우라도 사행의 다른 항목은 정상적인 사행으로 보고 적용한다. |

**감점행위 2** 부이 3m 접근

| 세부내용 | 감 점 | 채점요령 |
|---|---|---|
| 부이로부터 3m 이내로 접근한 경우 | 9 | 세부내용에 대하여 2회까지 채점할 수 있다.<br>① 선체의 어느 부분이건 부이 360° 방위 3m 이내로 근접한 경우 적용한다.<br>② 측정용 도구를 사용하되 반드시 선체 방현재에 붙여 직각으로 세운 상태로 측정하여야 한다. |

**감점행위 3** 15m 초과, 미사행

| 세부내용 | 감 점 | 채점요령 |
|---|---|---|
| ① 첫 번째 부이 전방 25m 지점과 세 번째 부이 후방 25m 지점의 양쪽 옆 각 15m 지점을 연결한 수역을 벗어난 경우<br>② 부이를 사행하지 않은 경우 | 9 | ① 각 세부내용에 대하여 2회까지 채점할 수 있다.<br>② 부이를 사행하지 않은 경우란 부이를 중심으로 왼쪽 또는 오른쪽으로 반원(타원)형으로 회전하지 않은 경우를 말한다. |

※ 사행 부이 3개의 각 좌·우현 쪽 15m 지점을 일직선으로 연결(두 선의 끝나는 점은 1, 3번 부이로부터 25m를 연장하고 그 연결된 선을 벗어난 경우)한다.
※ 사행하지 않는 경우란 사행진입이 불량한 채 사행을 시작, 1번 부이 원주의 1/2을 선회하지 않거나 3번 부이 원주의 1/2을 사행하지 않고 침로가 불량하게 사행을 끝마치는 경우를 말한다.

**감점행위 4** 사행진입 불량

| 세부내용 | 감 점 | 채점요령 |
|---|---|---|
| ① 첫 번째 부이 약 30m 전방에서 3개의 부이와 일직선으로 침로를 유지하지 못한 경우<br>② 사행준비 지시 후 사행시작 지시 전 사행한 경우 | 3 | 세부내용에 대하여 1회만 채점한다. |

※ 진입 불량을 평가하는 시점은 사행시작 부이와 선체가 동일 위치에 있을 때이다.

**감점행위 5** 사행 후 침로 불량

| 세부내용 | 감 점 | 채점요령 |
|---|---|---|
| 세 번째 부이 사행 후 3개의 부이와 일직선으로 침로를 유지하지 못한 경우 | 3 | 세부내용에 대하여 1회만 채점한다. |

※ 침로 불량을 평가하는 시점은 3번째 부이로부터 25m를 떠난 지점으로 한다.

**감점행위 6** 심한 동요·쏠림

| 세부내용 | 감 점 | 채점요령 |
|---|---|---|
| ① 사행 중 핸들 조작 미숙으로 선체가 심하게 흔들리는 경우<br>② 급경사 발생(변침시의 급경사 기준 준용)<br>③ 선체 후미에 급격한 쏠림(Kick)이 발생하는 경우 | 3 | 세부내용에 대하여 1회만 채점한다. |

※ 급격한 핸들 조작으로 인한 부이 충돌, 전복 등을 주의하고 이 경우 시험선을 강제로 중지시킬 수 있다.

**감점행위 7** 부자연스러운 선회

| 세부내용 | 감 점 | 채점요령 |
|---|---|---|
| 사행 중 갑작스런 핸들 조작으로 선회가 부자연스러운 경우 | 3 | ① 세부내용에 대하여 1회만 채점한다.<br>② 선회가 부자연스러운 경우란 완만한 곡선으로 회전이 이루어지지 않은 경우를 말한다. |

※ 부자연스러운 선회는 부자연스러운 핸들 조작에서 기인한다.

## ❻ 급정지 및 후진

> 〈주의사항〉
> 3번 부이 통과 후 최소 50m 이상 운항 후 급정지하고, 가능한 사행 침로를 유지한 채 정지한다. 정지 후 사행 침로를 확인한다.

### 1. 급정지

**요령**  명령은 짧고 단호하게 하고 응시자가 놀라지 않도록 배려한다.

▲ 급정지시는 레버를 중립에 위치시켜야 한다.

**감점행위 1**  급정지 3초 초과

| 세부내용 | 감 점 | 채점요령 |
|---|---|---|
| 급정지 지시 후 3초 이내에 속도전환 레버를 중립으로 조작하지 못한 경우 | 4 | 세부내용에 대하여 1회만 채점한다. |

**감점행위 2**  후진 레버 사용

| 세부내용 | 감 점 | 채점요령 |
|---|---|---|
| 급정지 시 후진 레버를 사용한 경우 | 4 | 세부내용에 대하여 1회만 채점한다. |

### 2. 현 침로를 유지하면서 후진하십시오.

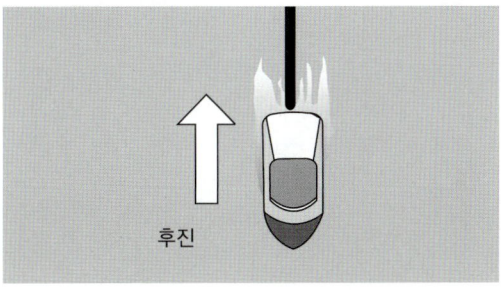

▲ 현 침로를 유지하면서 천천히 후진

**감점행위 3** 후진방향 미확인

| 세부내용 | 감 점 | 채점요령 |
|---|---|---|
| ① 후진 레버 사용 전 후방의 안전상태를 확인하지 않은 경우<br>② 후진 중 지속적으로 후방의 안전상태를 확인하지 않은 경우 | 2 | ① 세부내용에 대하여 1회만 채점한다.<br>② 응시자는 시험관의 정지 지시가 있을 경우까지 후진하여야 하며, 후진은 후진거리를 감안하여 15~20초 이내로 실시한다. |

※ 주로 후방을 주시하고 전방상태 확인을 위해 순간적으로 선수방향을 확인하는 경우는 감점할 수 없다.
※ 후진 레버 사용과 동시에 채점시험관은 스톱워치 작동 후진거리를 확인하여 정지시기를 결정한다.

**감점행위 4** 후진침로 ±10° 이상

| 세부내용 | 감 점 | 채점요령 |
|---|---|---|
| 후진시 진행침로가 ±10° 이상 벗어난 경우 | 2 | 세부내용에 대하여 1회만 채점한다. |

※ 기준 침로는 지시명령 당시의 침로를 기준으로 한다.
※ 채점시험관이 후방을 주시할 필요는 없다. 선수방향을 주시하며 후방 안전상태 확인여부와 선수의 움직임만을 주시하면 된다.

**감점행위 5** 후진 레버 급조작·급후진

| 세부내용 | 감 점 | 채점요령 |
|---|---|---|
| 후진 레버를 급히 조작하거나 급히 후진한 경우 | 2 | ① 세부내용에 대하여 1회만 채점한다.<br>② 탑승자의 신체 일부가 후진으로 인하여 한쪽으로 쏠리거나 엔진 회전소리가 갑자기 높아지는 경우 "후진 레버 급조작·급후진"으로 채점한다. |

※ 후진 레버 사용시 엔진 회전음, 후진 속력 등을 주의 깊게 관찰하여 급조작 등을 판단한다.

## 3 정지하십시오.

**요령** 후진 레버 사용시부터 15~20초 사이에 명령한다.

## ❼ 인명구조

> 〈주의사항〉
> 진행요원은 인명구조가 가능한 수역으로 시험선을 유도하고, 반드시 활주 상태에서 진행요원의 방향신호에 따라 채점시험관이 착석한 상태에서 익수자 가상부이를 현측으로 놓으며, 진행요원이 익수자 발생을 응시자에게 알린다.

### 1. 나침의 방위 00°로 출발하십시오.

**요령** 인명구조에 적합한 안전한 수역으로 시험선을 유도하여 손(手) 등으로 방향을 제시한다.

### 2. 증속, 활주 상태 유지하십시오.

**요령** 지시한 방향으로 침로가 유지되면 명령한다. 활주 상태가 원활히 이루어지지 않으면 다시 지시하여 반드시 활주 상태에서 익수자를 투하하여야 한다.

### 3. 좌·우현 익수자 발생

**요령** 진행요원의 표시에 따라 채점시험관이 가상부이를 현측(좌·우)으로 투척하면 진행요원이 투척방향을 고지하여 실제 발생 방향과 명령상의 방향이 상이하지 않도록 해야 한다.

**감점행위 1** 3초 이내 물에 빠진 사람 미확인

| 세부내용 | 감점 | 채점요령 |
|---|---|---|
| ① 물에 빠진 사람 발생 고지 후 3초 이내에 5노트 이하로 감속하지 않은 경우<br>② 물에 빠진 사람 발생 고지 후 3초 이내에 물에 빠진 사람의 위치를 확인하지 않은 경우 | 3 | ① 세부내용에 대하여 1회만 채점한다.<br>② 물에 빠진 사람의 위치 확인 시 확인 유·무를 말로 표시하지 않은 경우도 미확인으로 채점한다. |

**감점행위 2** 5초 이내 물에 빠진 사람 발생방향 미전환

| 세부내용 | 감점 | 채점요령 |
|---|---|---|
| 물에 빠진 사람 발생 고지 후 5초 이내에 물에 빠진 사람이 발생한 방향으로 전환하지 않은 경우 | 3 | 세부내용에 대하여 1회만 채점한다. |

**감점행위 3** 조종석 1m 이내 접근 불량

| 세부내용 | 감점 | 채점요령 |
|---|---|---|
| ① 물에 빠진 사람을 조종석 1m 이내로 접근시키지 않은 경우<br>② 조종석 반대방향으로 접근한 경우 | 3 | 세부내용에 대하여 1회만 채점한다. |

※ 1m 이내 접근 여부 확인시 측정도구를 사용하고, 도구는 현측 방현재에 붙여 선체와 직각이 되도록 한다. 1m 이내인 것이 확실한 경우에도 원칙대로 도구로서 거리를 확인한다.

### 감점행위 4 | 3노트 이상 접근

| 세부내용 | 감 점 | 채점요령 |
|---|---|---|
| 물에 빠진 사람 방향으로 방향 전환 후 물에 빠진 사람으로부터 15m 이내에서 3노트 이상의 속도로 접근한 경우 | 2 | 세부내용에 대하여 1회만 채점한다. |

### 감점행위 5 | 레버 미중립·후진 레버 사용

| 세부내용 | 감 점 | 채점요령 |
|---|---|---|
| ① 물에 빠진 사람이 시험선의 선체에 근접하였을 경우 속도전환 레버를 중립으로 하지 않은 경우<br>② 후진 레버를 사용한 경우 | 2 | 세부내용에 대하여 1회만 채점한다. |

※ 근접이란 선수가 익수자와 동일 선상에 있을 때를 말한다.
※ 3노트 이상이면서 엔진이 미중립인 경우 4번과 동시에 감점한다.

### 감점행위 6 | 물에 빠진 사람과 충돌

| 세부내용 | 감 점 | 채점요령 |
|---|---|---|
| 물에 빠진 사람(부이)과 충돌한 경우 | 6 | ① 세부내용에 대하여 1회만 채점한다.<br>② 시험선의 방풍막을 기준으로 선수부에 물에 빠진 사람이 부딪히는 경우에는 충돌로 채점한다. 다만, 바람·조류·파도 등으로 인하여 시험선의 현측에 가볍게 접촉하는 경우는 제외한다. |

### 감점행위 7 | 2분 이내 구조실패

| 세부내용 | 감 점 | 채점요령 |
|---|---|---|
| 물에 빠진 사람 발생 고지 후 2분 이내에 물에 빠진 사람을 구조하지 못한 경우 | 6 | ① 세부내용에 대하여 1회만 채점한다.<br>② 물에 빠진 사람을 조종석 1m 이내로 접근시키지 않은 경우 또는 속도조정 불량에 해당하는 경우에는 응시자로 하여금 다시 접근하도록 해야 한다. |

※ 실제 시험에서는 가상의 물체를 띄워 놓고 구조작업을 시행한다.
※ 저속으로 근접하여 조심스럽게 손으로 가상부이를 잡는다.

## ❽ 접 안

> 〈주의사항〉
> 진행요원은 인명구조 직후 계류장 방향으로 시험선을 유도한다. 계류장 접근 시 진행요원 및 채점시험관은 안전사고의 우려가 없는 한 레버를 강제로 정지하거나 계류줄을 미리 던져주고 선체를 밀어주는 등 접안을 도와주어서는 안 된다. 감점행위가 동시에 수개 이상 발생한 경우 모두 감점한다.

### 1. 00번 계류장에 접안하겠습니다. 출발하십시오.

**요령** 출발부터 저속으로 운항하는 경우에는 원활한 시험 진행을 위해 증속을 지시할 수 있다.

▲ 저속으로 계류장에 평행하도록 접안한 후 하선한다.

**감점행위 1** 접안속도 초과

| 세부내용 | 감 점 | 채점요령 |
|---|---|---|
| ① 계류장으로부터 30m의 거리에서 속도를 5노트 이하로 낮추어 접근하지 않은 경우<br>② 계류장 접안 위치에서 속도를 3노트 이하로 낮추지 않은 경우<br>③ 계류장 접안 위치에서 속도전환 레버가 중립이 아닌 경우(후진을 사용하는 경우를 포함한다) | 3 | ① 세부내용에 대하여 1회만 채점한다.<br>② 접안시 시험관은 정확한 접안 위치를 응시자에게 알려주어야 한다. |

**감점행위 2** 평행 상태 불량

| 세부내용 | 감 점 | 채점요령 |
|---|---|---|
| ① 시험선이 계류장과 평행이 되지 않은 경우<br>② 시험선이 계류장 1m 이상 떨어져 접근하는 경우<br>③ 계류장과 붙어서 현측과 접촉한 경우 | 3 | 세부내용에 대하여 1회만 채점한다. |

※ 지정 계류위치에서 시험선의 위치를 중심으로 평가한다.

### 감점행위 3  계류장 충돌

| 세부내용 | 감 점 | 채점요령 |
|---|---|---|
| ① 선수부(방풍막을 기준), 선미부(모서리, 엔진)가 계류장에 부딪힌 경우<br>② 현측이 계류장과 부딪쳐 선체가 불안정하게 요동할 경우 | 3 | ① 세부내용에 대하여 1회만 채점한다.<br>② 선수란 방풍막을 기준으로 앞쪽 굴곡부를 지칭한다. |

### 감점행위 4  접안 실패

| 세부내용 | 감 점 | 채점요령 |
|---|---|---|
| 접안 위치에 접안을 하지 못한 경우<br>① 응시자 자력에 의하여 접안이 불가능한 경우<br>② 계류장과 직각으로 접근하였을 경우<br>③ 지정한 접안 위치를 상당히 벗어나 접안한 경우<br>④ 전진 타력이 지나쳐 외력에 의하여 접안한 경우 중 외력(시험관, 보조요원 등)에 의하지 않고는 자력으로 접안이 어려운 경우 | 3 | 세부내용에 대하여 1회만 채점한다. |

2. 수고하셨습니다. 엔진정지하십시오.

3. 두 분 교대하십시오(하선하십시오).

# 03 수험자의 유의사항

### ❶ 시험장 주변 수역의 안전성 확인

시험선의 안전한 운항과 원활한 시험 진행을 위하여 시험장 전반의 수상 환경을 파악하여 시험 진행에 반영하는 것은 무엇보다도 중요하다. 조석은 통상 1일 2회의 고조와 2회의 저조가 발생한다. 조고차이는 지역적인 요인에 의해 큰 차이가 있기 때문에 시험장에 따라 조차의 크기를 분석하여 시험에 반영하는 일도 중요하다.

### 1. 해저의 지형 및 환경

생활 폐수 등이 유입되는 하천이나, 만 또는 어장이 분포되어 있는 수역은 토사 또는 침전물에 의하여 수심이 갑작스럽게 낮아지는 경우가 있기 때문에 수시로 확인하여 실기시험에 대응해야 한다.

### 2. 부유물 등의 제거

생활쓰레기, 목재, 폐어망, 폐로프 등은 수시로 시험장 주변에 유입될 수 있다. 실기시험선의 운항 특성상 고속으로 운항하게 되는 경우가 가끔 있기 때문에 충돌 시 안전사고의 우려가 있음을 각별히 주의하여야 한다.

### 3. 간출암 등 기타 장해요소의 파악

(1) 간출암, 암초 등 지형적인 특성을 파악하여 주변 수심 등을 확인하고 숙지하여야 한다.
(2) 내수면의 경우, 특히 불법어업을 목적으로 수면에 노출되지 않도록 어망 등을 야간에 설치하는 경우가 있기 때문에 운항시작 전 시험장 수역 주변을 확인하는 자세가 필요하다.

## ❷ 일반적인 실격행위

> ⟨주의사항⟩
> 원활한 시험 진행과 안전을 위하여 조종능력이 현저히 부족하거나 위험을 자초한 경우 또는 고의로 통제에 불응하는 경우 적용하고, 응시자에게 실격사유를 고지한다. 실격은 채점시험관이 신속하고 과감하게 판단하여 결정하며 진행요원은 관여할 수 없다. 무리하게 실격을 처리하지는 않도록 하고 있다.

### 1. 3회 이상 출발 불가 및 응시자 시험포기

(1) 시험관의 3회에 걸친 출발 지시에도 출발하지 않거나 못한 경우

(2) 시험 전이나 시험 중에 응시자 스스로 포기 의사를 밝혔을 경우

(3) 지나친 긴장, 흥분, 당황 등으로 시험 진행이 불가능하거나 안전사고의 발생이 우려될 경우 응시자에게 포기의사를 타진하여 수긍한 경우

### 2. 조종능력 부족으로 시험 진행 곤란

(1) 속도전환 레버의 작동방법을 모르는 등 모터보트 조작법을 모르는 경우

(2) 계류장 이탈 시 침로의 유지가 극히 불안정하고, 레버 조작 시 급출발, 급감속을 반복하는 행위

(3) 변침 시 3회 이상 반복적으로 지시한 침로를 유지하지 못하거나 방위에 대한 개념이 없고, 속력을 반복적으로 가감하는 행위 등

### 3. 현저한 사고위험

(1) 조종자의 운전능력 부족으로 탑승자가 물에 빠진 경우

(2) 사행 중 사행 부이와 충돌한 경우

(3) 계류장, 선박, 육지, 간출암, 어장 등과 충돌한 경우

(4) 조종자의 조종능력 부족으로 인해 시험선 및 타인의 재산에 손해를 끼쳤거나 타인의 신체를 손상한 경우

(5) 조종자의 조종미숙으로 장비가 파손된 경우

(6) 시험선이 전복될 정도의 급경사가 발생하여 탑승자가 현저한 사고 위험을 느꼈을 경우

(7) 암벽, 간출암 등과 근접한 위치에서 핸들 조종레버 등을 잘못 조작하여 장애물 방향으로 진행하거나 충돌을 야기할 정도의 위험을 자초한 경우

(8) 기타 탑승자 등이 조종자의 조종 상태에 대하여 극심한 불안감을 느낄 정도로 운항 상태가 불안한 경우

(9) 시험관 또는 경찰관이 강제로 시험선을 정지시키지 않았다면 사고가 발생하였을 것으로 판단되는 경우

### 4. 음주상태

(1) 혈중알코올농도 0.03% 이상인 술에 취한 상태

(2) 술에 취한 상태는 아니라 하더라도 음주로 원활한 시험 진행이 어렵다고 판단되는 경우

### 5. 지시·통제 불응 또는 임의 시험 진행

(1) 사고 예방과 시험 진행을 위한 시험관의 지시한 내용에 최소 3회 이상 불응한 경우

(2) 조종능력 부족으로 시험관의 지시를 이행하지 못할 경우

(3) 시험관의 지시 없이 2회 이상 임의로 침로·속도를 변경하거나, 사행시작, 후진 등을 실시하는 경우

### 6. 중간점수 합격기준 미달

(1) 본 항목으로 실격을 처리하는 경우에는 후진종료 이전 시점에서 결정

(2) 인명구조가 진행된 이후에는 본 항목으로 실격처리하지 못함

(3) 채점표에 의한 감점 합계가 1급인 경우 25점, 2급인 경우 45점을 초과한 경우

## ❸ 채점기준

1. 시험 진행 중 감점사항을 즉시 고지하면 응시자에게 불안 심리를 조성할 수 있으므로, 감점사유 발생 시에는 채점표에 정확히 표시하였다가 시험 종료 후 응시자가 채점내용의 확인을 요구하는 경우 책임운 영자 등이 그 내용을 설명해 주어야 한다.

2. 과제 중 "속도전환 레버 등의 조작불량", "운항 과제의 조종자세 및 지정속력 유지 불량"의 채점기준은 시험의 모든 과정에 적용한다.

3. 과제 중 "안전 미확인, 앉기 전 출발"의 채점기준은 정지 후 출발하는 모든 경우에 적용한다.

4. 속력은 해당 시험선의 속도(력)계 또는 RPM게이지를 기준으로 채점하며, RPM을 기준으로 채점할 때에는 응시자에게 기준 RPM을 알려주어야 한다.

합격의 공식 시대에듀

많이 보고 많이 겪고 많이 공부하는 것은 배움의 세 기둥이다.

– 벤자민 디즈라엘리 –

동력수상레저기구 요트조종면허시험 필기 + 실기

# 부록

■ 국제신호기
■ 일기도, 해도 약어, 등질

**끝까지 책임진다! 시대에듀!**

QR코드를 통해 도서 출간 이후 발견된 오류나 개정법령, 변경된 시험 정보, 최신기출문제, 도서 업데이트 자료 등이 있는지 확인해 보세요! 시대에듀 합격 스마트 앱을 통해서도 알려 드리고 있으니 구글 플레이나 앱 스토어에서 다운받아 사용하세요. 또한, 파본 도서인 경우에는 구입하신 곳에서 교환해 드립니다.

# 부록 국제신호기

## 01 문자기

| 기호 | 의미 | 기호 | 의미 |
|---|---|---|---|
| 알파(Alpah) | 잠수부를 내리고 있습니다. 미속으로 충분히 피해 주세요 | 노벰버(November) | No(부정 / 방금 부저는 부정의 의미로 이해해 주십시오) |
| 브라보(Bravo) | ① 위험물을 하역 중입니다.<br>② 위험물을 운송 중입니다. | 오스카(Oscar) | 사람이 바다에 빠졌습니다. |
| 찰리(Charlie) | Yes(긍정 / 방금 부저는 긍정의 의미로 이해해 주십시오) | 파파(Papa) | ① (항내에서) 본선은 출항하려 하므로 전원 귀선해 주시기 바랍니다.<br>② (해상으로) 본선의 어망이 장애물에 걸리고 있습니다. |
| 델타(Delta) | 피해주세요. 조종이 어렵습니다. | 퀘벡(Quebec) | 본선의 건강상태는 양호합니다. 검역·교통 허가서를 교부해 주세요. |
| 에코(Echo) | 진로를 오른쪽으로 바꾸고 있습니다. | 로미오(Romeo) | 수신했습니다. |
| 폭스트롯(Foxtrot) | 조종할 수 없습니다. 통신해 주십시오. | 시에라(Sierra) | 본선의 기관은 후진 중입니다. |
| 골프(Golf) | ① 수로 안내인(도선사)이 필요합니다.<br>② 어망 중입니다. | 탱고(Tango) | 본선을 피해 주세요. |
| 호텔(Hotel) | 수로 안내인(도선사)을 태우고 있습니다. | 유니폼(Uniform) | 당신의 진로에 위험요소가 있습니다. |

| 기호 | 의미 | 기호 | 의미 |
|---|---|---|---|
| **I** 인디아(India) | 진로를 왼쪽으로 바꾸고 있습니다. | **V** 빅터(Victor) | 원조를 부탁합니다. |
| **J** 줄리엣(Juliett) | 화재 중으로 위험화물을 적재하고 있습니다. 충분히 피해 주세요. | **W** 위스키(Whiskey) | 의료 원조를 부탁합니다. |
| **K** 킬로(Kilo) | 당신과 통신하고 싶습니다. | **X** 엑스레이(X-ray) | 운항을 중지하고 신호에 주의해 주세요. |
| **L** 리마(Lima) | 당신이 곧 정선(항해 정지)해 주었으면 합니다. | **Y** 양키(Yankee) | 본선의 닻이 고정되어 있지 않습니다. |
| **M** 마이크(Mike) | 본선은 정선(정지)하고 있습니다. | **Z** 줄루(Zulu) | ① 예인선을 주세요.<br>② 투망 중입니다. |

## 02 숫자기

| 기 | 숫자 | 기 | 숫자 |
|---|---|---|---|
| | 1<br>UNAONE | | 6<br>SOXISIX |
| | 2<br>BISSOTWO | | 7<br>SETTESEVEN |
| | 3<br>TERRATHREE | | 8<br>OKTOEIGHT |
| | 4<br>KARTEFOUR | | 9<br>NOVENINE |
| | 5<br>PANTAFIVE | | 0<br>NADAZERO |

## 03 대표기

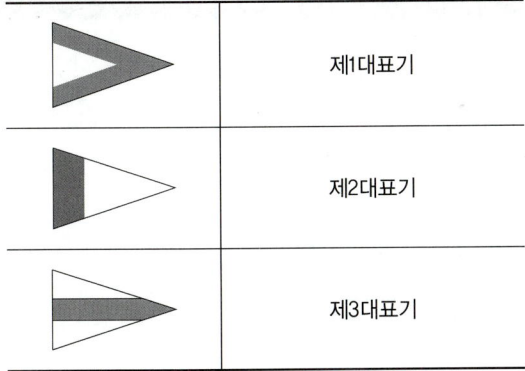

| | |
|---|---|
| | 제1대표기 |
| | 제2대표기 |
| | 제3대표기 |

## 04 응답기

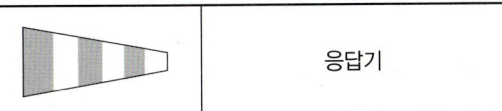

| | |
|---|---|
| | 응답기 |

# 부록  일기도, 해도 약어, 등질

## 01 전선의 일기도 부호표

| 종 류 | 일기도에 그리는 부호(단색) |
|---|---|
| 한랭전선 | ▲▲▲ |
| 발생하는 한랭전선 | ▲·▲·▲ |
| 소멸하는 한랭전선 | ▲+▲+▲ |
| 온난전선 | ⌒⌒⌒ |
| 발생하는 온난전선 | ⌒·⌒·⌒ |
| 소멸하는 온난전선 | ⌒+⌒+⌒ |
| 폐색전선 | ⌒▲⌒▲⌒▲ |
| 정체전선 | ⌒▽⌒▽⌒▽ |
| 발생하는 정체전선 | ⌒▽·⌒▽·⌒▽ |
| 소멸하는 정체전선 | ⌒▽+⌒▽+⌒▽ |

## 02 해도의 주요 약어

| 약 어 | 의 미 | 약 어 | 의 미 | 약 어 | 의 미 |
|---|---|---|---|---|---|
| G | 항 만 | Thoro | 협수로 | I | 섬, 제도 |
| Pass | 항로, 수로 | In | 강어귀, 포 | Str | 해 협 |
| Anch | 묘지(錨地) | B | 만 | Entr | 입 구 |
| Rk | 암 석 | Chan | 수로, 수도 | Chy | 굴 뚝 |
| Rd, Rds | 정박지 | Hbr, P | 항 | Tr | 탑 |
| Est | 하 구 | Pt, Hd | 갑, 곶 | Mt | 산 악 |
| Grd | 해 저 | S | 모 래 | M | 개 펄 |
| G | 자 갈 | Rk, rky | 바 위 | Co | 산 호 |
| Sh | 조개껍데기 | Cl | 점 토 | St | 돌 |
| Oz | 연한 진흙 | Wd | 해조(바닷말) | Sp | 해 변 |
| fne | 가 는 | C | 거 친 | sft | 부드러운 |
| hrd | 단단한 | w | 백색(의) | bl | 흑색(의) |
| vl | 황색의 | g·y | 회색(의) | Ldg, Lts | 도 등 |
| Lt | 등 | Bn | 등입표 | R | 홍 색 |
| bu | 청 색 | g | 녹 색 | Irreg | 불규칙등 |
| Temp | 가 등 | OBSC | 잘 안 보이는 등 | Occas | 임시등 |

## 03 등 질

등질은 항로표지 등화와 일반 등화를 식별하기 위하여 정해진 등광의 발사상태로 주로 주기나 등(燈)색으로 구분한다.

① **부동등(F)** : 등색, 광력이 변하지 않고 지속되는 등화로서 부동백광, 부동홍광, 부동녹광 등이 있으며, 일정한 방향에 강력한 빛을 발하여 도등 역할을 하는 방향등이 있음
② **섬광등(Fl)** : 일정간격으로 1회의 섬광을 내며, 암간이 명간보다 긴 등화(암간>명간)
③ **명암등(Occ)** : 명간이 암간보다 길거나 같은 등화
④ **호광등(Alt)** : 지속적으로 등색이 교체되는 등화로서 홍백, 녹백, 홍록색을 주로 사용
⑤ **군섬광등(Gp, Fl)** : 섬광등으로서 1주기 동안 2회 이상의 섬광을 발하는 등화
⑥ **급섬광등(Qk, Fl)** : 1분에 60회 이상의 섬광을 발하는 등화
⑦ **단속 급섬광등(I, Qk, Fl)** : 급섬광등의 일종으로 중간에 끊어지고 다시 이어지는 등화

⑧ 군명암등(Gp, Occ) : 명암등의 일종으로 1주기 동안 2회 이상 꺼지며, 명간 총합이 암간 총합보다 길거나 같음
⑨ 섬호광등(Alt, Fl) : 섬광등으로서 등색이 교체되는 등화
⑩ 군섬호광등(Alt, Gp, Fl) : 군섬광등으로서 등색이 교체되는 등화
⑪ 명암호광등(Alt, Occ) : 명암등으로 광색이 바뀌는 등화
⑫ 군명암호광등(Alt, Gp, Occ) : 군명암등이면서 광색이 바뀌는 등화
⑬ 연성부동 단섬광등(F, Fl) : 약한 부동등 중에서 보다 강한 섬광으로 교체되는 등화
⑭ 연성부동 군섬광등(F, Gp, Fl) : 약한 부동등 중에서 보다 강한 군섬광을 발하는 등화
⑮ 연성부동 섬호광등(Alt, F, Fl) : 연성부동 섬광등이며 등색이 교체되는 등화
⑯ 연성부동 군섬호광등(Alt, F, Gp, Fl) : 연성부동 군섬광등으로서 등색이 교체되는 등화
　㉠ 주기 : 등질이 반복되는 시간, 초(sec)로 표시
　㉡ 등색 : 백, 홍, 녹이 주로 쓰임(W, R, G)
　㉢ 등대높이 : 평균수면상에서 등화 중심까지 높이를 m 또는 ft로 표시
　㉣ 점등시간 : 유인등대(일몰시부터 일출시까지), 무인등대(항시 점등)

**답만 외우는 동력수상레저기구 일반조종면허
1·2급(필기+실기) 문제은행 700제**

| | |
|---|---|
| 개정11판1쇄 발행 | 2025년 02월 10일 (인쇄 2024년 12월 10일) |
| 초 판 발 행 | 2016년 04월 05일 (인쇄 2016년 02월 22일) |
| 발 행 인 | 박영일 |
| 책 임 편 집 | 이해욱 |
| 편 저 | 동력수상레저기구 연구소 |
| 편 집 진 행 | 박종옥·장민영 |
| 표지디자인 | 박종우 |
| 편집디자인 | 최미림·채현주 |
| 발 행 처 | (주)시대고시기획 |
| 출 판 등 록 | 제10-1521호 |
| 주 소 | 서울시 마포구 큰우물로 75 [도화동 538 성지 B/D] 9F |
| 전 화 | 1600-3600 |
| 팩 스 | 02-701-8823 |
| 홈 페 이 지 | www.sdedu.co.kr |
| | |
| I S B N | 979-11-383-8444-5 (13550) |
| 정 가 | 21,000원 |

※ 이 책은 저작권법의 보호를 받는 저작물이므로 동영상 제작 및 무단전재와 배포를 금합니다.
※ 잘못된 책은 구입하신 서점에서 바꾸어 드립니다.

# 2025년에도 시대에듀 수상레저 시리즈와 시험의 물살을 힘차게 가르자!

### 2025 시대에듀 답만 외우는 동력수상레저기구
**일반조종면허 1·2급(필기+실기) 문제은행 700제**

- 공개 문제 700제 수록
- 최신 개정법령 완벽 반영
- 실기시험 필수 가이드 수록
- 정답과 해설이 한눈에 보이는 구성

### 2024 시대에듀 답만 외우는 동력수상레저기구
**요트조종면허시험(필기+실기) 문제은행 700제**

- 2024년 신유형 문제 및 공개 문제 수록
- 최신 개정법령 완벽 반영
- 전체 시험 및 실기시험 필수 가이드 수록
- 정답과 해설이 한눈에 보이는 구성
- 실제 항해 시 필요한 부록 수록

### 2024 시대에듀 문제만 보고 합격하기!
**소형선박조종사 1,900제**

- 2024년 시험대비 최신 개정법령 완벽 반영
- 진짜 핵심만 담은 과목별 핵심이론
- 합격의 정석 5개년(2019~2023) 기출 1,900문제 수록
- 과년도(2015~2018) 기출문제 PDF 무료 제공
- 최종모의고사 2회분 무료 제공

❖ 도서의 이미지 및 구성은 달라질 수 있습니다.

필기시험부터 보디빌딩, 골프 실기·구술까지
## 시대에듀와 함께하면 무조건 합격합니다!
# 스포츠지도사 시리즈

**YES24 스포츠경영 수험서 기준**
2015~2017년, 2019년 11월 스포츠지도사 필기 1위
2022~2024년 1~4, 11월 스포츠지도사 골프 1위
2017~2022년, 11월, 2023년 1~12월, 2024년 1~11월 건강운동관리사 1위
2016~2020년 2022년 1~3월, 2023년 11~12월 스포츠경영관리사 1위

※ 상기도서의 이미지와 구성은 변경될 수 있습니다.

2017년부터 2024년까지
# 8년 연속 압도적 1위에 빛나는
# 건강운동관리사 시리즈

### 건강운동관리사 **필기 + 실기**
### 한권으로 끝내기

**이 책의 특징**

- 필기 8과목 + 실기 3과목 수록
- 어려워지는 시험에 대비하는 심화학습 개념 PLUS
- 바로바로 복습하는 단원별 출제예상문제
- 3개년 기출문제와 상세한 해설

### 건강운동관리사 **필기**
### 7개년 기출문제집

**이 책의 특징**

- 건강운동관리사 1등 출판사 시대에듀에서 출간하는 기출문제집
- 7개년 기출문제 수록
- 현직에서 활동하는 전문 저자진의 상세한 해설

❖ 상기도서의 이미지와 구성은 변경될 수 있습니다.

# 나는 이렇게 합격했다

자격명: 위험물산업기사
구분: 합격수기
작성자: 배*상

나는 할 수 있다
69년생 50중반 직장인 ○○○ 입니다. 요즘 자격증을 2개정도는 가지고 입사하는 젊은 친구들에게 일을 시키고 지시하는 역할이지만 정작 제자신에게 부족한 점이 많다는 것을 느꼈기 때문에 자격증을 따야겠다고 결심했습니다. 처음 시작할 때는 과연되겠냐? 하는 의문과 걱정이 한가득이었지만 **시대에듀** 인강을 우연히 접하게 되었고 잘 차려진 밥상과 같은 커리큘럼은 뒤늦게 시작한 늦깎이 수험생이었던 저를 **합격의 길**로 인도해주었습니다. 직장생활을 하면서 취득했기에 더욱 기뻤습니다.

**합격은 시대에듀**

감사합니다!
♥

당신의 합격 스토리를 들려주세요.
추첨을 통해 선물을 드립니다.

## QR코드 스캔하고 ▷▷▶
### 이벤트 참여해 푸짐한 경품받자!

| 베스트 리뷰 | 상/하반기 추천 리뷰 | 인터뷰 참여 |
|---|---|---|
| 갤럭시탭 / 버즈 2 | 상품권 / 스벅커피 | 백화점 상품권 |

합격의 공식
시대에듀